寻隐日本

［日］白洲正子 著

尹宁 小米呆 译

かくれ里

湖南文艺出版社

目录

第一章

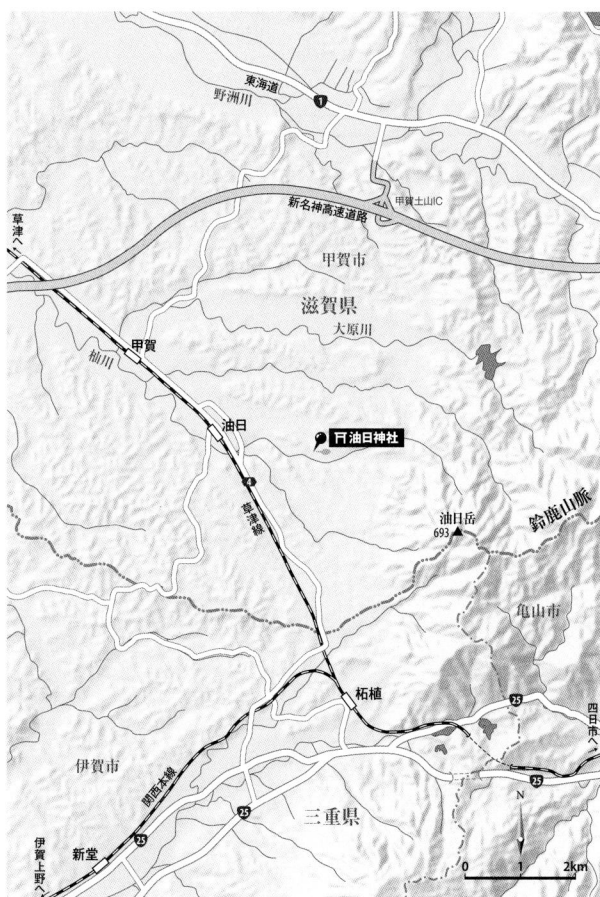

東海道
野洲川
新名神高速道路
甲賀土山IC
甲賀市
滋賀県
大原川
草津へ
柏川
甲賀
油日
油日神社
草津線
油日岳
693
鈴鹿山脈
亀山市
柘植
四日市へ
伊賀市
関西本線
三重県
25
25
N
伊賀上野へ
新堂
25
0　1　2km

油日的古面具

本书以"隐庄[1]"为题，并无特别深刻的含义，从字面理解，是指避世、隐匿的沉静乡村。民俗学家认为，住在山里的神仙会于冬日祭典时现身村庄，待镇魂之舞完毕，又飘然去往偏僻山间，民谣歌曲中唱的"不知去向何方矣""怅然若失兮"，应该都是这种风俗的遗留。我在这本书里将写到的，正是这样的地方：不是堪称秘境、人迹罕至的深山，而是稍稍偏离大道又不过分遥远，在今日也配得上"隐藏的乡里"之名，静静存在的真空地带。我最爱在这种地方漫步。近年来，道路建设日渐完善，旧街道边的古神社、寺庙逐渐被遗忘，曾经热闹的驿站也日渐萧条。在各地兴起观光热的今日，只有这些隐庄仍属于我。在这个意义上，"隐庄"可谓是"避世隐藏的沉静乡村"。这些地方的人们，守护着世人难以想象的美丽艺术品。那些不满足于去展览上隔着玻璃罩鉴赏美术作品、特地去深山的人，那些不经意间去错了寺庙、与意外的物品相逢的人，或许得以窥见。每当此时，我总会由衷感慨日本之广阔。幸运的是，我在这方面的工作颇多，每个月都会

---

1. 本书日文原标题意为"隐庄"。

外出采风。有时候比起重要的目的地，偏离正轨更有趣，我也因此给编辑们添了不少麻烦。尽管如此，就像桥式通路[1]之于能剧，花道之于歌舞伎，对于人生，比起结果，抵达终点前的道路更有魅力。这是我在旅途中捡拾收获的微见，也是我摸索着捡拾路边草的记录。

前段时间从京都去伊势采访，途中路过东海道的土山，我爱走弯路的老毛病又犯了。大约是十年前吧，我在京都博物馆的古面具展览上看到了名为"福太夫"的美丽面具，上面写有"油日神社藏"，只问得油日神社在土山，却未能查到详情。采访途中，我却突然想起此事。我自然不熟悉这附近的地理，只知神社似乎在甲贺一带，查看地图时，正巧发现了国铁草津线的小站，名叫油日站。铁路站名通常没有性格，草草参照附近的街道、村庄而起，但这条铁道却拥有如此古老的地名，实属难得。也许去油日站问一下就能找到油日神社吧，这样想着，我便拜托司机避开国道，沿西侧松树林立的美丽旧道一路开去。高速公路及其支路虽然也不错，但是车行其上只追求速度，完全看不到与当地住民、土地融为一体的日常，多少让人感到落寞。无论是在东名还是名神，只要稍微偏离干道走走岔路，就能走到有田舍、有土地、飘浮着生活气息的地方。乘坐巴士、蜂拥着去热门寺庙的观光客们，距离寻求信仰、鉴赏艺术，甚至单纯的赏玩，都相当遥远。只不过因为身边的人都去了，自己也要跟随，那种空虚的神情，仿佛是在买电视机、洗衣机。而相应地，热门寺庙也将本身存在的抽象事物异化，成了只

---

1. 桥式通路，能剧中由后台通向舞台的通路。

透过油日神社的鸟居远眺油日山

为赚钱而存在的机关。或许是心理作用吧，在这种氛围中观赏，连百济观音也不再如往日那般有魅力，中宫寺的如意轮最近也仿佛陈旧褪色了。或许是我的鉴赏力还达不到炉火纯青，才会被周遭氛围和环境左右，但人类本身就无法强大到不被任何事物影响。佛像、古美术品本身也并不强大，是在人们不断的尊敬与爱中受到打磨、培育，才渐渐增添了光彩。日本的事物，尤其有这种特色。

乡下一隅，不为人知的神社与佛堂，都在这样的尊敬与爱中生生不息。古美术品也类似。受到当地人珍视的美术作品，仿佛在安乐地喟叹。油日神社，如同我想象的一般，正是这样一家神社。从站前道路南行一小段，巨大的石造鸟居便出现在眼前。放眼四周都是肥沃的田野，我没有料到，在铃鹿山的山麓竟有如此肥沃的平原。向南望去，油日山将铃鹿山脉和田地隔开，堂堂而立，展现着身姿。神山，比如大和的三轮山或者近江的三上山，虽然并不特别高，但都有种共通的美与神秘感，即便远远眺望也能感受得到。油日山亦是如此。这里的田地面向山岳，中间立有小小的鸟居，是在昭示这是神的田地吗？在这种地方，人能够感受到信仰还存活着。前文提过的福太夫面具，当年也一定被人们拿来作田游[1]之用。再往前走，深深林木中，一座神社终于出现在眼前，显得润泽而安定。后来听说，油日神社建于永禄九年（1566 年）。参道[2]上的樱树次第排开，可以想见绽放时的盛况。正巧宫司[3]也在，我们得以见到面具。宫司毫不装腔作势，这点在我看来

---

1. 田游，表演模仿种稻以祈祷丰收的庆典，多在春季举行。
2. 参道，参拜神社、佛堂的进路。
3. 宫司，神社的最高神官。

也极为难得。

因书中有面具的照片，请容我不再赘述。如图所见，这面具非常美。它正确的名称是"田作福太天神之面"，落款是"永正五年六月十八日樱宫圣出云作"。无论是拿在手上的触感，还是细微处残留的模糊色彩，皆美。背面的雕刻也很出彩，单纯、有力的雕刻，不似偏僻乡村的农民艺术，更像出自身怀高超技艺的名匠之手。但就我所知，樱宫圣出云的身份成谜。从油日神社多樱花这点来看，也许樱宫指的就是这个神社，作者是隶属神社的面具匠人，但也可能指的是伊势的樱之宫（朝熊神社）。翻过眼前的铃鹿山，就是伊势国。比起甲贺的山村，伊势在文化上更为优越。而且，油日神社的祭神，虽然是象征油日山的"岳大明神"，但同时也祭奠有冈象女（水之神）、猿田彦，而后者毋庸置疑，正是伊势出身的神。

福大夫面具内部

福大夫面具（油日神社藏品）

另外，面具名称中的"田作"，指的是田游或田乐[1]。据能面专家中村保熊研究，除了宝生流的山姥面之外，还有两三个现存的能面的名称与"田作"有关。山姥，是住在山里的神，偶尔会降临乡村，跳祈求丰饶之舞，然后便不知去向何处。我眺望眼前层叠的铃鹿群山，心中仿佛也浮起有关祖先的画面。山间乡民的祝祷之舞，后来被艺术化，编入《巡山》《山姥》等曲目，种类繁多的古面具也为能剧所用。在那个时代，若这只福大夫面具被能剧采纳，它的制作者一定会成为相当有名的匠人。但不知道是幸运还是不幸，福太夫的面具，没有进入能具的世界，而是被村人们作为神圣的"神之面"珍藏下来。这个面具，确实有着难以侵犯的威严品格，它没有后世能面那般阴郁的神情，而是有种可以称得上是（亚洲）大陆风的明快之感。这种感觉是从哪里来的呢？我仿佛有似曾相识之感。在哪里看过这样的面具，觉得它像某种事物，但到底是什么呢？我长久地思索这个问题，直到昨天晚上终于想到了：它像伎乐面，像推古时代伎乐面中的吴公[2]。

　　请读者看一下插图中的吴公面具。推古时代与室町时代的作品水准差别很大，做法也不同，但那副凛然的风貌不分伯仲，这一定不是偶然。两者整体上都给人落落大方的印象，若只归因于巧合，又实在有点过于接近。伎乐据说是起源于古希腊，经西域到中国，后至朝鲜，在 7 世纪左右才传到日本。于国外湮灭的传统，反而在日本的偏僻乡村存活了下去，我心里涌起一种不可思议的宿命感。从这个意义上说，

---

1. 田乐，最初来自民间农耕艺术，到了平安时代游艺化的艺能。一说其形式来自于祈祷丰收的庆典"田游"。
2. 吴公，伎乐面中的一种，面色涂青的贵公子相，作吹笛子姿态。

伎乐面 吴公

日本这个国家，可谓是世界的"隐庄"了吧。这样说绝非是自卖自夸。日本的雕塑和陶艺，都是学自国外，并在学习中创造了独特的形态。也许从世界范围内来看，这不过是处在地球角落里的一个小国的地方性民艺，但它毕竟是日本的民艺，不属于墨西哥，也不属于非洲原住民。日本的美术作品，立于只要犯一点错误就会流于粗俗的危险境地，但正因如此，既有了难度也有了趣味。若说为什么没有流于粗俗，只能归结于日本始终带着强烈的好奇心与探索心，吸收外来文化，与外界接触良好。这一点，只要看看喜欢收藏粗俗作品的收藏家，就能一目了然。一些收藏家笃信民艺应是健康、朴素的，因而对除此以外的事物不屑一顾，没有比这更不洁的观念了。因为相信民艺的"健康"，就会将自己封闭在"健康"的世界中。这不是故作异端邪说。只有坦率地用眼睛看，知识才会渐渐在推论中变得全面。民艺大师柳宗悦就毫不片面（只要看看民艺馆就能明白），他曾多次强调"要亲自看"。然而今天他的追随者却不假思索，仅仅从民艺的角度观察事物，这是相当讽刺的一件事。粗俗的物品也有趣味与美，这美并不是因为作者无名，而是因为其出自偶然的无心。比如千利休，就是从偶然中发现美、提炼美的。千利休的寂、侘，指的并不是用煤炭将笼子或木器涂得漆黑。器具被煤炭或手的污垢弄脏了，不是草草清洗干净，而是用意念打磨，这才是千利休的寂与侘，是"名马应配茅屋[1]"的思想。

福太夫的面具正像是茅屋旁的名马，它既是民艺，又超越了民艺，健康、简明，洋溢着一望即知、令人愉悦的美，即便与推古时代的伎乐面放在一起，也不会显得拙劣。这才是根植于日本土壤的作品，这才是反映了日本的形态。那么，一粒外国的种子是从何而来，又是怎样在这块土地上开花的呢？现在已无从考究。油日神社，与其说是收藏着这样的名作，倒不如说是为它的面世设置了重重阻碍。其间到底有着怎样的历史呢？

《琉璃国由来》上有"发出一片大光明"的记载，相传太古——很久以前的古时候，油日山顶有一天突然燃起熊熊大火，自那以后，油日山就被两侧的近江和伊势视作神山崇拜。现有的神社是里宫[2]，与其他的神社一样渐渐迁移到山麓一带。油日山顶现在还有奥宫，每年

---

1. 名马应配茅屋，日本茶祖珠田村光提出的观点，指华贵之物与朴素之物搭配，能彰显各自的美。
2. 里宫，位于村庄的神社，与之相对应的是建在山上的神社，即山宫或奥宫。

八月十一日夜晚，油日谷七乡的氏子[1]都会举行"御生祭"。前文提过，油日的神社除了祭祀主神"岳大明神"以外，还祭有水神、猿田彦等，这些神们都体现了农耕社会的特点。另外，神社还供奉着当地独有的油之神，因此能看见一些来自出光、日石等地，乃至石油公司的供奉。虽然根据史书记载，发出"大光明"的应该不是石油，而是天然气类，但因了这些与油有关的供奉，神社有了温柔润泽的气韵。神社传承至今，都要拜油日谷七乡的氏子所赐。如今这一带的村庄中，还保留着罕见的"宫座"。

油日神社正殿

宫座，是以信仰为中心的氏族祭祀集团。这样的集团规矩森严，虽然主要体现在祭事上，但在日常生活，诸如家谱及聚会时座位的排序中也多有体现。就像伊贺、甲贺一带尊崇忍者一样，正是因为有排

---

1. 氏子，祭祀同一氏族神地区的居民。

他性的地方传统，这样的组织形式才得以保留。

油日神社的楼门与正殿是室町时代的建筑，周围环绕有干净的回廊，祭祀时，属于宫座的人会列坐于此。可以想见，这是只有内部人员才能参加的虔敬祭典。只有这种祭典，才是神社应有的平和景况。

正殿板窗上的舞乐木雕

油日神社称不上多宏伟壮观，但可以看出连角角落落都得到了很好的修缮维护，以神社为中心的生活秩序得以存留。神社的宝物、建筑物大多是室町时代的，这些都很好地规整到了现在的形式中。比如就连正殿（建于明应二年，1493 年）的墓股[1]，也用精彩的雕刻统一到整体中，特别是正殿板窗上表现舞乐的木雕，美丽明艳，左右舞姿各异。在这样的地方刻有舞乐雕塑，可以想见，早在过去神社就与艺能有很深的联系。流传到民间的伎乐，是否与舞乐相逢，终于变化成了"田祭[2]"呢？"田祭"的祝典，听说于明治时代末期绝迹了，但当时使用的道具流传了下来，除了福太夫，还有人偶、文书等。人偶也是相当珍贵的物品，碍于篇幅所限，将在下章为读者讲述。

---

1. 墓股，和式建筑中，房梁上方的负重支撑结构，形似蛙腿，也写作"蛙股"。
2. 田祭，田间播种、插秧时举行的仪式。

第二章

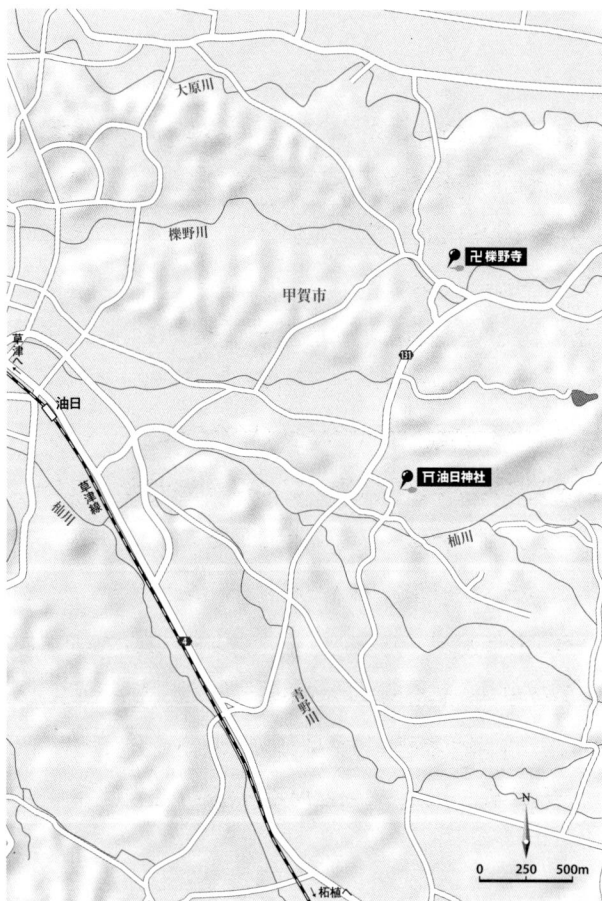

大原川

櫟野川

甲賀市

草津へ

油日

草津線

柚川

卍櫟野寺

甲

油日神社

柚川

岩野川

←柘植へ

N

0   250   500m

从油日到栎野

油日神社里，还有一只名为"ZUZUIKO 大人"的珍贵人偶，与福太夫面具出自同一作者之手。如下页图所见，这人偶的形象颇不成体统，但如果不拘泥于此，从它值得回味、充满力量的雕刻风格来看，应该同样出自樱宫圣出云之手。

我就这只人偶，请教过两三位学者。前文也提到，这座神社中有神田，学者认为，在神田举行祭祀仪式时，福太夫会用这个人偶的巨大阳具在田间来回耕地。我认为这个设想很有可能，便向宫司求证，宫司却说那只是传说而已。实际祭祀是在正殿神明面前举行的，人偶也并非全裸，而是有模有样地身着和服。遗憾的是，这个仪式在明治时代末期便绝迹了，只留有当时的服装。古老村落里的祭祀，多忌讳对外界公开，究其原因，绝不仅仅是天真无邪或猥亵杂乱，尽管祈求五谷丰登的祭祀，必然会同与性有关的姿态密不可分。用身体模仿耕田、播种、结出丰满的稻穗，既是神圣的行为，也是为丰收所做的祝祷，因而平时严格的男女关系，在祭祀时就有所放开。

ZUZUIKO 大人（油日神社藏品）

"ZUZUIKO 大人"被做成婴儿的形象，也一定象征着"御生[1]"。几年前我在山形县看黑川能[2]，开场就有小孩们"脚踏大地"的舞蹈。在三河的花祭上，也有孩子们出场。让孩子们穿上和服表演，是从德川时代开始的传统，但最初他们一定是全裸着在田野中奔跑吧。这个可爱的人偶，应该也有这样的经历。与人偶有关的祭典仪式，虽留有详细的记载，但因为过于冗长，下文仅做简要介绍。

和能剧中一样，祭典中最先出场的是放在三方[3]上的翁面（面具的一种）。伴随着"有福的吉祥之地，花瓣飘来，翩跹飞过"的吉祥歌词，

翁面（油日神社藏品）

---

1. 御生，神或者贵人的再生或复活。
2. 黑川能，山形县的庄内地区传承的传统艺能。
3. 三方，佛具中带座的方木盘。

酒神与氏子们共同转圈,进行"种麦""召唤""除厄"等表演。"召唤"即召集福气,或许也有呼唤太阳的意思;"除厄"是祛除牛马之病、各种人类疾病,以及水灾、大风等灾害天气,将以上这"一切恶的事物"装入大袋子,抛入南方之海。

接下来是"耕田"的部分,在"转七圈""击打肩胸""呼喊"等仪式之后,"ZUZUIKO 大人"出场了。"ZUZUIKO 啊 ZUZUIKO,请赐予我们钱财,请赐予我们钱财,就像您小脚的步伐般……"也许人们就是伴着这样的歌词,手扶人偶共同舞动的吧。接着是"望日"(占卜吉日)、"水户祭"(祭奠水神)、"咀嚼烤米""拿种子""打种""播种""追鸟""收苗",随后福太夫登场。

在"年轻的女郎啊,不知是有二十岁,还是二十一"这般对唱中,年轻的女孩登场,或许还伴随缠绵的舞蹈。接着福太夫开始"插秧""收苗"等,最后"氏子全体插秧"。终了时,人们会向"御神乐"上供,再次将翁面放在三方上,做供奉或驱邪。仪式有二十六场之多,每场都有很长的唱词,多为方言,古老的词语中还混杂着德川时代的俗语,我们已经不是很听得懂。但通过以上的概要,可以明白的一点是,当时的这个仪式,完全是在田中举行的。自古以来的田祭,都会在户外田地中进行,或耕田,或收割。而在神面前举行仪式,是近代才有的事。

前面虽然写到,这面具似乎是属于福太夫田乐系统,但更正确的说法应该是田祭的面具。田乐虽也是从田祭发展而来,但加入了更多杂耍的要素,于室町时代成为一项独立的艺能,也捧出了许多名人。而就前文关于田祭的记载来看,当时并不存在田乐那种高度的艺术,更像是完整地沿袭了古代原始的祭祀仪式。

无论是山姥面，还是刻有"田作"的这只面具，都是在田祭上使用的。山姥有时会帮助山中的贫苦之人，有时会帮樵夫卸下重担，让他在砍柴路上的花荫旁暂时歇脚；有时会将仙女的织布机借给织布者一用；有时会下到村庄，参加收割。这些故事都是猿乐[1]或田乐之前的故事原型。"翁面"中的"翁"，与能乐中的"翁"既有相似，也有不同。能乐中的翁，是从全国的农业祭典中逐渐发展，才有了今日的洗练之姿。也许，福太夫相当于千岁，而ZUZUIKO则是三番叟[2]的前身。现代能乐的舞台上，狂言的三番叟姿态滑稽，有时而播种、时而踩地的动作，通身的黑色与ZUZUIKO也很相似。

　　不管怎么说，这样的雕刻、如此接地气的祭祀，还是让人感到不可思议（可能实际的祭典更加外行与乡土气）。听说原本佐渡的野吕松人偶，也与ZUZUIKO类似——一丝不挂，时而胯下会现出那样巨大的阳物，这让我联想到伎乐中的某个场面。镰仓时代的《教训抄》——几乎算是唯一一本记录伎乐的著作中，有下述的记载：

　　伎乐有二十余首曲目，如师子、治道、吴公等，其中第八首昆仑舞中，有面相恐怖的野蛮人"昆仑"对吴王的女儿吴女有非分之想，对其来回追逐的情节。伎乐是无言剧，所以昆仑用"终了之时满拍扇"表达了悲伤的心情。后来金刚力士出手帮助吴女，一举击溃昆仑，"舞步不停，吴女所在之处，昆仑夺步而奔，情势万分紧急"，在这样的情景下，金刚力士的斗志被一下子激发出来。

---

1. 猿乐，一种带有歌舞乐曲的滑稽戏。
2. 三番叟，能乐祝福舞中，在"千岁""翁"之后出现的戴黑色假面的老人。

因伎乐通常在宫廷或大型寺庙中上演，所以法隆寺、正仓院等留有许多伎乐面具，人们也往往将其看作是推古时代、天平时代的文化。实际上，对我们而言伎乐曾是难以想象的异国文化。古希腊戏剧中也有众多露骨的场面，想来伎乐受这些戏剧的影响颇深。这样想的话，小小的人偶形式虽有变化，但其渊源或可追溯到古希腊。古希腊是遥远的西方国度。福太夫的面具又与能乐面具的吴公类似。这样想来多少有些不可思议。曾经的油日神社，似乎是声名烜赫的大神社，既与山岳信仰联结，又有神宫寺[1]，所以一定举行过伎乐仪式。从正殿的窗户雕刻上看，伎乐衰落后，又有过舞乐。随着时代更迭，舞乐或消失，或与伎乐相互融合，最终只有田祭的古面具和人偶，见证着当年的些许光影。或许是我的主观感觉，ZUZUIKO 的表情也似乎体现了南蛮人的性格。从颜色上来看，它不似福太夫或翁面那般遍布彩色，或许与时代有关，可能是从一开始就设想要做成全黑色，可以算是黑式尉[2]的幼童脸吧。

至于"ZUZUIKO"到底是什么意思，我请教过宫司，宫司也不知道，希望能有知道的人告知。这个人偶面部及四肢强健，雕刻线条稳重，堪称达到了民间艺术的至高水平。直到现在，日本的偏僻乡村还有这样的物品被奉为神明崇拜，想来实在值得回味。

临别前，宫司说"既然都来到这里了，不如去看看栎野寺，那里有很多了不起的佛像"。我们想反正都要用去一天的时间了，况且时间

---

1. 神宫寺，基于日本的神佛合一的思想，作为神社附属建造的佛教寺院或佛堂。
2. 黑式尉，能剧中第三个出场的面，排在翁之后。

还早，那就顺便一访吧。于是一路寻访过去，花了大约二十分钟到达栎野寺。栎野寺在油日的东北边，周围的村落被群山环绕，仿佛在静静安睡。

药师如来坐像（栎野寺藏品）

"栎野寺"在日语中读作"ICHII NO DERA"，也可读作"RAKU YA JI"，寺旁耸立着一棵栎树，与寺庙名字相称，据说已有千年树龄，还有一棵前所未见的参天罗汉松傲立于旁。我们打过招呼后，一位与这家寺庙非常相称的朴素木讷和尚出得门来，为我们打开了宝物殿的大门。直到不久以前，栎野寺还有宏伟的正殿，但不幸被一场火烧了，幸运的是，当时佛像被移到了新的宝物殿。我们表达了惋惜的意思后，和尚很是诚惶诚恐。虽不知道火灾的具体原因，但就凭这般人品，村里的人们也不好责怪他吧。正殿基石间还有残骸散落，显得有些破败，但比起空有敷衍正殿的寺庙，这种山寺有壮观的栎树已然足够。

栎野寺的大栎树

栎野寺看起来也曾是大寺庙，僧房随处可见，现在聚集在这里的佛像，也都是从末寺[1]移来的。

据寺传记载，延历十一年（792 年），传教大师[2]为找寻建造延历寺的木材徘徊于甲贺的乡下，发现此地有大栎树，受梦所托，直接在

1. 末寺，相对于本寺而言的下属寺院。
2. 传教大师，即最澄（767—822），是日本天台宗的开山之祖。

未砍下的树上雕刻了十一面观音，是为这座寺庙的起源。十一面观音似乎才是寺庙的主佛，但因是秘藏佛像未能得见，只大致得知是三点三米高的大型坐像，这在十一面观音中也非常罕见。以这尊秘藏佛像的巨大佛龛为中心，足有二十多座藤原时期的佛像林立于四周，只看面积也足够壮观了。其中有八尺高的药师佛，还有招人喜爱的菩萨群像。一些佛像的雕刻与油日神社的类似，应该是当地的传统。这一带如今虽也多树木，感觉郁郁葱葱，但从"栎野"地名中就可得知，古时更是被原始森林覆盖的秘境。伊贺、甲贺等地，无论是建造大佛，还是开创垦山，木材都来自栎野。这样的土地，一定生有对树木的深刻信仰。直接在树上雕刻佛像、立木观音[1]的信仰，在近江一带尤为常见，即便只是传说，也让我觉得颇有意思。假如良弁[2]、最澄这些大师，当初来此地找寻木材，即便找到了合适的材料，要为了寺院砍倒大树，也一定会心有不忍吧。在佛教还没有被民众接受的年代，要让人们理解佛教的思想是非常困难的，那么比起语言，亲眼所见的事物更容易接受。从都内来的僧侣们，将美丽的佛刻在了神木上，与其说是技术上的展示，不如说是神佛一体的尝试，也可以说是方便就地获取良木的苦肉计。用疑惑的眼光看着这些的村人们，突然有一天在神木中看到了神，亲眼见证了"御生"的奇迹，因此心悦诚服地皈依了佛教。最澄大师的灵梦，不正是如此吗？我想，立木观音，就是神佛混淆时代最纯粹的形式体现。

---

1. 立木观音，在活的树上雕刻的观音。
2. 良弁（689—774），奈良时代华严宗的僧人。

我们在宝物殿中观赏着林木般的佛像，听着这个寺庙草创时期的故事，不时意识到这点。就照片来看，我们没能得见的主佛是一尊有藤原中期特色、弥漫着密宗庄严氛围的佛像。毗沙门天佛像上，刻有坂上田村麻吕于铃鹿山治鬼时向这座主佛祈祷的形象。虽然只是传说，但田村麻吕信仰深厚，又是清水寺的创立者，说不定就是在本寺中得到了教义真传。作为拥护佛法的武士，或许他也曾以毗沙门天自居吧。我不是对所有的传说都囫囵吞枣、不加选择相信的实在人，但也不想"科学地"否认所有传说。传说的背后必然有许多相关的事实，这样的一个人物，一定非常有魅力。

田村麻吕是归化人[1]的后代，在桓武天皇时代被任命为征夷大将军。他身高一丈五尺八寸，胸厚一尺二寸，怒则连猛兽都会暴毙，笑则连婴儿也会亲近，正是能成大将之才。史书上记载，他体恤部下，连俘虏的虾夷（阿伊努族的古称）也对他倾慕不已。风貌好、性情佳，这种武将会被看作是毗沙门天的再世不难想象。有关他的传说，以东北地区最多，也很自然地传到关东地区，但关西铃鹿山的治鬼之役，是他一系列征伐物语中最为华丽的传说。可能因为离都城（京都）近，人们都很关注，因此也更获声名。歌谣《田村》中，有英雄谈与观音传说合而为一的部分："鬼神持续从黑云铁火中降下，变为数千骑之神身，远望黑压压如山"，千手观音出现，"千只御手，以大悲为弓，以智慧为箭，一经射出，如雨降下"，鬼神被伐无一剩余。

---

1. 归化人，是日本古代对从中国或朝鲜半岛移民到日本的人及其后代的总称，也称渡来人。

当然这是室町时代的故事了，与其说是传说，不如说是文学创作，我感兴趣之处在于，为什么在那么长的历史中，人们始终无法忘怀田村麻吕，不断为他的传说添砖加瓦。据《今昔物语》记载，铃鹿山因有盗贼团伙的巢穴，来往伊势的商人们皆为此不安。山上现在还有很大的岩屋，内有名为"镜石"的巨岩，据传那块石头被打磨得像镜子一样，照着来往行人。盗贼应该是当时的贵族，镜石或岩窟其实是古代信仰的遗迹。贵族的遗迹被消灭或者自然消亡之后，真正的山贼才兴起。为了回应后世人们的祈愿，田村麻吕的魂魄也一定备受烦扰。我推测《田村》谣曲的诞生，大致出于这样的情况。

延历十一年三月，田村麻吕被任命为木工头，这是一个负责建造的官职，有统率木工、采集建材的职能。当时首都还设在长冈京[1]，平安京的建设正如火如荼进行着，这一定是非常重要的工作。田村麻吕也许是为了寻找木材才来到了甲贺地区。说起延历十一年，传教大师应该也在这一带，两个人若是没有遇见反而有些奇怪。围绕着栎野寺创建的种种传说，是不是暗含了两人相遇的故事呢？即便寺庙确实是传教大师创立的，田村麻吕后来也一定给过支援。在土山附近还有田村神社，因此甲贺一带自然有许多相关的遗迹。田村麻吕一定因职务关系在这里长期留驻，受到了村人们的尊敬与信赖，可能仅凭他的震慑威力，就令铃鹿山的山贼退缩了吧。又或许，铃鹿山鬼的退散实际并未发生，只是从甲贺村民们记忆中诞生的，一个人的英雄物语。

---

1. 长冈京，位于现京都市西京区。

第三章

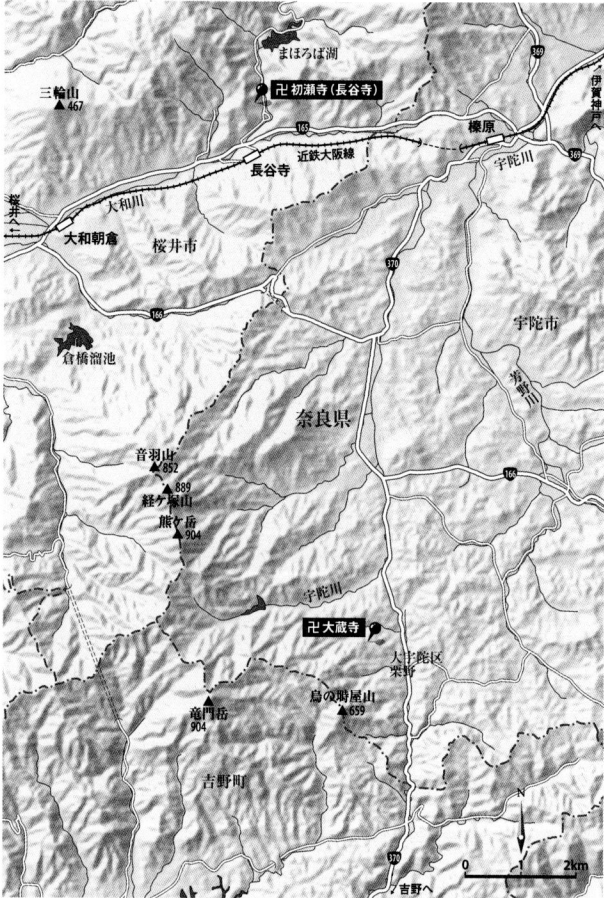

まほろば湖
三輪山 ▲467
卍 初瀬寺（長谷寺）
163
橿原
長谷寺 近鉄大阪線
宇陀川
大和川 369
桜井へ
大和朝倉
桜井市
369
宇陀市
370
倉橋溜池
奈良県
宇陀川
166
音羽山 ▲852
▲889
経ケ塚山
熊ケ岳 ▲904
166
宇陀川
卍 大蔵寺
大宇陀区
栗野
竜門岳 904
烏の帽屋山 ▲659
吉野町
370
N
0 2km
吉野へ

宇陀的大藏寺

　　我非常苦于上电视，在刺眼的射灯下被猝不及防地提问，说出来的话可能还不及想到的十分之一。只要稍做踌躇，主持人就会间不容发地救场，话题便偏离了原来的方向。当然，这都怪我反应太慢，本没有抱怨的份儿，但每每过后回顾，总觉得糟糕。可能有人会说，既然如此，拒绝不就好了吗？可总有些节目看起来策划有趣，能让我借机去稀罕的地方，每逢遇到这种邀请，我便会不由自主地跟随了去，即便厌倦也是后话了。得以去宇陀的大藏寺，就是拜这种电视节目的因缘所赐。

　　自大和平野南下，在樱井市换乘后，我与工作人员在榛原的车站碰头。那是梅雨季的一个晴天，早晨异常闷热。在榛原车站乘上车，我们开往大宇陀一个名为栗野的地方，因其间一直在讲话，不知道确切时间，但感觉上过了一些时候，我们在狭窄的山道间下了车。一块刻有"元高野"的石标立在道旁。"元高野"是大藏寺的别称，之所以这样称呼，似乎是因为弘法大师在开创高野山前、物色道场时，曾在此住过一段时期。但也有说法是，此地开山于更早前的圣德太子时期，诸说真伪难辨。

从狭窄步道缓缓上行，路上鲜有行人，道路被夏日茂盛的草木覆盖。许是因为下方有溪流，潺潺水声清晰入耳。我喜欢这样的小路。虽然不想总是说"还是从前好啊"，但的确如此。譬如说去法隆寺吧，或须从王寺步行，或须从郡山乘内燃机车，再走一段很长的路才行。沐浴着春日的阳光，沿着菜花盛开的田间小道步行向西，远远地望见法轮寺的塔，接着法起寺、法隆寺巨大的五重塔也浮现在春霞中。那种心情，是乘车直接到达的人无法体味的。行走间，参拜寺庙的氛围油然而生，人也渐渐做好了心灵上的准备。更夸张点说，飘浮于大和平野中的推古时代、天平时代的旧日气息，也在行走时渐渐充盈心中。

大藏寺正殿

当然，宇陀这一带的山寺，并没有那么开朗明亮，但也不像密宗寺庙那般阴郁冷清，行走其间，仿佛是在杂木山中远足。走了近一公里左右，不知从哪里传来甜甜的香气，走近一看，白色栀子花盛开的树荫下，有一座小屋。有人告诉我们"这是库里[1]"。明明听说是很了不起的寺庙，却没有半分咄咄逼人之气，没有山门也就算了，栀子花树也大到令人吃惊。仰头才能望见的大树上，栀子花心无旁骛地绽放，密密匝匝，异常美丽，与惯常所见的灌木般的栀子花完全不同。能长到这种程度，树龄该有近千年了吧。后面的丘陵上，还有一棵足有一人环抱粗的杜鹃花树，让人感慨不愧是古老的寺庙。

大藏寺现在属于初濑寺（长谷寺的旧称）的末寺，初濑寺的事务长亲自出来迎接我们，让人不由感叹电视的威力真是无穷。略做休息后，我们被带入正殿。初濑寺的正殿原来是在刚才看到的杜鹃花盛开的山岗上，难怪之前没有看见。登上小丘后，视野渐渐开阔，药师堂、御影堂、十三层石塔等，一一在茁壮生长的金松间显现。每一幢都是在当地极为罕见的镰仓时代建筑。柔软的桧木铺成的房顶，相互之间叠加契合，仿佛与周围的山景融为一体，极为美丽。西边，隔开大和寺与宇陀寺的山峰延展而去；东边，稍矮的山峰与丘陵缓缓绵延；南方，吉野群山遥遥矗立。不知该说古代的寺庙是巧妙地运用了自然，还是完美地融入景色之中，总之常会让人忘记它们是人工建造。不仅寺庙，古代的神社、住宅都仿佛是自然的一部分，这全然是出于那时的人们

---

1. 库里，寺务所兼厨房的建筑，小型寺院则多为住持的居所。小型寺院多为正殿与库里组成。

对万物的敏感。现代生活会让人变得神经质，但绝不会让人保持敏感。我想，过于神经质也是一种精神的麻痹状态。

前文说过，正殿和御影堂都是镰仓时代的建筑，整体感觉很轻盈，细节也极为用心。御影堂的墓股雕刻线条流畅，正与这样的山寺相称，不会让人感到来此就必须正襟危坐、无法放松，令观者心情愉悦。御影堂也称大师堂，祭奠着弘法大师像，这也是镰仓时代的秀丽雕塑，是只有古老寺庙才会有的大师雕像。御影堂和正殿之间立有巨大的十三层石塔，现在仅余十层，石塔基座正面的铭文显示，这座石塔是东大寺再建之际，从宋朝找来的伊行末（宋朝工匠）建造的。确实，在我印象中，不管是东大寺门前的狛犬，还是般若寺的石塔，似乎都出自同一人之手，丝毫没有唐朝的浮夸之美，与周围的景色与建筑相调和。

大藏寺之所以拥有这么多镰仓时代的建筑物，是因为那个时期寺庙急速增多，还是因为东大寺的关系呢？大藏寺自古是龙门七大寺之一，拥有众多末寺和僧房，至今还拥有几万坪的广大土地，但不可思议的是，它的存在和历史却鲜有人知。或许这才是寺庙的魅力所在吧。我认为，若来龙去脉太过清晰，反而会令人生疑，不如有些未解之谜来得有趣味。至少对我来说，仅是这突然出现的美丽寺庙，就足以充实今日了。

寺庙旁边美丽的群山，听说名为"鸟之坲"。这附近是神武天皇东征的道路，所以"鸟之坲"可能指的是八尺乌鸦的窝，也可能是指将鸟作为图腾的贵族的居所。不管指什么，这一带至今仍有许多鸟儿。

上：十三层石塔　下：御影堂蟇股

如今这些看似与寺庙没有直接关系，但就我的经验而言，古老的寺庙通常与古代信仰息息相关。这是极具日本特色又非常有趣的地方。在神佛一体的思想中，天竺的佛为了普度众生，通常会以神的形式现身，显示神迹，但事实与之相反，正因为有了神的帮助，佛教才得以传播。虽然语义上仅有一纸之隔，意义却大不相同。或者说，以日本的诸神信仰为经，以佛教为纬，联结编织起来的，正是日本地方的神迹传说。

这些传说的对象，虽只是没有言语的树木山石，不可能被证实，但对我来讲，自然本身就叙述了一切，这一点自古至今从未改变。有条不紊、有理有据地叙述历史，乃是舶来的性格，日本人原本的心从来只在沉默中聆听。但沉默聆听并不无趣，支持外来思想与技术的，正是不言语的日本诸神。

从大藏寺眺望鸟之坜

说实话，我虽对大藏寺的环境和建筑极为感佩，但对内部的佛像本没有太高期待。藤原时代的佛像水准本就参差不齐，我内心深处认为，在这种深山里应该不会有好的雕像。可是当正殿的门打开之时，眼前的精彩画面打败了这个预想。佛像极美，但这美并不来自雕刻本身，而是出自那明显根植于地方、难以言喻的纯真初心，这初心让人确切感受到了超越时代与技术的事物的存在。佛像身长八尺八寸，面部尤其美，看似无心地向下看着，表情好似来自推古时代，比藤原初期的佛像更具古风。这种现象也多见于敦煌雕刻，正因为创作于乡野，所以更能传达出古时候的风格样式。这些佛像对于专家来说可能不值得一看，但对我来说，比起完美无缺之作，眼前这种更觉亲近。

毗沙门天像（大藏寺藏品）

正殿内部的建造，也颇合我的心意。与普通寺庙不同，正殿没有多余的装饰，佛龛也简单朴素，令佛像看起来更加高大了。这种风格，与密宗既有相似，又有不同。人们可以在开放的氛围中，亲身拜谒佛像。

药师如来立像（大藏寺藏品）

根据寺传记载，这尊药师佛是用当地的巨大楠木打造，应该也属"立木信仰"的一种。关于"立木观音"，前文也略有提及，佛像的形状与其说是雕塑，不如说更像是树木的自然形态。树木一定教会了制作者们许多事。这座佛像，从用材到木头纹路上的细腻用心，没有丝毫违逆自然之感。从这个意义上来说，金铜质地的佛像，如药师寺的三尊像，并不真正属于日本。可能在木雕佛像出现之后，我们的祖先才真正开始接受佛教思想。

正殿内还祭有同为藤原时代的毗沙门天像，毗沙门天也叫兜跋毗沙门，但好像当地的人们都称呼其为"神像先生"，我认为这个称呼更为准确。其右手托塔，只有两臂似是后世补造，无论从面部表情还是身体的坚硬程度来看，比起佛像都更接近神像。众所周知，日本的神像无论粗制还是杰作，姿势一定是僵直的，在那个雕塑繁荣的时代，做成这般姿势绝不会是出于技术的拙劣，也不是为了省人工物力。那么，是不是因为最初就是为了模仿树木的形状呢？坐像如树木的根部，立像则如同生长的立木，双手深深藏于袖中，面部表情和身体都拒绝一切"动态"。这样的"神像先生"给人的印象与药师寺的如来相近，只在远离都市的山里、古代信仰深深扎根并持续生存的地方才会诞生。虽然完全不知道作者是谁，或许是同一个人，或许是出自同一流派，不管是哪种情况，一定与神社有很深的关系。

大藏寺所辖范围出乎意料地宽广，到处都耸立着高大的金松，从枝叶之间可以窥见"鸟之堺"。这座山像追着我们般，不管走到哪里都能看到。这一带与弘法大师有关的，除了他的修行场所，还有挂衣服的松树、加持过的泉水，虽然存留下来的只有片段，但美丽的松木似乎都在诉说着大师与高野山之间的羁绊。

正殿后面小小的山丘上有片墓地。在视线绝好的高台上，有一个坟冢比其他的都要高，上面立有挺拔的五轮塔。上刻有正平六年（1351年）的铭文，只写了是"南朝某贵族"的墓，不知具体身份。这一带是南朝的大本营，所以可能是战死在某处的地方豪士，埋葬于故乡的寺庙中，又或者是更加"高贵"的人士，在这里去世。墓地朝向吉野方向，生苔的石头上，仿佛至今还飘浮着对逝者的思念。一位不知曾是哪一方大将的人物，埋骨于这无名的石塔中，直到今日还在凝视着吉野的天空，这种姿态打动了我的心。

在回去的路上，住持邀我们到居室喝茶，还为我们展示了寺中宝物，那便是藤原时代的《大般若经》。共八百卷的经书，虽有四十卷已不知去向，但仍是惊人的大部头手抄经，内文写有"仁安二年（1167年）四月五日书完于仁和寺宿所"，扎实的字体有天平时代的风格。说起字，写有"大藏寺"的匾额也很美。那是藤原氏的草书，浅浅雕刻的字上能看出曾施有的颜色，几乎已经掉光了。这块匾额，是嵯峨天皇驾幸大藏寺时所赐，书有"保延六年（1140年）庚申五月二十八日辛未书之 从五位上寺宫内权大辅藤原定信"。藤原定信是著名的书法家，但与嵯峨天皇不属同一个时代，许是匾额破损后，藤原定信重新书写的。天皇是否会远道而来，这一点值得怀疑，但主佛药师佛的建成以及寺庙的创立，应该都是在嵯峨天皇在位时期。大藏寺宝物很多，除了前面列举的这些，还有藤原时代的地藏菩萨、大黑天的木像、细致描绘的佛像板绘[1]等。我特别有兴趣的,是写有永正十一年(1514年)铭文的经书桌,俗称寺子屋[2]桌,因古老而别有味道。这种东西即便只是随意放在那里,也能让人感受到远离人烟的山寺的可贵之处。

冈仓天心捐建的地藏堂及堂内的地藏菩萨

寺院居室旁有被称为"弁事堂"的小茅屋,为冈仓天心[3]捐赠所建。天心是这座寺庙前住持的友人,似乎从前常来这里居住。堂中祭祀有镰仓时代整齐地收集起来的地藏菩萨,最近从菩萨体内发现了记录有延应元年(1239年)僧长信及其他众多结缘者名字的佛像版画。或许

---

1. 板绘,在一枚或者数枚拼起的木板上的绘画。
2. 寺子屋,江户时代近畿地方特有的,寺庙中教平民子弟读书、算数等的教学设施。
3. 冈仓天心(1863—1913),日本美术家。

是为了供奉地藏大人，冈仓天心才造了此堂吧。大藏寺一定是天心非常喜欢的寺庙，仅这一点，对我来说已是值得留在心中的佳话。

返程时，我们走了与来时不同的路。寺庙后面有美丽的竹林（维氏熊竹），穿过竹林是急速的下坡道，走了不出三十分钟便来到街道上。

"顺便再逛逛吧。"节目组导演 K 先生这样说。真是意外之喜，原本讨厌的上电视也变得值得期待了呢。这附近有许多想去的地方。"那么，就交给你们了。"这样说过以后，我连去处都不问就乘上了车。

第四章

大宇陀高等学校

万葉公園

森野旧薬園

伊勢本街道

阿騎野
人麻呂公園

大宇陀中学校

大宇陀体育館

道の駅
宇陀路大宇陀

宇陀市

卍
大願寺

大宇陀
郵便局

宇陀市
文化会館

伊勢本街道

宇陀市大宇陀
ふれあい交流ドーム

大蔵寺へ

市立大宇陀
幼稚園

N

心の森
総合福祉公園

0 50 100m

草药的故乡

统治八方的吾大王，
高照在天的太阳儿子。
为修神代以来的神德，
趁着鸟儿刚飞的朝晨，
辞出都中的高大官邸。
一路踏平挡道的岩石，
穿行大树林立的荒径，
翻过那阴森的泊濑深山；
当暮色苍茫的傍晚时分，
来到这下着雪的阿骑大地。
披分开草莽竹筱，
结草为枕，露营旅宿，
不由想起往年的故事。

（反歌）

望见朝阳刚东上，

回头一看月西倾。

当年太子日双斯，游猎来兹并马驰，

季节正是这些时。[1]

上文是轻皇子（文武天皇）为追忆父亲草壁皇子，于安骑野狩猎时，随从的柿本人麻吕所作的长歌及反歌（反歌还另有两首）。草壁皇子薨于持统天皇三年（688年），轻皇子即位于持统天皇十一年，狩猎应该就是在那几年间发生的事。作歌的柿本人麻吕曾伴草壁皇子、轻皇子两代皇太子共赴狩猎场，想必当时感触颇深，因而他写的不是应付场面、称颂圣上的仪礼歌，而是对往日的追溯，满怀真情。

关于安骑野到底指的是哪一块，众说纷纭。有的说是大宇陀的松山，也有说是稍微偏南的古市场宇太野或榛原的皇家狩猎区，乃至远到吉野的秋野等，可能都包含在内吧。本来"宇陀"这个地名就不是很明确，今天大宇陀的西南和菟田野街道还在互相争辩哪里才是正宗的宇陀。这种现象在古老的土地上并不罕见，本来皇家的狩猎场就占地宽广，即便是皇家住宿，也是"披分开草莽竹筱，结草为枕，露营旅宿"那样的条件，应该是覆盖了包含大宇陀和菟田野在内的大片区域。狩猎场在皇家进驻期间会受到严格管理，但平时应该只是杂草丛生的旷野。

---

1. 选自《万叶集精选》，钱稻孙译文，上海书店出版社。太子日双斯，指的是草壁皇子。

立于安骑野的人麻吕歌碑

为我们带路的 K 先生正是来自"安骑野"，他带我们去了名为松山的部落。松山是一个安静的山村，位于大藏寺的正西方向，背面有宽广的台地，杂树林前立有万叶碑。这里西边与"鸟之垪"遥遥相望，东面是延绵到伊势的群山。站在稍高的丘陵上远望，"望见朝阳刚东上，回头一看月西倾"的景色，只有亲到此处才能体会。对面的山边刚刚亮起来，转身就看到"鸟之垪"的月亮正在落下，月亮落下的地方，想必能听到鸟儿们鸣叫宣告拂晓的到来吧。朝霭之中，还没有完全苏醒的人麻吕的眼睛上，或许倒映着已逝的草壁太子英姿飒爽的面容。"当年太子日双斯，游猎来兹并马驰"中提到的当年，正是过去与未来交替的瞬间。

用现在的感觉来说，"望见朝阳刚东上"场面宏大，可能是类似于武藏野的风景，但在当时，"安骑野"不一定是一望无际的平原，更有可能是山脚下坡度平缓的原野。诗歌能在简短的文句中给人宏大的印象。伊藤千夫曾批评"回头一看月西倾"中的这一回眸"像演员般的姿态"令人生厌，但是不是只有我，从这回眸中感受到了一种回味悠长的流转呢？

拂晓的天空、落下的月影，与对轻皇子的希望、对草壁皇子的追慕两相对照，更能体会歌中滋味。不愧是既有原意，又有余韵的和歌名作。这久远的东野之歌，能够留存到今天，必然少不了万叶学者们的长期努力。我从斋藤茂吉《万叶秀歌》中读到过相关的故事，在感动的同时，还在反复阅读中发现了一直以来忽略的事。

据书中所说，"望见朝阳刚东上，回头一看月西倾"原本读作"东　野炎　立所见而　反见为者　月西渡"，经过真渊等研究者们的校正，才变为现在的读法。茂吉自省说："作为后辈的我们不能忘记这一点。"的确如此，如果按照"东　野炎　立所见而"的读法，原本艳丽的黎明之色就显得略有逊色了。从充满谜题的文字，变成我们如今习惯吟诵的诗歌，其间经历了上千年的岁月。仿佛平安时代失落的言灵[1]又回来了。这样想来，就会感到和歌是有生命的，甚至可以说，是后世的人们造就了人麻吕。

众所周知，古代狩猎的目的是采集草药，鹿角、动物肝脏等也一定包含在内。我能想象出当年男人策马、带鹰狩猎，而女人采集草药

---

1. 言灵，语言内在的神灵、威力。

○43

的场景，这既是快乐的游戏，也是宫廷的仪式，还带有宗教性的祭典之风。"当年太子日双斯，游猎来兹并马驰，季节正是这些时"，这句诗弥漫着庄重的氛围。皇室特地选择在安骑野狩猎，思慕往昔，既是对过去荣光的"后之祭"，也是给将要即位皇太子的"前夜祭"。对于年轻的皇太子来说，狩猎是作为皇子的最后游乐，也或许兼带着成为大人，乃至即将成为天皇的成人仪式的况味。我从人麻吕的作品中感受到了这点。人麻吕陪同两代皇子狩猎，应该有着与宫廷歌人这一职业不同的亲密感，所以才会写出那般优秀的、不仅仅出于怀念往昔的诗歌。

走在杂木丛中，我想着这些，真心觉得来到这里太好了。"夏草与雄兵皆为梦一场"（松尾芭蕉《奥之细道》），自然的景色会吞没一切，但如果用心与之相伴，自然也会开口向你诉说一切。我想这样相信，也是这样相信的。至少在过去，人们是这样培育思想，从而扎实地孕育了语言与形式。

到了下面的村中，K 先生在住处旁的车中等我们，说实际上想带我们去的并不是这里："附近就有珍稀的药草园，去看看吗？"

其实我去哪里都可以，对什么都有兴趣，这有时候是很大的缺点，但是天性如此，改不了，现在也放弃改变了。于是我欣然接受邀请，去了古风建筑鳞次栉比的村落，进入写有"元祖 吉野葛"的建筑，堂号是"大葛屋"。堂内中庭宽广，是葛粉制作场。巨大的桶内装着葛根，用木质导水管多次滤水的原始方式制作出来的葛粉确实别有风味。当然，这都是买回去才知道的后话了，当时被葛发酵出来的强烈气味

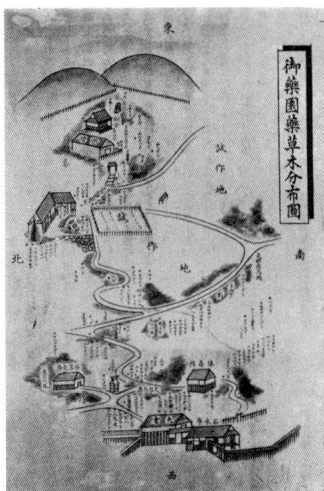

药草园地图

熏到有些不知所措了。

　　穿过中庭后上坡，就进入了药草园，从未见过的茂盛草木生长在石阶两侧，旁边立有一个个写着药草名的牌子。这样一直延续到山上，最让人震惊的是管理的细致和整顿的完备。K先生如夸耀自家庭院般骄傲地说："很令人惊叹吧。"如果我对草药的知识更多一些，可能会更加感佩。药草园内山相当高，管理竟能做到如此细致，可谓是真正的药草宝库。没想到白凤时代、天平时代的药狩传统，还在这样的地方延续着。

　　据《大宇陀町史》的记载："药园的创始者森野藤助，讳名通贞，号赛郭，其先祖曾出仕于吉野朝。森野家早年居于吉野郡下市，元和

森野藤助《松山本草》

二年（1616 年）贞康时，移居至松山（即今天的大宇陀町），改原姓森冈为森野，名讳改贞次、侦训为通贞。家中世世代代务农，兼做葛粉，是世传的葛粉制作大户。藤助生于元禄三年（1690 年），嗜好药草木研究。"享保年间，森野藤助为德川幕府所知，被提拔为御草药见习，他的采集范围也从大和扩大到吉野，乃至若狭、越前等地。

这期间，藤助在草药方面有了前所未有的重大发现，幕府为表彰他的功绩，准许他称姓佩刀，药草园也作为幕府的辅助机关受到重视。藤助还擅绘画，留下了有关草药的详细记录，其中之一是美丽的图鉴《松山本草》。森野家保留着包括《松山本草》在内的几本日式线装书，上页图中展示的是其中一部分。

园内有藤助住过的茶室风格的禅房，山上也有偏居一隅的建筑，内祭有藤助夫妇像。雕塑面容温和，如同《高砂》[1] 中的老翁与老妪一般，令人不禁感怀他们与草药共同度过的一生。这里虽说是药草园，却更像研究所，无药草气，如自然庭院一般自然令人喜欢。藤助必然是一个品位很好的人。他的一生，必定是兴趣贯彻始终，因为喜欢，才能入如无人之境，深入了解草药的秘密。这与闭门造车的研究不同。看着《松山本草》中洗练的色彩，便会不由自主地想到他是如何热爱草木，是如何全身心地采集草药。森野家还留有许多其他的古书、典籍、植物及贝类标本。他在古石收集方面也颇为著名。传统中有"药石"一说，矿物也会作为药物使用。这些都是藤助不知疲倦求索的结果，但也不

---

1. 《高砂》，日本著名能舞，讲了两棵相距甚远的古松，最终化为老翁与老妪在一起生活的故事。

森野药草园的创始者森野藤助的住所

可忘记将它们珍藏保留下来的藤助后代们的功绩。

从山上远眺，风景很美。"鸟之垰"正面耸立在远方，对面美丽的村落鳞次栉比，安骑野缓缓舒展。曾经从中医那里听到过，如今有名的草药店，基本都源于大和，其传统的确令人敬畏，来到此处后更有切身体会。这座山名为古城山，古时候叫作秋山城、神乐冈城，是南朝的地方势力秋山氏的旧城遗址所在地。在那之前，这里必定是狩猎场的一部分，神乐冈这个名字，一定是指进行过神乐的祭祀场所。在过去，无论是药草还是染料，都被视作神不可思议的技能而接受崇拜。仔细想想，草药有神力，这件事至今也没有改变，只是人类因为过于相信自己的力量，把这些想法都视作不科学的、野蛮的思想而摒弃了。但真的都是野蛮的思想吗？我们是不是该重新思考呢？我无意提倡回归原始的宗教信仰，只是，当想到自己连一朵花、一粒种子都无法创造的时候，人类是不是至少可以稍微用谦虚的心，去倾听自然对我们说了什么呢？人际关系渐渐疏离的现代有诸多不安，我认为全都是过于相信人力造成的。

据说，第一代藤助有名为佐兵卫的忠仆，他从十二岁一直到去世时八十二岁，向药草奉献了一生。主人死后，他出家为僧为主人守墓，在山上的庵室内设了藤助夫妇像，像生前一样侍奉他们。

森野家亦是如此，即便名字不为世人所知，也代代像佐兵卫那样，如同一个在暗处的忠仆，默默振兴着药草园。这座山的一草一木，都凝聚着这些人的灵魂。只是在战后遭遇了种种困难。

"说起来，现在也有这样（谦逊）的人哦。现在应该在干活。我去把她找来。"我劝也劝不住 K 先生，他就跑出去了。

K 先生带来的，是一位名叫松尾爱的婆婆，六十岁左右，看起来很亲切。经 K 先生介绍以后，松尾爱婆婆一副很不好意思的样子，带着好像要消失了的神情。再三询问才得知，她十三四岁时来到森野家做保姆，不知从何时开始转为照料草药，之后有过婚姻，但丈夫早亡，如今这个药草园已成为她生存的意义所在，也是唯一的乐趣所在。原话不全是如此，但从断断续续的话语中可以听出这些。

我想，与植物共生共存几十年，就会有松尾婆婆这样的面相吧。一开始会觉得，她只是一位受人喜爱的婆婆，但谈话中会渐渐觉察到她对工作的喜悦与自信。松尾爱婆婆不多言，但只要涉及草药，就展现出一般学者也似乎无法比肩的知识。看着她骨节突起的手指、满是泥土的防寒裤，特别是刻着岁月深深轮廓的脸，会感受到这才是人生，她才是这座山的主人。

前文写的带我们到山上稍远处的，也是松尾爱婆婆。我们说因为她在工作中，不便打扰，但婆婆还是特地为我们支起防雨门板，向我们展示藤助夫妇的雕像，呐呐地说着三百年前的人的功绩，仿佛藤助夫妇还在世一般。只有在这种时刻，松尾婆婆才变得善谈。我看着她讲述的样子，心中浮现出佐兵卫的面影，似乎了解了古人拜神像时的心境。

对于藤助赛郭翁的辞世，有云：

赛郭未生亦未死，仍当此地度春秋。

居住在药草园的松尾爱与孙辈们，
远处三角状的山是鸟之垰

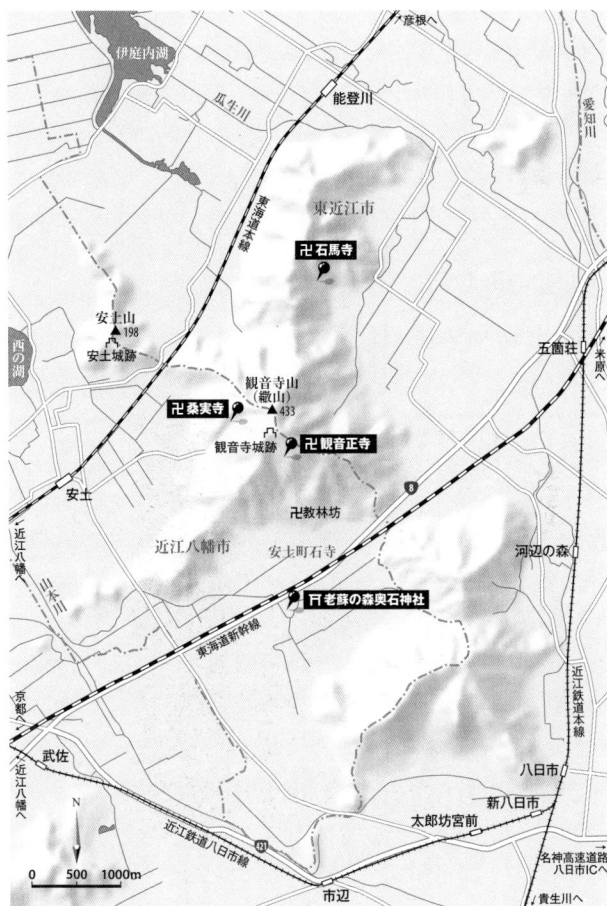

第五章

伊庭内湖

瓜生川

能登川

彦根へ

愛知川

東近江市

卍 石馬寺

東海道本線

安土山
▲198
安土城跡

五箇荘

米原へ

西の湖

観音寺山
(繖山)
▲433

卍 桑実寺

観音寺城跡

卍 観音正寺

近江八幡

安土

近江八幡市

卍 教林坊

安土町石寺

河辺の森

近江鉄道本線

⛩ 老蘇の森奥石神社

東海道新幹線

京都へ

山本川

近江鉄道八日市線

武佐

八日市

新八日市

太郎坊宮前

名神高速道路
八日市ICへ

貴生川へ

N

市辺

0 500 1000m

石之寺

前段时间去京都采访，正巧编辑安排了一日空闲。通常这种日子我都会懒散度日睡上一天，但因为天气实在太好，温暖宜人，租借的车子来了，便当也做好了，实在不忍拒绝，便点头同意去附近转转。于是漫无目的地乘上了车。

京都的司机都很有趣，会感同身受地听醉酒的游客发牢骚，可能是出于见惯了游客，又热爱故土吧。我所知道的辨认樱花名木的秘诀、观看琵琶湖的最佳角度、没有住持的隐秘寺庙地址，都是从京都司机那里了解到的。今天又将去哪里呢？天气这么好，总之先上名神国道吧。我们从东山入口上高速，一路向大津方向进发。在这1月难得的晴天里，比叡山上连雪的影子也没有，比良山顶上也仅有一点薄雪。没过多久，车就驶过大津，穿过栗东，这才看到了正前方的三上山。终于接近八日市了，左边的观音寺山缓缓地现出身影。观音寺山又名缀山，对我来说是有着深刻回忆的山。山脚有石寺、石马寺、桑实寺等，都是人们不太会去的寺庙，若不是像今天这样的机会，我们也难得到访。就此询问司机，对方说他虽听说过，也没有实地去过，但接着我的话头说"据说在山后面，还留有安土城的遗迹"。

之所以说有深刻回忆，是因我在数年前做西国巡礼的采访时曾到访此地。具体情形都写在当时的书中，不再赘述。山上有古刹观音正寺，是西国的第三十二号札所。观音山虽高不足五百米，但从山脚到山顶的道路都是用天然石砌成，险峻难爬。那些石阶与其说是阶梯，更像乱石场。我独自一人攀爬了这样的险山，当时天色已晚，我一个人又饿又冷，内心是从来没有过的惶恐与不安。后来过了些日子，我在报纸上读到了老婆婆在山上迷路遇难的新闻（这件事后来被永井龙男写进小说，发表于《新潮》杂志），与我当时是差不多的情形，想来实在后怕。

但那时一路艰难爬到山顶，带着松了一口气的心情遥望升腾紫烟的浦生原野，是真切觉得所谓"观音净土"也不过如此了吧。其实，西国巡礼或多或少都是以这种方式进行的，可能是因为接近旅程的终点，观音正寺给我留下的印象才特别深刻吧。

位于山高三分之二之处，有君临近江将近四百年的佐佐木一族的旧城遗迹。该城于永禄十一年（1568 年）为织田信长所灭。或许是地势较高的关系，残垣断壁都仿佛是刚刚覆灭于昨日般带着哀伤。山道之所以建得如此陡峭，应该也有让人难以攀登的考量。缫山整体看上去像是一座坚固的城堡。位于山脉上的安土城，短短十几年间就被织田信长所灭，来到此处，你会真正感受到"盛衰荣枯""诸行无常"。从正面的南侧看，缫山山貌独立而稳健，而背面则从五个庄一直延伸到能登川，延绵不绝。

观音正寺的背面有内院，供奉着古代信仰的岩座。据住持介绍，"佐佐木"的姓氏来源于地方豪族狭狭城山君，山君有掌管陵墓的职责，所以这个说法颇为可信。如果佐佐木一族有相关技术的话，可能是近江众多归化人中的一族。另外，"䍃"有天盖之意，天盖是如今葬礼上仍常见的物品，有标识埋葬地的作用。实际上，䍃山周围的确有许多古坟，可能是作为神山被崇拜在先，后来才建寺、造城、做宅邸吧。在《平家物语》中声名颇高的佐佐木高纲、盛纲等，就来自佐佐木一族，虽然被唤作近江源氏（或者宇多源氏），但因为在这里建造了驻扎的城堡，所以承袭了佐佐木之名。

从名神国道上下来，沿着中仙道向东行驶，可以遥遥望见郁郁葱葱的老苏森林。老苏森林是在和歌歌枕（和歌中常歌咏的名胜）中经常出现的原始森林。虽说从眼前的三岔路口向北就是䍃山，但是出于一贯喜走弯路的作风，我们还是想先去老苏看看。

忆东路，今非昨
昔年老苏森林
夜半子规声啼

——大江公资

老苏森林
年年岁岁杜鹃夜半啼
今年又当时

——本居宣长

自歌人藤原定家的时代以来，老苏森林就反复出现在和歌中，反复被咏诵。现在森林虽被新的道路（八号线）分成两半，但人进入其中还是感到非常安静，仿佛来到了另一个世界。黑压压的森林前，建有一个端正的神社。森林名作"老苏"，偶尔也会写作"老曾"，而神社则名为奥石，是孝灵天皇时代的石部大连所建，最初被称为蒲生之宫，但以讹传讹被叫成镰之宫。神社镰刀交叉的徽纹颇有意境，但应该是后世武士所作。神社正殿造于天正九年（1581 年），在道路旁竟藏有如此清明的神社，着实让人意外。我是从北侧、如今的八号线进入森林的，这样就成了从后侧观赏神社，其实应该从南侧的中仙道进入，从那里眺望，可见神圣的森林与鸟居相望，缴山静卧其后，如此才会明白为什么古人会将此处作为神圣之地。老苏（不老）这个名字很好，去往都城的人在此处回首，想必会松一口气；而离开都城的人远道而来，想到前方遥远的东路，也会心念高远。新路已经不再具有个性，但旧道还带着如同人生十字路口般的况味。自然实在是不可思议，没有历史的土地，即便再美丽，在我看来也仿若没有个性的明信片一般。我喜欢自然，归根究底是喜欢人性。

从正面来看，奥石神社是为膜拜缴山而建。据宫司介绍，以前巡礼之风正盛时，从对面遥远的观音正寺也能听见神社传来的御咏歌。这让人不禁认为两者之间有着深刻的关联。就我所知，史料或文字中并没有过奥石神社与观音正寺之间关系的记载，但应该同三轮山一样，缴山整体被视为神体，古代只在山麓建了拜殿。"奥石"和"石部"这样的名字已经昭示了它们与石头的关系。其实，缴山整座山都是石头山，山麓上有名为石寺的部落，接下来要访问的石马寺，也在这条山脉上。这是一个有关石头的世界，也一定曾有一个以石头建造技术为中心的大集团。"佐佐木"一族所创造的传统，也一定被用在了观音寺城及安土城中。古代信仰中总是有非常现实的部分，与世俗生活密不可分。人们崇拜那些构建了自己生活的石头草木，这些素材既是他们的神，又接受他们的求索，为他们带来启示。当人失去了这种面对素材的敬畏与求索之心，而只将其视作单纯的构建生活的材料之时，也正是技术退步之时。

奥石神社

我们从奥石神社一路奔向缫山。快到山脚时，我抬头仰望，想起了巡礼时攀爬这座山吃的苦头。山麓上名叫石寺的部落是个颇有遗世独立风情的村子，那里曾有三十多处隶属观音正寺的末寺，极为繁荣，而现在仅余一间名为教林坊的小寺庙。

沿着山脚狭窄的小石道右行，没过多久就到达教林坊。这里山茶花繁多。踩着山茶花的落英拾级而上，也是一种乐趣。一进坊中就看到了室町时代的庭院，大部分已经荒芜，但也是个借南山为景、小而完整的庭院。提到借景，人们可能首先会想到造园技术，但其源头却是山岳信仰。正如嵯峨的龙安寺之于男山，北岩仓的圆通寺之于比叡山，都是将山当作神来敬拜。神佛一体的思想在这些地方，毫不掺杂晦涩的理论，直观地表达了出来。引起我兴趣的，是另外一个庆长时代的石庭。这个石庭作为教林坊的中心庭院，却在与山脉连接之处做了陡坡。仔细一看，陡坡处有一座古墓，旁边还有墓道。古墓巨大的盖石，被直接用作庭院之石，不但毫不造作，还生动展现了日本造园思想的发展。此前虽没听说过将古墓作为庭院部分的做法，但也许只是我没有注意到，说不定实际上有很多这种案例。我突然想到，日本庭院的原型，是否正源自坟墓前方后圆的造型呢？深深的青山绿水中，古墓扎实的造型以及石头组合的牢固，正是自然与人工的精妙调和。大和的箸墓古坟，白天作于人，夜晚作于神，这只是传说。在蓬莱山等思想传入日本前，我们的祖先也早已为死者创造了极乐世界。佛教兴起后，造大型古墓之风废止，但它以另一种形式得以重生，以石头庭院的方式臻于完美。虽然形态有变化，但其中包含的都是同样的"彼岸"思想，而这与借景又并非毫无关联。思想到达这一步，足见过去的人是如何崇拜着自然，如何注视着自然。想起以前听京都的园艺师说过，庭石只有三分之一露出地面，三分之二埋在地下，不如此，既无法令人安心，也不能成形。

教林坊庭院中的古墓盖石

因为总是走弯路，到达石马寺时日已西沉。

往缴山山脚的东边走，有名为五个庄的村落。虽然只是路过，但看着鳞次栉比的房屋，就能感受到这里不愧是近江商人的发祥地，实在是个被上天恩宠的地方。石马寺在村西尽头的山中，山的入口处立有"石马禅寺"的石标。往正上方攀登，寺庙在石阶的尽头，但见村人聚集在山门处修缮着什么的身影。石马寺为推古二年（594年）圣德太子所建，后虽然式微，但经松岛瑞严寺的云居国师再兴，成为禅宗的寺庙。这里留有圣德太子寻求灵地时的传说。相传圣德太子来到此处，马走不动了，变成石头，沉入了莲池中央。往寺中莲池看去，池底确实有像马背的石头，池旁还有"系名马的松树"。类似的传说有很多，想必都来源于向水神献马的古老习俗。不仅是石马寺，整个近江都有许多有关圣德太子的传说。

长满苔藓的石马寺石阶

从池塘开始，长满苔藓的石阶向上延伸，在中途分为两路，左路通往山上的神社，右路通往寺庙。在这里仰望石马寺，茅草苫顶的正殿非常美。因没有参拜的人，住持又碰巧外出，所以住持的太太为我们带路。在去往库里的路上，又见到了石庭。说是石庭，其实并没有

石马寺庭院背后的岩石肌理

多么正式，只是以山为背景，庭院中放着几块大石头而已。住持夫人告诉我们，之前这里的古庭院被洪水冲毁，最近才复原。我对这复原的程度抱有怀疑，如果只是眼前所见的样子，倒不如没有的好。这是因为庭院背后的石山过于震撼，庭院沐浴着岩石缝隙中透出的光，被染成紫色，呈现出细致、润泽的肌理，宛如井户（茶碗）的名物。日本人之所以重视陶瓷器的韵味，也一定深受自然的这般启发。美国的科罗拉多州、瑞士的瓦莱斯州等地，自然景观虽色彩明艳难以匹敌，却没有深入人心的回味。日本的自然，及从自然中诞生的美术品，对日本人的精神产生了难以估量的影响。

石马寺有许多成为禅寺之前密宗的雕塑。正殿祭有十一面观音，另有叫大佛殿的建筑，狭窄的佛殿中挨挨挤挤地供着一丈六尺高的阿弥陀如来和藤原初期的观音、天王等。最令我感兴趣的，是骑水牛的大威德明王像，它用真人大小的一整块木头雕成，极为生动，其中水牛尤其出色。水牛的头稍稍偏向左方，恭顺地低下，仿佛一有召唤便会飞奔而去。在众多的行者像中，役行者[1]堪称杰作。

这里的役行者原本保管于下面的寺庙中，最近由于建筑物修缮，暂为石马寺保管。连陪侍的前鬼、后鬼都有详尽刻画，我很想再多做欣赏，但没有足够的时间了。

下山途中经过山门附近，一位看起来在村中颇有威望的村人向我

---

1. 役行者（634—701），日本修验道始祖，是飞鸟时代至奈良时代知名的咒术师，世称"役小角"。

们搭话。他带着自豪感向我们介绍,自己曾是村长,现在则负责监工山门旁寺堂的修缮工作。该堂中放着"雨之龙神"的神舆。山顶上的神社虽然壮观,但这里的石阶可是一直通往那里的。现在村里还维持着由十个村的氏子共同举行的祭典,自古以来对给予村庄丰富雨水之神的信仰,至今还根深蒂固地存在。抬头仰望这纺锤形状的秀丽神山,无论是石马的传说,还是石马寺的法院,都起源于这座山。后来神山与佛教联结,才开始供奉役行者。

役行者像、大威德明王像(石马寺藏品)

因为总是走走看看,天色已晚,比我好奇心还要旺盛的司机也想回安土城了。于是,我们沿着原路返回石寺,再从山脚处向西绕出,却见山峰连绵起伏的小高岗上的桑实寺。有关该寺，我仅有的了解是画卷《桑实寺缘起》上记载的天智天皇时，皇女阿闭（后来的元明天皇，奈良朝第一代女帝）生病，梦见琵琶湖边景色绚烂，闪着琉璃之光，于是在琵琶湖边做法事，药师如来现身，皇女病遂痊愈。为了祭奠药师如来，就有了桑实寺。桑实一名源于开天辟地之时，一颗大桑树的果实落下成山。现在药师佛被称作"镰加持药师"，也包含了近代的信仰，但镰在蒲生一带，表明了桑实寺与奥石神社、观音正寺之间的因缘关系。桑实寺山号与缯山一样，用镰刀做纹章，在古代应该都是源自以佐佐木氏为中心的"天盖信仰"集团。附近还有佐佐贵神社，据说其构造与狭狭城山君的一样前方后圆。

桑实寺的山门

桑实寺的石阶也很美，周围种了许多梅花。据住持介绍，里面十方岳的山顶有内院，供奉着名为"琉璃石"的巨岩，石面平整，有十张榻榻米大小。只看照片就能体会到它的神秘感，但要实地攀登观看，却是几乎不可能完成的任务，就连住持也仅去过一次。上古的岩座，正因为在这种地方才能完整地保留下来。白凤时代的药师佛，一定是从这样的岩石中诞生，成了新的神。

望着暮色中的湖水，我思索着日本人精神一路形成的漫长历史。"桑实寺源起"绝非虚言。古人梦见琉璃之光，从而发现了佛的存在，这是何等气宇恢宏的想象力。正是这样的思想孕育了织田信长，养育了丰臣秀吉。很快，我们下到安土城，越过近江八幡返程，那一带已经隐匿在向晚的幽暗中，什么都看不见了。

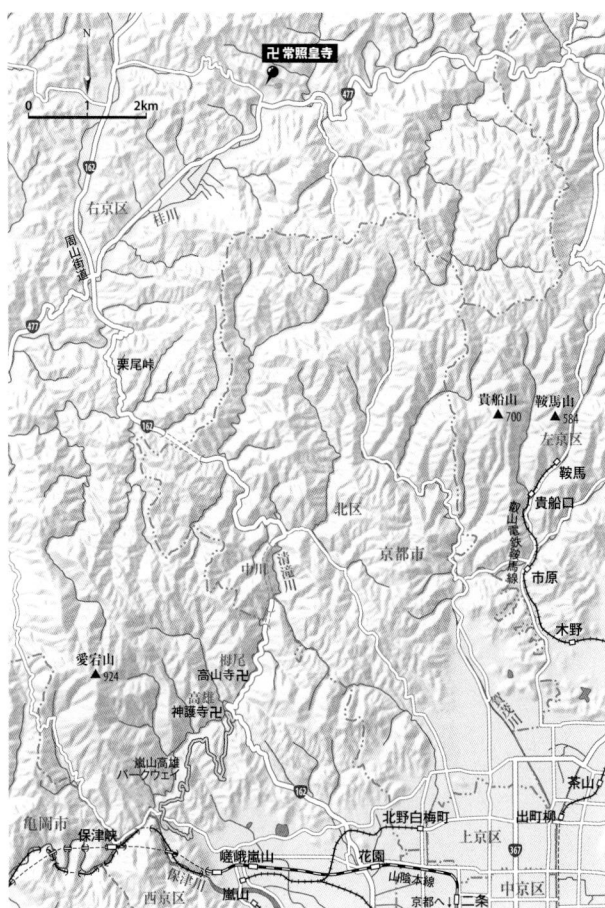

第六章

卍 常照皇寺

0　1　2km

右京区

桂川

周山街道

477

162

栗尾峠

162

貴船山
▲700

鞍馬山
▲584

左京区

鞍馬

貴船口

叡山電鉄鞍馬線

市原

木野

北区

中川

清滝川

京都市

愛宕山
▲924

栂尾
高山寺卍

高雄
神護寺卍

嵐山高雄
パークウェイ

162

北野白梅町

出町柳

茶山

上京区

367

亀岡市

保津峡

嵯峨嵐山

嵐山

花園

山陰本線

367

保津川

西京区

京都へ→二条

中京区

樱之寺

京都西北，"山国之地"周山，有常照皇寺，如今已是赏樱胜地。但我在战前初次去时，那里还颇具人迹罕至的"隐庄"之感。

前段时间，我沿着清泷川，经过高雄山的神护寺、栂尾山的高山寺，以及因北山杉闻名的中川村落，进入了溪谷深处。穿过通往若狭的周山古道抵达目的地的时候，那一带已是野樱盛开。高雄周围，每个角落都长着极美的大樱花树，开在红色叶芽间的花朵，在红色的樱树新叶、绿色的杉木映衬下，称得上如诗如画。我不由得想，原本并不怎么在意的风景，如今却渗入心底，难道是我上了年纪的关系吗？

樱花，是无法与人烟分离的一种花。虽不能断言深山一定没有樱花，但通常望见山顶有不错的樱花树时，走近一看必有人家。樱花作为自然的花树，需播种发芽生长，很难育成，又因有祈祷丰收、占卜的作用，它曾是人们生活中不可或缺之物。然而，随着生活习惯的改变，日本人也变得不再珍视樱花了。樱花树在减少，赏花之风却愈加繁盛，让人不禁感到，古人养成的传统，绝不会在一朝一夕间灭绝。将来或许还会有樱花树大规模种植的时期，我这样祈祷着。

穿过爱宕山便到了栗尾峰，与名字不相符的是，绕过峰顶举目而望，周边的村落清晰可见。这里是保津川的上游，在山间突然裂开的平野中，河水蜿蜒流动，正是符合"山国"一名的地形。保津川一路蜿蜒迂回向西，最终流入岚山，而常照皇寺则在比保津川上游更远的山麓深处。

八重樱盛开的常照皇寺山门

这一带红叶很多，无论春秋都有令人难舍的情趣，特别是樱花时节，沿着参道拾级而上，就会在杉木林立间看到隐约闪现的樱花，让人不由得心跳加速。西行、本居宣长都写过表达这种心情的诗歌。可能日本人遇到樱花时都会心动吧。

进入山门便是正殿，这里有著名的"车返"樱花。车返是一重樱与八重樱杂交的品种，因太过美丽让人驾车折返欣赏，故得水尾天皇赐名"车返"或"返车赏"。这年有春雪，花开得晚，因而我们有缘得见庭院前满树盛放的枝垂樱。枝垂樱旁是过去从京都皇宫移植过来的"左近樱"，刚刚长出青涩的花蕾。三棵樱花树都已过百岁，组成了常照皇寺的庭院风景。

我去常照皇寺时，因寺中要建储藏库，聚集了大批村人。我坐在檐廊上边赏花边吃便当时，旁边的村人过来搭话。

村人说，在他们幼时，眼前的这棵枝垂樱枝条都长到檐廊来了，现在却不知不觉间变得那么小，有时小和尚觉得打扫太辛苦，会爬上去剪些枝条，还有后面仓库失火时，也被烧掉一部分。搭话的人问了声"大家，是吧？"，村人们就都聚过来，说着些怀念往昔的话，纷纷赞美当年这树有多么美，简直像被花覆盖的大伞。他们将樱花当作孩子一样爱惜。经村人指点，我才发现樱花树根部生出了纤细的树苗，被小心地上了夹板。这是很珍贵的幼苗，被当作下一代小心地呵护着。村人都笑眯眯地说，毕竟这可是真正的孩子呢。又有人说："留下孩子的话，可能会不久于人世了吧。樱花，就是这样的事物。"

常照皇寺的樱花，正是如此代代相传。它们与村人有深刻的血脉联结，也有漫长的历史。本来樱花就是有人间烟火味的，在这棵樱花树长成名木的路上，流淌着众多人的血与泪。

这要追溯到南北朝。

元弘元年（1331年）夏，京都由上至下发生动乱。后醍醐天皇在

常照皇寺的"车返"樱花

动乱中逃往笠置山。当时的皇太子、持明院统[1]的量仁亲王于动乱中表示："（天皇逃跑）虽说值得庆贺，但如今军心紊乱，长久下去也非良策。况宫中没有可靠的守备之人，虽皇上落难，也要有警戒之心，至少要派六波罗[2]跟随。"（引自《增镜》[3]）一个月后，量仁亲王总算是勉强登基，名光严天皇。就是他建造了常照皇寺，但这是后话了。

之所以说光严天皇勉强登基，不仅是因为登基大典在桧木皮搭建的简陋之所举行，更因为没有天皇即位必不可少的三神器。虽然缺少三神器登基的情况并非史无前例——源平合战[4]中，败方安德天皇沉于西海，后鸟羽天皇就是在没有神器的情况下即位的。对于光严天皇的朝廷来说，这个先例可能是唯一的借口，但说到底不过是托词罢了，没有神器的愧疚感，可能跟随了光严天皇一生。

另一方面，后醍醐天皇因倒幕事败被捕，不久就被移交给六波罗。后醍醐天皇与新帝光严天皇"同一屋檐下，仅得一墙隔"，形成了奇妙的局面。在后来的历史中，也经常出现政治意义上敌对的南北朝天皇共同生活的情况。后醍醐天皇因有御诗：

时雨急，屋檐响

---

1. 持明院统，后嵯峨天皇死后，皇统分裂为二，持明院统为其中之一，属后深草天皇系统。另一系统为大觉寺统，后醍醐天皇属大觉寺统。

2. 六波罗，镰仓幕府守护京都的行政机关首领，因设在京都六波罗而得名，主要的任务是监视朝廷、统辖西国的御家人。

3. 《增镜》，历史小说，被推测著于日本南北朝时代，作者未详。

4. 源平合战，日本平安时代末期，源氏与平氏两大武士家族集团一系列争夺权力战争的总称。在最后一役的坛浦海战中，平家全军覆没，平清盛的夫人抱着年仅八岁的安德天皇和三神器投海自尽，为的就是不让神器落入源氏手中，使得源氏支持的后鸟羽天皇没有合法性。

且居陋室板屋

不由泪湿衣襟

"元弘二年（1332 年）春，新帝的时代开始了，不知是否出于这个原因，这年春天似乎比往年更要繁花似锦。天皇风华正茂（彼时的光严天皇二十岁），一切看起来都是那么完美，皇居之内同以前没有任何变化。"（引自《增镜》）

后醍醐天皇被流放到了隐岐岛，新帝光严天皇身边却正是和风煦日。但幸福就像樱花般短暂，光严天皇在位仅两年便被废黜。从那时起，他的一生可谓命途多舛。

光严天皇一时放松警惕，南朝方面 [1] 就再次集结了势力。元弘三年（1333 年），后醍醐天皇逃离隐岐岛，重新攻占京都，史称"建武中兴"。京都再次陷入战乱。

"（幕府足利高氏的军队）将此一役看作最后的战役，众人声嘶力竭地厮杀，场面前所未有地惨烈。箭矢如雨飞来，眼前死者无数。战乱厮杀持续了一日一夜……"平家以来君临天下的六波罗终至灭亡 [2]。新帝（光严天皇）或许做梦也没有想到，自己深信不疑的足利高氏会背叛他，身边的人也纷纷逃走。就这样，到了翌日的五月八日，光严

---

1. 光严天皇即位之后，后醍醐天皇拒绝退位，与光严天皇并立，日本广义上的南北朝时代开始。光严天皇为北朝君主，后醍醐天皇为南朝君主。
2. 足利高氏（后改称足利尊氏）背叛幕府反戈倒幕，带领军队投靠后醍醐天皇，攻陷了幕府设于六波罗的行政机构。

天皇同探题[1]北条仲时经近江试图逃往关东，却不幸遭遇南朝军队埋伏，光严天皇被捕，北条仲时与其四百余部下于中山道番场的宿驿切腹自尽。番场的莲华寺还留有这些人的坟墓，以北条仲时墓为中心，挤挤挨挨排列着的五轮塔，就像《太平记》[2]中的某节故事，凄惨又让人痛惜。北条仲时当时才十八岁，是年轻而英勇的武士。

当年光严天皇也年仅二十一岁。他从小就被南北朝纷争、武家幕府的各种争斗缠身，见惯了丑陋之事，这番败北想必让他感悟良多。南北朝的帝王们常常身处危险之中，因此也多能人，换句话说，那是一个没有能力就无法生存的时代。其中的佼佼者，当首推后醍醐天皇。不过北朝的花园天皇等人，在某些意义上更为优秀，他们既是政治家，也是很好的批评家。花园天皇是光严天皇的叔父，在光严天皇幼年时将其收为学生，始终带在身旁教养。花园天皇留下的众多著作中，便有写给当时还是太子的光严天皇的《诫太子书》。

文中告诫太子，要对民众施以仁义，但也不可忘治理凡俗之人需要必要的政策。没有这两点才能，是无法位居君位的。要"戒慎戒惧"，要为人谦逊。太子毕竟自小养育在宫廷，习惯了奢侈，并不懂民心，只是拜先帝的余德所赐，才得以位列太子。若为历练太子，过早委以重任，那必是大错特错。如今天下有大乱的征兆，应对乱世，权术谋略固然重要，但并不是为天子的首要之道。用武力平定天下，也不该是天子所为。君王首先要重道义，以德服众。诗、书、礼、乐之道，

---

1. 探题，即六波罗探题。此官职原本只称为"六波罗"，镰仓时代末期才开始加上佛教式"探题"的雅号，变成"六波罗探题"。
2. 《太平记》，日本古典文学作品，讲述日本南北朝时期的历史。

特别是儒教的"湛然虚寂"之理尤其重要。如此种种，花园天皇洋洋洒洒一千五百言，论述了为王之道。

《诫太子书》提到的权术、谋略、武力等，可能是暗中指责后醍醐天皇吧。花园天皇在元德二年（1330年）写下此文，当时量仁亲王（后来的光严天皇）刚被立为太子，花园天皇看到了战争即将开始，对此表明了自己作为天子的态度。如今长福寺中留有藤原豪信[1]所作的花园天皇画像，这是我最喜欢的肖像画之一，其淡泊的笔触描绘了花园天皇内在不容触犯的品格，很好地抓住了天皇的气质。花园天皇因身体不佳，总是会安静地凝视事物。光严天皇的一生充满悲戚坎坷，但被花园天皇养育长大又是幸运的。

后醍醐天皇夺回权力，实现建武中兴，不过是镜花水月，仅维持了短暂的和平。很快，关东、关西就爆发了战争，足利尊氏一会儿投靠南朝，一会儿又投靠北朝。不知是在他第几次的反叛中，光严上皇、光明上皇、崇光上皇，都被南朝军队俘虏，交于大觉寺统的吉野朝廷[2]。这期间，南朝的后醍醐天皇和北朝的后伏见天皇、花园天皇也相继驾崩，吉野朝廷传到了后村上天皇[3]这代。北朝的三位上皇（光严、光明、崇光）以及皇太子直仁亲王都被陆续转交于吉野，最后被软禁于河内的金刚寺，都是作为人质毫发无损地移交。

---

1. 藤原豪信，镰仓时代末期到南北朝时期活跃的画家。文中所提的长福寺的花园天皇像，是藤原豪信最为著名的作品。

2. 吉野朝廷，后醍醐天皇于大和国的吉野（今奈良县吉野郡吉野町）开设的南朝朝廷。

3. 后村上天皇，后醍醐天皇的第七位皇子，南朝的第二代天皇。

花园天皇肖像（长福寺藏品）

几年前，我因其他采风拜访金刚寺，见到当时上皇们幽居留下的遗迹时，被无言地触动了。后村上天皇居于下方的书院[1]，上方不远处的禅房则挨挨挤挤地住了北朝三位上皇。那一定是水火不容、片刻不能大意的日子，是心中痛切地感受到曾经的血洗纷争如同无常地狱般的日子。长达半世纪的乱世纷争，不只是给南朝的天子留下惨痛的记忆。后醍醐天皇的结局虽然悲惨，但毕竟是为自己坚信的事物贯彻始终，还算有救。而北朝方面，就像前文提到的《诫太子书》，他们拥有的只是所谓天皇的思想，在现实中却无法自由行动，自始至终都在隐忍。

虽然不过是想象，但我想，光严天皇第一次悟到为君之道，是否就是在这软禁期间呢？某日，光严天皇突然剃度。那是驻留贺名生[2]期

---

1. 金刚寺从 1354 年到 1359 年，为后村上天皇的行宫，被称为天野行宫。
2. 贺名生，南朝后村上天皇的皇宫所在地，光严天皇被俘虏后曾短暂居住于此。

间的事，公卿日记中记有"尤为可疑"，但没有人真正知晓他的内心。彼时皇子已在京都被立为后光严天皇，只要战乱平息，很快就能执掌院政。但后光严天皇即位时，也没有三神器，且在足利尊氏的要求下，没有院宣[1]。中村直胜将光严天皇落发出家的直接原因，归结于后光严天皇的即位，让他承担世人的指责。但应该不仅如此，也有对尘世彻底厌倦了的部分吧。光严天皇在这种情况下出家，与一般的出家不同，一定是将天皇的孤独寄予此身生存下去的一种表现。换个说法，就是志在成为精神上的王者。在尘世没有实现的理想，通过另外一种形式实现，不也算是实现了花园天皇的夙愿了吗？

浮世与梦，皆为一场空
我安慰这世间原本无常

人世既苦楚
愿得一人心

第二首虽是"寄心恋[2]"和歌，但王者之恋，是如此苦痛，已经难被常人理解，更遑论汲汲营营只求自保的公卿们了。

被软禁六年后，光严天皇终于还幸京都。数年后他再度出家，这

---

1. 院宣，上皇颁发的诏书。
2. 寄心恋，寄心恋中的"心"还可替换成松、竹、雨、风等各种事物，统称"寄恋题"。是和歌借物言志的"寄物题"中的一种。

次是以积极主动的姿态。与他相伴的，还有一名叫顺庆的僧人。光严天皇的出家形象已与一般的化缘僧人并无二致。《太平记》中，有记载他去高野山途中的轶事。

纪之川附近有座看上去随时要坍塌的桥，法皇[1] 在桥上步履蹒跚之际，被无赖行人看见，骂道"你这个胆怯之人"，遂将其推下桥。法皇行将溺水之际，顺庆救他上来，带着满身是血的法皇到附近一处小佛堂处理伤口。好容易逃到高野山，正要松一口气时，桥上遇到的两个人，却剃着光头再次出现，说之前真是多有得罪，希望能作为赔罪，侍奉法皇身侧。不管法皇如何拒绝，这二人都一再坚持，法皇只好再度瞅准机会，逃离了高野山。

在逃亡途中，法皇去了吉野山，拜访了后村上天皇。这应该是自金刚寺幽居以来，两个人第一次冰释前嫌相互面对。这里相对的两人，不再是南北朝的君王，而是两位出家人。这是他们自从走上天皇的道路以来从未发生过的。吉野山中两人的会面，可谓历史性的瞬间，但谁都无从得见，仅在《太平记》中有如下记载：

归去时，后村上天皇执意要法皇用居所处的御马，但法皇坚决推辞，着草鞋下山。"主上至武者所[2]，卷竹帘，送月卿云客[3] 到庭外，皆潸然泪下"。

1. 法皇，日本出家为僧的上皇称之为法皇，这里指的就是光严天皇。
2. 武者所，皇居或上皇、法皇居所中担任警备职责的机构。
3. 月卿云客，对公卿或宫殿之人的统称。"月卿"是三位以上的公卿。"云客"是宫中有进殿资格的人。

光严天皇肖像（常照皇寺藏品）

行访诸国后，法皇最终来到山国的常照皇寺。此时正是贞治时代[1]开始之时。该寺的樱花，就是那时法皇之弟光明上皇送来的，不知当年是如何抚慰了圣心。这棵树被珍视，也从侧面见证了那段历史，但移栽之后的事迹，并不曾流传世间。传于世间不是必须，这也算法皇深谙了"湛然虚寂"之理的体现吧。可以想象，这一时期法皇寂寞又满足充实，因为受到村人爱戴，他至今还被称为"光严先生"。他既是神，又像邻居，是村人们有亲近感的供奉对象。皇室对当地人来说是寄托特别感情的存在，也是他们增强团结心的纽带，这都出于"光严先生"

---

1. 贞治时代（1362—1368），日本北朝的年号之一。这个时代的北朝天皇是后光严天皇。

落花满地的常照皇寺庭院

驭人有方吧。明治维新时，正是这个村子里的年轻人编成山国队[1]，进入江户城战斗。

法皇驾崩时（贞治三年，时年五十一岁），留下如下遗言：

"老僧"死后，无须烦琐葬礼。自然山河间，随意埋葬便可。"松柏冢上生，风云时相往，此种地方，最为吾爱"。若村人稚子，愿带自制小塔等前来供奉，也无须勉为拒绝。不为人添麻烦便是。若火葬方便，则火葬。但不需法事。逝后佛事也望废止。"居于一地，集结一众，修大圆觉之地，即为我追福之境；然凡笃信我佛禁戒之人，亦为我追福之境"。

就这样，法皇以天地为家，以众人为友，终其一生，可谓真正的王者。他的陵墓就在能俯瞰樱花的深山中，正可谓"松柏冢上生"。春日正是山茶花开至荼蘼之时。

---

1. 山国队，幕府末期结成的民兵队。

第七章

橿原へ

明日香村

宇陀市

市尾

高取町

大淀町

370

吉野ヶ里

伊勢街道

東吉野村

三重県

近鉄吉野線

吉野神宮

越部

吉野

吉野山

宮滝

国栖

東川

高城山
▲701

大滝

寺尾

丹生川上神社上社

下市町

青根ヶ峰
▲858

四寸岩山
▲1236

井光

井氷鹿

黒滝村

309

169

川上村

金剛寺

柏木

大天井ヶ岳
▲1439

迫之谷

大之波

五條市

伯母ヶ峰
▲1262

奈良県

天川村

五條市

小橡

上北山村

169

十津川村

下北山村

0 2 4km

吉野川上

吉野山深处，山居傍水涯。世间忧患大，隐处最为佳。[1]

——《古今和歌集》，佚名

吉野自古就是"隐庄"。此地因是天武天皇在壬申之乱时的退守之地而闻名。远有西行、源义经或南朝的天子，近有天诛组[2]的逃亡者，在"浮世"之时去往的，都是这吉野的深山。

这自然有地理上的原因。吉野离大和、河内和伊势都很近，南方有通往熊野的山脉，十分险阻，是典型的易守难攻要害之地。以樱花闻名的吉野山，是吉野川的唯一入口，以大峰山为中心，河流向四面八方蜿蜒流转，宛如其中藏着的隐秘历史。人们在吉野构筑着现代人难以想象的历史生活。就连神武天皇东征路上遇到生有尾巴的人，因为发生在吉野，也被看作是理所当然。比起"隐庄"，称这里为"秘境"可能更为合适。最近此地也开始在观光上下功夫，但即便从大和到熊

---

1. 选自《古今和歌集》，纪贯之等编，杨烈译，复旦大学出版社。
2. 天诛组，江户时代末期以"讨幕攘夷"为目的的武装集团。

野间建成了高速公路，吉野一带的地方性格也不是轻易就能改变的。不，应该说道路越是发达，山之一隅、川之一角就更容易被人们遗忘，更可能成为比现在更为隐蔽的秘境。

隐藏的事物才有魅力。"寻访未曾见过的花深处"，来吉野山寻访的不只是西行，松尾芭蕉、本居宣长、谷崎润一郎都曾来过"未曾见过的花深处"。他们进入吉野，也确实带了某些东西回去。若称吉野为"日本之心"，想来这些人也会同意。谷崎润一郎写过小说《吉野葛》，是以第一人称写的纪行小说，这种形式不是日本特有的，小说主人公原本是去采风，却大量描写同行的友人，一个极其平凡的男人的内心，在写出友人秘密的同时，也写出了作者隐藏的内心。读者或许早已了解这些，不需要我拙劣的解读。既远且近的吉野山，无论从地理上，还是从历史上来说，都有日本故乡的感觉，正是这点吸引了我们吧。赏花醉酒的人，在无意识中感受到的，或许也是这一点。

久违地拿出《吉野葛》赏读，小说开头是"我去大和的吉野游历，已是二十年前的事了，即明治末或大正初期"。这是距今有五六十年的故事。一读就让人感到有趣，不知不觉间读至深夜。现在的吉野跟书中描写的样子，几乎还是一样，只"未曾见过的花"周边有些许变化，还有路况稍微好了些。《吉野葛》中的核心人物、南朝最后的皇子自天王曾经隐居过的川上村附近，现在还同小说中描写的一样，"山川之间的道路，见缝插针般贴在高达数十丈的悬崖绝壁上，一些地方容不下两足并行，另一些地方连道路的踪影也不见，从悬崖这边到悬崖那边，只靠小小的悬空木板连着"。下雨时，这样的风景就随处可见。服侍过自天王的当地人后代、被称为"门第之家"的人们，生活也依旧如故。之前电视上放过，可能很多人都知道，每年二月五日，他们会穿着带有十六菊之纹的裤，裸脚穿草鞋，在雪中庄严地祭奠。

现在说来，三十多年前第一次读完《吉野葛》，我就很想去一次川上村。碰巧的是，前段时间拜访末永雅雄[1]先生时，偶然提及此事，才知道先生在发掘宫泷遗址时，曾巧遇正在取材的谷崎润一郎。"他有橡果般的眼睛、胖墩墩的身材，去往河川对面的家族求看初音之鼓。一开始我并不知道那是谁，但看到对方慢慢沉下胖墩墩的腰、专心致志的样子，就觉得此人不简单。事后一问才知道，是谷崎润一郎。"小说中的原型人物"津村"也在。不过谷崎润一郎去的应该是宫泷一带，并没有远至川上村，末永先生补充说，我若有兴趣前往，他可以代为介绍"门第之家"的后代。这番话一下子点燃了我的兴趣。

初音之鼓在《吉野葛》中也出现过，而关于川上村，文中也做了非常细致、宛如亲见的描写。如果谷崎润一郎本人没有去过，文中的描写是完全的虚构，倒也让我觉得非常有趣。关于这一点，小说中并非全无暗示，如作者写过，没有必要为了写小说亲自去往某个地方，有时候亲见反而会成为一种阻碍。这样一来，我对川上村更增添了一层兴趣。

我为读者大致记录一下路线。从大和经橿原南下，穿过高取的隧道，到达吉野的下市，下市尽头就是吉野川，右边（西）是从葛城到

---

1. 末永雅雄（1897—1991），日本考古学者。

纪州方向，左边（东）是从鹫家穿过三重县的古伊势街道。沿着吉野川，一路上次第经过宫泷、菜摘、国栖等有着怀旧名字的村庄。在南国栖一带，吉野川向右蜿蜒，变成"泷濑川"流去。溪流中的怪石奇岩杂乱地躺在河道上，令流水变得分外湍急。人们对龙神的信仰，一定来源于对这种景色的想象。河流从东川附近进入川上村，因东方正当卯位，因此东川的发音为"卯川"，这也很有趣。川上村占地面积广阔，远至伯母峰，近到大台原附近，东川只是入口而已。

　　接下来到了名为"大泷"的部落，道路终于变得狭窄难行，穿过寺尾，就进入了名为"迫"的村庄。地如其名，逼仄的地形让人想起《吉野葛》中的描写。谷崎润一郎应该没有来过这里，其想象力与笔力果真非同小可。吉野川迂回之处，有丹生川上神社，还能窥见将河川断开的山，似乎是神山。今天的住处就在神社旁边，我终于可以听着流水声就寝了。

吉野川（大泷附近）

吉野川上

天皇是最大的在世之神

承山川诸神供奉

吾皇庇佑，或可泛舟

——柿本人麻吕

山高水泻下

滚滚木棉花

这泷上的河内

看不尽的清雅[1]

——笠金村

吉野川的湍急水流，就像《万叶集》中描写的那样，让我迟迟不能入睡。稍微有些困意时，客人又来了。他们是从各个部落来的世家后人。

我在书上读到过，这些人自南北朝时就被堪称执念的信仰凝聚在一起，多少会有些排他，不愿与外人交流，我本身也多少有这样的刻板印象。但事实并非如此，可能与末永先生的介绍也有关系，大家同我非常愉快地聊了起来。

---

1. 选自《万叶集精选》，钱稻孙译，上海书店出版社。

"现在来的，都是与自天王有关的后人吗？"我问道。

"那是当然啦。"听到我的问题，他们哈哈大笑，脸上带着为什么要问这么理所当然的事的表情。从这表情中，我看到了拥有历史的人的骄傲与信念。我的采访类似于交谈，只是希望从与人们的闲谈中有所斩获，也不大记笔记。就这样，在与他们的泛泛而谈中，我大致知道了下面的信息。

在此之前，我想有必要叙述下他们来到这里的缘由。

明德三年（1392年），经足利义满斡旋，南北朝和谈成功，三神器被让给了北朝的后小松天皇。但事后和谈条件没有被遵守，南朝方面因此感到不公，双方不时爆发一些小冲突。足利义满死后，幕府内部也纷争再起，将军足利义教被赤松氏杀害，南朝借这个机会东山再起，在某日深夜冲入宫中夺取八尺琼勾玉[1]，逃往吉野深山。当时南朝拥戴的是尊秀王，也就是自天王，但历史学家对于这点并不明确。这也是当然的，当时如果不保密，自天王很快就会被害。前文略提的朝拜仪式中，"门第世家"的后人们为了表达保持沉默的承诺，用杨桐的叶子放在嘴边，也就难怪当年书中没有留下记载了。

似乎在某处藏有"未开启的宝藏"，到底藏着什么呢？对于守护自天王的后人们来说，这根本不是一个问题，当皇子的铠甲被指定为国宝时，他们认为根本就不需要国宝之类的称谓，只需守护便可。虽然反对者也有之，但不管历史学家怎么说，他们直到现在仍认为自天

---

1. 八尺琼勾玉，三神器之一。

王是真实存在的。因此，南朝的历史虽然只有五十余年，但对吉野人来说，却有百余年。

据这些后人介绍，起初尊秀王与弟弟忠义王、父君尊义王一起住在川上的深处、入之波的三之公，并在当地乡亲，或许还有在山野中修行的僧侣帮助下，两三年间建成了御殿。尊秀王作为自天王即位，于二月五日举行了朝拜仪式。这就是现在这一带还留存的朝贺仪式的原型，据说当年的朝拜仪式集合了数以千计的志同道合者。或许是为了谋划南朝东山再起，自天王翻越伯母峰，移居到名为小橡的部落。其弟忠义王为征夷大将军，因出入下游的神之谷，又被称为河野宫。不幸的是，前文提到的赤松氏余党为图主家再兴，意图夺回八尺琼勾玉，于是派间谍接近自天王与河野宫，为寻找机会而接受自天王兄弟差遣。长禄元年（1457年）十二月一日，发生了闻所未闻的惨烈事件。

那是一个大雪天。中午时分雪停了，有点瘆人的黄昏到来，川上村变成银色的世界，深深沉睡在和平的梦中。夜深时，士兵突然冲入小橡宫，自然是赤松一党。从睡梦中惊醒的宫人虽誓死抵抗，但无奈寡不敌众，全数战死。自天王也因不敌来者被杀，时年十八岁，还正是个红颜美少年。

话说至此，后人们的谈话突然变得热烈起来。当时听闻大事发生，村人们沉稳地拿起刀追击，沿河来到吉野川下，在寺尾一带追上赤松党。村人们放箭射杀了赤松首领，夺回自天王的尸首。当时八尺琼勾玉也被一并夺回，但因为某些原因，一年多以后又被奉还朝廷。当年激战时放箭的岩石、放有尸首的石头，都还留在岸边，而参与过这场战役、服侍过自天王之人的子子孙孙们，就被称为"筋目者"。

谈起当年战斗，他们的语速忽然变得急促，比起讲述祖先的历史，更像在诉说亲身经历。那年的刀光剑影，犹在眼前。村人们就是如此，将祖先的故事从父辈传到子辈，一代代口口相传。我从这个过程，看到了历史怎样存活，又怎样得以重生。其中自然有虚构的成分，但如果虚构的内容都能像《吉野葛》那般，比真实更真实的话，即便断言从谎言中诞生的真实才是历史，也不为过吧。人一旦产生怀疑，就会觉得历史处处可疑。比起质疑乡间传闻、民间野史，我反倒觉得那些过于信任自己的头脑，将所谓史书记载、国外留有记录作为确凿证据的人更值得怀疑。到底什么是真实，什么又是虚妄呢？如此单纯的问题，却没有人能说得清楚。

筋目者家中规矩森严。全村大约六百户，按照七保、四保、六保命名，各自属于不同部落。"保"意为堡垒，来源于中国旧时的户口编制形式。各户通过分组的形式组织起来，战时能够更好地配合，平日则有责任连带、相互保证安宁的作用。

自天王驾崩后，他的战服被各保保存下来。头盔归七保，袖子归四保，铠甲的躯干部分及武器归六保。与其说是保管，更像是被作为宝物一般得到了珍重的祭奠。其中存于六保的盔甲躯干及武器，不幸被烧毁——明历二年（1656年），六保中保管甲胄及武器的仓库着火，作为惩罚，六保的人们在很长一段时间内，都被禁止参加朝拜，足见规矩之严格。正是因为如此严格的传统，自天王的遗物才得以保存。轻小家、重血统，是他们的生存法则。直到现在，筋目者家庭仍只认男系的子孙为家族后人，养子也算是外人，女儿只有招上门女婿才会被承认，诸如此类的规定还有许多。在漫长的岁月中，各保的规定多少有些差异，但细节如同树木的枝叶，核心则是将祖先的功绩与传承，带着深沉的爱严格地流传下来。这点着实打动我。我仿佛亲眼看到了，因相信而美，因相信而确实存在，这种东西的确定性。前田青邨[1]也曾到访过川上村，并在《日本的甲胄》中记录了当时的回忆，他也被这些后人们的真情打动。自天王留下的长刀、剑首，乃至已经破破烂烂的铠甲片、小小的钉子，一个个都被珍惜地保管。在朝拜仪式上，这些东西会被供奉在神前，被当作真正的自天王接受祭奠。

自天王遗物，存于川上村的头盔（前田青邨绘）

第二天我拜访了柏木的金刚寺。这里的道路更为狭窄，更像《吉野葛》中的场景。两边压迫而来的山峰上零星点缀着部落，我想昨天

---

1. 前田青邨（1885—1977），日本当代画家。

遇到的后人们，就是从这些地方下来的吧。其中一座叫井光的村子，坐落在仰头所见山的天边，人类能在这种地方定居，真是厉害。古道通往山脊，神武天皇遇到长尾之人的故事，正发生在井光一带。

从柏木登上林间小道般狭窄的道路，往金刚寺后面的山中去，可以遥望柏木、神之谷等分割吉野川的村庄。的确是南朝皇子避世的绝好地形。寺庙建在稍半山腰，坟墓则在里面的森林中，只有小小的二重石塔，仿佛就是饮恨而死的皇子们，越看越让人感到悲伤。此墓现被认定为河野宫真正的坟墓，但据当地传说，这是自天王的首级所埋地。这种时候，比起官方合理的判断，我更相信村落中的传言。自天王的魂魄就应该镇守在这里，这才是真正的"隐庄"。

尊秀王之墓

从柏木向河川走，沿途正在建水坝。水坝以治水为主、发电为辅，这对川上村来说是好事，值得高兴，但遗憾的是昨天见到的丹生川上神社、川边的部落及遗迹，都要淹没在水中了。不过，古道最早就只通到尾根，在中世延伸至半山腰，到了明治时期才终于建成了今日的街道。所以换个想法，水坝一建，道路便回到了古代的状态。我走过的河川边的街道，曾是不通人烟的杣道，所以弑自天王之战，应该是在河滩中央进行的。《万叶集》中咏诵的"泷之濑"和"湍津"即将消隐，让人感到寂寞，但神夷东征之道还在，南朝的历史不会消失，"筋目者"居住的吉野山，永远是我们心中的故乡，这些都不会改变。

短短的两日行程中，我看了太多的事物，听了太多故事。写下的内容远不及见闻的一半。还是想再去吉野。吉野山在召唤我。这召唤不是从现在才开始。早在天武天皇、持统天皇的时代，吉野就在召唤着人们了。

看不厌的吉野河边
芳苔滋润，永远常存
愿得重来入觐。[1]

——柿本人麻吕

---

1. 选自《万叶集精选》，钱稻孙译，上海书店出版社。

第八章

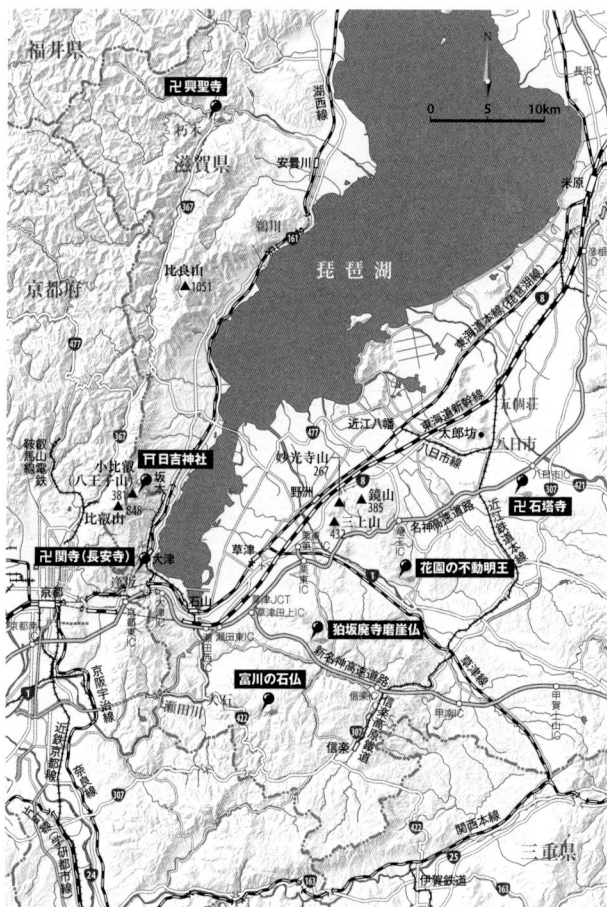

福井県

滋賀県

京都府

三重県

卍興聖寺

安曇川口

湖西線

比良山
▲1051

琵琶湖

N

0　　　5　　　10km

米原

長浜IC

彦根IC

草津

近江八幡

八日市

八日市IC

卍石塔寺

妙光寺山
267

鏡山
385

三上山

野洲

花園の不動明王

狛坂廃寺磨崖仏

富川の石仏

日吉神社

小比叡山
八王子山
381
948
比叡山

卍関寺（長安寺）

京都

大津

石山

太郎坊

五個荘

名神高速道路

新名神高速道路

関西本線

伊賀鉄道

访石

近江有位名叫前野隆资的摄影师。他本人不喜欢摄影师这个称呼，自称是外行，摄影只是为了记录近江的历史，若不摄影，景色便无法留存，美术品也不会诞生。或许是因为太爱近江，才讨厌被称为摄影师吧。这事暂且不表。某日，前野先生于琵琶湖东北部的山中工作，突逢大雨，天色瞬时漆黑，正想着无法拍照意欲折返，却看见电闪雷鸣间，光线如佛像的圣光，从湖面上裂开的乌云中垂落。原本浮于黑暗水面的竹生岛现出了轮廓。

"我沉浸其中，不断按快门，人生第一次受到那样强烈的冲击。真是可怖的景色。"前野先生如是说。

被山湖环绕的近江天气多变，所以偶尔会出现这种异象。古人若看到这般有冲击力又神秘的光景，认为是神的降临也不足为怪。竹生岛远离人烟，遗世独立，不时会向人类展现出这种神秘的景象，因而会被视为神之岛而备受崇拜，也就不难理解了。

琵琶湖周边开化很早。因其水源便利、土地肥沃、靠近日本海，又有奈良、京都等地为邻，有文化发展上的先天优势。从出土的绳文时代、弥生时代陪葬品看，这一带的文明或许始于大和时代之前。对于这方面的知识我也并不是特别了解，但近江的文明，是未臻成熟的文明，所以许多过去的东西仍以古老的形式存留，这是我的兴趣所在。没有了日吉神社，比叡山也不再有威力[1]。东大寺的前身也位于信乐。日本作为律法国家始于大津之京，近江商人的发祥地也在五个庄附近。近江相对于奈良与京都，只是发挥着舞台后台休息室或备膳之地的作用，不仅未被人们所知晓，在专业领域的研究也迟迟没有进展。我认为，这尚有许多历史未解之谜的神秘性，既是近江的宿命，也是其魅力所在。

竹生岛

　　我因此常去近江。开始只是为了避开观光胜地，后来像现在这样满怀兴趣地频繁拜访，才意识到是为了石。近江不仅石头多，还存留

---

1. 指织田信长火烧比叡山，日吉神社也就此灰飞烟灭。

着诸如石塔寺的石塔、关寺的牛塔等皆堪称日本第一的石材美术品。这不是偶然。近江有许多在白凤文化时期移居过来的人，他们一定带来了技术影响，这也是石文化形成的原因之一。我想寻访这方面的信息。虽然所知尚浅，但边走边看就能有所收获。这样想时，我已深陷其中。

前文写到的石马寺、奥石神寺，也是在"访石之旅"中遇到的，这些寺庙背后一定有对石的信仰，并像古代一样祭祀着岩座。整个竹生岛都是岩石山，古代人对于岛、山、石不会刻意区分，常常有山被唤作岛的情况。确实，近江的山，从车窗望去，就像浮在水中的岛一般。如比叡山，一开始是山的整体被视作神接受崇拜，但后来小比叡（也叫牛尾山、八王子山）成为神山，靠近山顶的岩石被定为神降临的岩座，人们便开始在那里举行祭祀仪式。有祭祀就要有神社，于是神社围绕岩座而立，祭典来到人间，进入了人们的日常生活。就是在这样的日常中诞生了最澄大师，他后来再度回到比叡山，将这里变为佛教的本山，但这里信仰的母体是太古时的比叡之神，是自然本身。

前几天，我在坂本探访了京都国立博物馆的景山春树。景山春树家族世袭比叡山神职，自己家也在日吉神社内。樱花盛放之时，透过垂枝樱，可以窥见对面优雅的小比叡山。那时祭典业已结束，据说四月初祭典期间，会有神舆登山，晚上点灯供奉。

"工作结束回家时，隐约可见山上的灯火。那个时候，我身上流淌的古人的血好像回来了一般，能感受到与比叡山密切的联结。"

景山氏如是说。这种话从当地人口中说出，颇具实感。传说中巫女下凡到山中，得到灵感后，将神的启示告知世人：

> 波母山　小比叡
> 杉木为伴的山居
> 无风无雨无寒气
> 亦无人拜访

听上去像咒语般的这支歌，将山的静寂、被山笼罩之人的孤独，都表现了出来，被称为比叡之神的神咏。这支短歌，一定是某位无名巫女，在某日将自己的体验当作沉寂不语的神谕记录了下来。

神与巫女之间秘密进行的山中祭典，渐渐降临人间，成为盛大的"山王祭"，与民众变得亲近。祭典中最常看到的仪式，是模仿古代"御生"的姿态。前文说过，在山上的岩境之内，围绕巨岩建有两个神社，分别祭奠着大山咋命和玉衣姬。神社始建于平安朝，男神象征着山神，女神则如名所示，代表附有山之魂的巫女。

四月十二日夜，神舆会一口气驰骋到山脚，最大的看点是"宵宫祭"。还有"接尾御供"的环节，收藏于麓之神社（东本宫）的神舆，长柄相互组合在一起，这自然是模仿性交，为的是祈祷平安生产。第二天的祭典上，人们会用猛烈的气势，将神舆从神殿上推下，神舆被弄得皱皱巴巴，这象征着分娩的苦痛，以及平安产子。

这就是每年都会上演的迎接新的魂魄、祈祷丰年的"生荒祭"。生必然是惨痛且轰烈的，曾经震惊都城山门的"御舆震"，也起源于这荒蛮的祭典。农耕社会的祭典，多少都会出现与性有关的姿态。八日市附近太郎坊山顶上有名为"夫妇岩"的巨石，其间的缝隙仅容一人勉强通过，对面则是正殿。这自然是一种"体内信仰"，巨岩的缝隙象征着女体。后来由于山伏[1]信仰发展，原始信仰的形式消失了，但直到现在下面的神田中还有"田祭"，据说祭典之日从全国各地赶来的信仰者有十万人之多。

太郎坊的夫妇岩

我总觉得，用大石建造的古坟也与这种信仰有关。琵琶湖周围，西面从比叡山到比良山，南面从野洲到铃鹿山，东面从东湖畔到伊吹山，都有连绵的古坟。古坟必然在大的神社周围，甚至让人觉得神社

---

1. 山伏，修验道的实践者，亦称修验者。他们在日本各地的灵山研修苦行，吸收山岳的自然灵力。

的前身就是古坟。某日，为了看石佛，我在前野先生的带领下从三上山往镜山一带走，却因没有找到最关键的石佛在山间迷路了。走在杜鹃花盛放、蝉鸣喧嚣的山中，突然遇到了供奉着结绳[1]的岩石，仔细一看，是巨大的石室。从那里一路攀登到山顶，我们看到了让人不寒而栗的大古坟群，其中有足以匹敌马子之墓[2]的巨大古坟。我们觉得阴森可怕，赶紧跑到山脚下的村庄。这是统治一方的安族，或者御上氏等古代贵族的坟墓吗？那座又大又壮观的坟墓，一定是一族之长的。不知道这一带如何称呼族长，但从结绳和贡品来看，村人依然信仰着他们。后来听说，这座山叫妙光寺山，曾出土过汉代的镜子等文物。

话说回来，能在那么高的地方搬巨石、造古坟，那种精力与技术都令人惊叹。近江人姓名中多有狭狭城山君、石部连等与山或石相关的字眼，这可能不仅与古坟建造，还与巨石信仰有关。"御生"有镇魂与再生的意思。石头中寄宿着祖先们的灵魂，它们以石室、石棺的姿态呈现，代表着转世重生，用大到超出必要的石材打造，绝不仅仅是出于对权力的夸耀。后来从巨石到石塔或石佛转化，仅有一步之遥。日本之所以能接受外来佛教及美术，是因为长久以来的传统。巨石早就为我们向外找寻某样事物，做好了准备。

最初去石塔寺是很久之前的事了，看到石塔寺端庄的白凤塔，我第一次懂得了石头的美。朝鲜半岛也有类似的塔，却没有这个石塔呈现的日本独具的、难以言喻的味道与形态。它能让人深切感受到历史

---

1. 结绳，日本新年或在神社等场所悬挂的稻草绳，有防止不净恶秽进入神圣之地的作用。

2. 马子之墓，又称石舞台古坟，位于奈良明日香的古坟遗迹，被葬者疑为飞鸟时代政治家苏我马子。

及风土对人类的影响。据寺传记载，天竺的阿育王为供养释迦建造的石塔，其中一个飞来日本，落在此地。自那以来，石塔一直如秘佛般埋在地下，不知何时被挖掘出来。

石塔寺 三重塔

还有一种说法是，建塔时出于工艺需要和建造便利，人们会先挖洞，然后在土中渐渐向上堆叠。完工之后，再除去塔周围的土。白凤塔因为这样那样的原因，周围的土没有除去，保留了原状。小林行雄在《古坟之话》中记载，建造古坟的石室也是先在外面堆积土砂，坟丘与石室的建造同时进行。这座塔的建设，想必动员了日本自古就存在的石造专家们，用了同样的技术。如果没有朝鲜半岛的百济人，没有专家的协力，便不会有如此美丽的石塔。

　　能匹敌白凤塔的，或许只有与之隔一座逢坂山的关寺牛塔了。牛塔比白凤塔晚三百年，这段时间足以令牛塔抹去舶来文化的痕迹，成为完全日本的东西。牛塔似乎失去了清晰的形状，模糊了大小，洋溢着温暖，展示着石造技术如何从人工又回到起点，再度接近了自然。有种在须惠器上加斗笠的感觉。

关寺 牛塔

　　这塔之所以叫牛塔或牛塚，是因为横川的惠心僧都[1]在关寺的再兴工程中用到了牛。传言称这头牛是迦叶菩萨的化身，因公卿藤原道长、

---

1. 惠心僧都，即源信（942—1017），日本天台宗高僧。

藤原赖通等人都前来朝拜而引起骚动，然而它还是在工程结束时死去了。人们为了供奉该牛，遂造此塔。但它也俗称和泉式部或小野小町之塔。

　　叫和泉式部之塔，是因和泉式部曾写过"因闻牛至急欲往，只恨未过逢坂关"的歌咏。小野小町的故事则出自《关寺小町》的传说。然而，牛与美女过于不搭，供塔之人可能更加有名高贵，或许正是惠心本人。不管真相如何，有两座如此美丽的塔，足见近江盛产良材，又有对石的信仰与传统。

富川的摩崖佛

　　从逢坂山往石山南下，再沿着濑田川向下游走，有"大石"部落，似乎是大石内藏助的出生地。这附近有岩间寺、不动寺，留有许多有关石头的信仰。

从大石部落沿着信乐川南行约两公里，在立有"不动岩"之牌的道旁，能看见富川的石佛。石佛与对面的山腰如同被切开般隔空相望。从那里下到河原，只要越过两条小河，登上山，便是巨大的石佛所在。这是铸造于镰仓时代的宏伟的阿弥陀三尊，其中一尊又名"垂耳松"，民间认为此佛能治耳疾，为令祈愿生效，有将佛像上的石头切了带走的风俗，很是令人困扰。据说这里久远之时曾兴建富川寺，兴福寺的修行场地也在此地，但在那之前更早的传统，应该是石之信仰。古人一定曾直接在岩石上雕刻佛像。切石带走虽是恶习，但从中也能看出曾经的信仰生生不息。自然之石借助佛像的形态渗透到民间，有着由来已久的历史。

近江多上佳石佛。以狛坂废寺奈良时代的石佛为首，花园山中镰仓时代的不动明王、比叡山西塔镰仓时代的弥勒菩萨、鹈川室町时代的四十八体佛等，都各自历经时代变迁，成为美丽的作品。除了石佛，近江还有其他的石造杰作，其中特别值得大书特书的，是日吉神社的石桥。

日吉神社在天正年间供奉过丰臣秀吉。一进入鸟居，就见被红叶簇拥的大宫川 [1]，川上清流潺潺。从上流走，有大宫、走井两座宫桥，端庄大方却毫无压迫感。忘记是正月还是岁末了，正是清雪飞舞之日，我曾在桥上与神主一行人相遇。对方有近十人，均着白衣，肃然列队，对着小小的祠堂、挂着结绳的石头或树木作无声祈祷。那天没有一个

---

1. 丰臣秀吉曾在醍醐寺举办"红叶赏"活动，一说日本赏红叶的习俗来源于此。

参拜的人，响彻寒冷天空的只有柏手[1]之音。那样神圣的祭祀光景，光是看到也让人心灵清澈。

花园山中的不动明王像

织田信长所烧的比叡山，因丰臣秀吉的庇护，并没有花太久的时间就得到复兴。景山氏的祖先们也在大火之际得到丰臣秀吉的帮助。丰臣秀吉对比叡山的贡献不容小觑。丰臣秀吉幼名日吉丸，后被称作"猿"，之后用过的姓氏木下，也起源于日吉神社的"树下"。树下是日吉神社宫司家的姓，猿自然是比叡山的使者。丰臣秀吉的母亲据说也来自树下一族，这也许是后世的编造，但若为事实，可见丰臣秀吉透

---

1. 柏手，日本神道祭祀的基本做法之一。拜神时拍手发出声音。

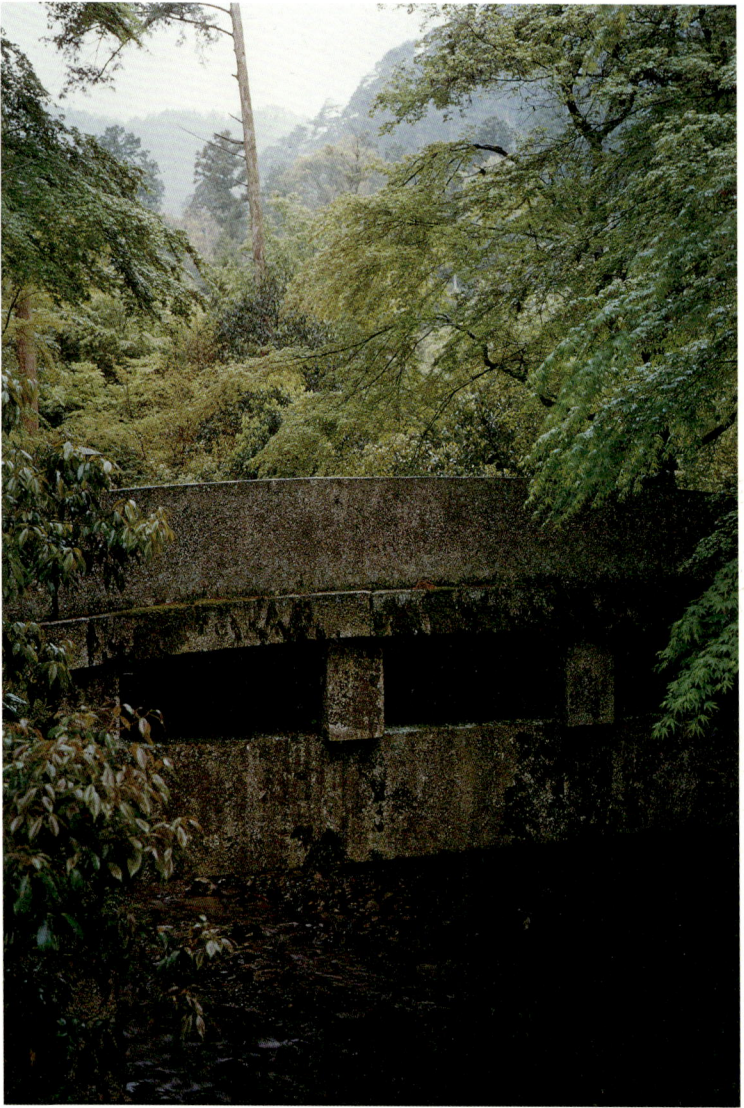

日吉神社两座宫桥

过母亲，与日吉神社有着深刻的渊源，无疑也对比叡山有深刻特别的情感。

日吉神社中，不能忽视的还有石墙。特别是鸟居旁边的律院、南边的里坊[1]及墓地的石墙，皆很美。自镰仓时代以来，这里就有名为"穴太众"的石造专门集团，这也是为什么近江多名城。这些石墙顺应石头原本的形态，大气磅礴，重要的部分做了扎实的固定。看着这样的石墙，就想起僧兵们说过的，比叡山与其说是寺庙，不如说是城池。这信仰之山，渐渐地被异化成为战争之巷。

穴太一地在行政区划上是坂本的一部分，也写作"穴生""穴穗"等，这个地名与古坟的挖掘有深刻关系，事实上，此村周围有连绵的大古坟群。也有人说这里是景行天皇的"高穴穗宫"的所在地，再向前追溯的话，与比叡山的原始信仰也不无关系。从石头中生发的墓穴制造，经历了佛教美术，又转身被用于城郭建造，这是极为自然的发展历程。

石与庭院当然密不可分。近江还有一点也不太为人所知，那就是多名园。朽木谷的兴圣寺里，有足利将军义晴[2]逃到这里时所造的石庭，它将安云川的溪流隔开，与比良山遥遥相望。石庭现在多少有些荒芜了，但比起妙手精心设置的庭院，这座庭院的石头构建自然，让人心情舒畅。造园，即便灵感是出于茶人的妙思，实际操作的还是近江的石工。这样说来，被称为"庭番"的将军家的间谍，也是伊贺、甲贺一带出身的忍者。

---

1. 里坊，山寺的僧人等居住的地方。
2. 义晴，全名足利义晴，室町时代室町幕府第十二代将军，曾因战乱逃亡至近江地区。

著名的大德寺孤蓬庵的前身也位于近江。小堀远州[1]的法号也是孤蓬庵。小堀远州出身于长滨附近的小堀村，所作的池泉、枯山水庭院都是矩形。小堀远州造园时，眼前浮现的一定是家乡的山水。对于近江长大的他来说，日夜眺望的湖水风景，就是取之不尽、用之不竭的思想之泉。

冲之白石

我眺望庭院时，想起了琵琶湖上的"冲之白石"。冲之白石不是什么信仰之岛，从很久之前就孤立于长滨的水上。那突兀立着的姿态，有种被水波湖风洗尽的淡泊趣味。看着石庭就想追溯原型，从自然生发又回到自然，但是，回归的已不是原原本本的那个自然。这种东西，就是日本之美，是没有具体形态的美。

---

1. 小堀远州（1579—1647），日本江户时代初期的大名、造园家、茶人。

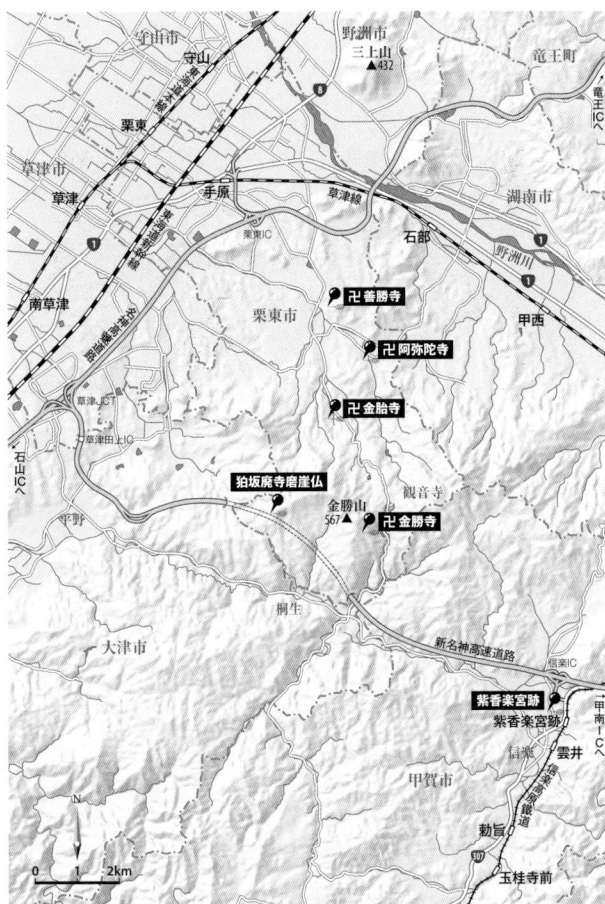

第九章

环金胜山

从两三个朋友那里听说，近江的狛坂废寺有美丽的摩崖佛，但具体位置不得而知。不是朋友吝于告之，而是佛像位于深山，地形非常复杂，用言语很难解释。因而虽然我十分想去，却只能等待合适的时机。

从地图上看，狛坂寺坐落于金胜山的延伸地带，位于琵琶湖以南、栗太郡的群山中。群山南侧与信乐接壤，读作"KONSHOU"或者"KONZE"，最近也被称作"近江阿尔卑斯"。在那一带翻山越岭，能发现古老的寺庙或神社，因此拜访狛坂寺之余走走看看，本身就很有趣。于是，像往常那样，我没怎么准备就出发了。

从草津南下至栗东町的金胜村，渐渐进入丘陵地带，小小的部落点缀其中，壮观的神社也次第出现。近江有许多这样的神社，虽不能一一记住名字，但每一处都是镰仓时期或室町时期的优秀建筑。另外还有善胜寺、阿弥陀寺、金胎寺、金胜寺的里坊等，可谓古寺云集。据说金胜山是近江南部的信仰中心，因此周围有许多末寺。

金胜寺位于山顶，需攀登六百米才能到达，但最近新建了车道，可以轻松直达。因是没有住持的寺庙，必须预约才能参观，于是我们去了保管钥匙的金胎寺。走运的是，金胎寺住持碰巧在，并愿意陪同前往。我们在住持处喝过茶后，便一起出发了。

从金胜山远望（三上山、琵琶湖）

山景绝美。攀行之际，近江平原在脚下渐渐展开，可以看到对面遥远的三上山的雾霭。登金胜寺，既可以从山麓的观音寺沿东坡上来，也可以从中村的西坡出发，我们这次走的是西边的表参道。京都博物馆景山春树的母亲就出生于金胜山以东，所以景山先生在孩童时期常常来附近采蘑菇或钓鱼，在干旱的夏季唱着"求——八大——龙王——下雨啦——"登山，不知现在这一带是否还有这个信仰。我以前也爬过五十町的险峻坡道，这次又走了差不多的道路，人们将两次也叫作"KONZE"。

终于登上山顶。幽静的寺庙被巨大的杉树包围，萧索地残留着远足的人们焚火后的痕迹。山门前面的草丛上，立有刻着"下乘"的美丽石碑，不愧是石之近江，就连这种路旁也立有如此精湛的石造美术作品。寺庙正殿已经有些朽败，释迦牟尼端坐其中。旁边佛堂中巨大的军荼利明王抱臂而立，神色特别威严地向下看着。这是一座四米高的整木雕像。过去寺中佛堂众多时，一定有过很多这种雕像。金胜寺之所以是奈良的都城镇守寺，正是因为有这样的佛像。哪怕只看到残留的一尊明王像，也能想象当时的壮观情景。

向西，深山与峡谷一望无垠，我为近江也有这样的秘境吃了一惊。山间有一条深深的山道，问了住持，得知正是通往狛坂废寺的道路。但住持说，因悬崖断裂，有的道路中断，这条山道到不了狛坂废寺，以后若有机会从山麓迂回过去比较好。明明近在眼前，却不能前往，着实有些遗憾。但住持说的确实没错，那日我们便放弃狛坂废寺回去了。

去金胜寺已是两三年前的事，此后再也没有机会前往，金胜寺一带大规模的神道信仰、古寺与神社谜一般的姿态，都给我留下了神秘的印象。其间因为特别在意金胜山或金胜寺，对其所知也更多了。金胜寺曾名狛坂寺，是金肃菩萨，也就是奈良时代良弁的草创，与东大寺的发祥也有些关系。

据《续日本纪》记载，天平五年（733年），圣武天皇命良弁创立此寺。有关良弁的传记不明处颇多，一说他生于金胜山麓，是百济的归化人子孙。东大寺的良弁雕像，看起来有些外国人的风貌，而近江一带本来就多归化人，这个恐怕是事实。最为广泛的传说是，良弁幼儿时期被鹫叼来，放在奈良春日山的大杉树下，当时义渊僧人正巧经过，发现了这个婴儿，便交由弟子养育成人，如今二月堂下耸立的"良弁杉"就是那棵大树。

关于东大寺的创立，还有下面这样的传说。

奈良的东山有金鹫寺，住着名为金鹫行者的优婆塞[1]，寺内祭有执金刚神。执金刚神足部结网，优婆塞握住此网日夜祈祷，诵经声音传到了宫中，被圣武天皇听到了。圣武天皇遣使者问缘由，优婆塞答为佛法兴隆祈祷，但只有自己一人的力量是不够的。圣武天皇遂发圣德，发愿建大伽蓝[2]，因此兴建了东大寺。这个故事在《今昔物语》等很多著作中都有提到，现在三月堂中还祭有执金刚神，再联想到三月堂也被称为金钟寺，便觉得这样的传说也不能一概否定。

金鹫与金肃，金钟与金胜，不只是字面相像，从鹫与东大寺的关系来看，金鹫行者与良弁应该是同一人。关于这一点，久野建有过详细考证（《三月堂执金刚神》）并持否定态度，但我们外行人却无法认为这些层层叠叠的巧合传承是完全的虚构。对以鹫为图腾的民族来说，鹫通常意味着好兆头。我不擅考证，但对拥有无数谜题的良弁其人，以及东大寺的发祥，有着浓厚的兴趣。

---

1. 优婆塞，在家信佛、行佛道并受了三皈依的男子。
2. 伽蓝，即佛寺。

良弁像（东大寺藏品）

众所周知，东大寺的前身是近江的紫香乐宫。圣武天皇于天平十五年（743年）十月十五日发布诏书建造卢舍那大佛。翌年秋天，大佛的轮廓成形，圣武天皇亲自为大佛像开眼。当时这里还不叫东大寺，而是叫甲贺寺。由于反对迁都紫香乐宫者众多，迁都计划只持续了两三年便宣布破灭，都城再次迁回平城京，紫香乐宫遂衰亡。

宫城遗迹在长有美丽松林的内里野高岗上，现在那里还有残留的城墙基石。据专家介绍，紫香乐宫与东大寺的伽蓝配置相同，因此与其说是宫城遗迹，更应该称之为寺庙遗迹。但是，不管是迁都还是建大佛，都是规模宏大的事业，为何要选址在这种深山呢？都城迁到此处之前，曾短暂置于恭仁京。恭仁京和信乐之间，经和束，建了通路。可见从一开始就是以迁都信乐为目标，恭仁京不过为暂定之都。

前文说过，信乐位于金胜山南麓。金胜山字如其名，表示这里的人信奉与金属有关的神，或许存在铜矿之类的矿脉。据景山先生介绍，金胜族（也写作金肃、金精）有以青铜为业的群体，也有人认为良弁统帅过这样的群体，我也赞成这个看法。良弁创金胜寺或许是传说，但若作为归化人的他曾经指导过建造者们，这样的说法不无合理之处。铸造大佛，最需要的自然是金工匠人。东大寺要录上，有"金知识　三七万二零七五人"的记载，可谓人数庞大，大多数人想必都来自近江。除了金属，建筑所需的必要木材，也几乎都从近江调遣。东大寺的建造，无论从人才还是原材料上来说，都是缺了近江国就无法完成的。

金胜寺作为都城的镇守寺，也需以紫香乐宫为中心来看。金胜寺位于信乐北方，是金胜族的大本营，不管从名义还是实质上来说，都可谓真正的"镇守"。彼时的圣武天皇，如同被附体般选择了信乐，必然是想从奈良势力中挣脱出来。卢舍那大佛也体现了天皇内心的苦闷与焦躁，虽然将一切都归结于希望挣脱奈良势力可能过于牵强附会，但包括良弁在内的归化人贵族，一定都对迁都近江做出了积极贡献。

这样说来，建石山寺的也是良弁。石山寺最初叫石山院，位于林木经濑田川运往奈良的中转处，良弁被任命为"建造东大寺别当"。据《石山寺缘起》记载，建造庄严大佛需要大量的金子，为收集这些金子，天皇将良弁派到吉野的金峰山。良弁在某夜梦中，梦见藏王权现[1]提示

---

1. 藏王权现，全称金刚藏王权现，日本修验道的本尊。

他近江的濑田郡有灵地，只要在那里祈愿，必成大事。良弁按照梦中启示去了濑田郡，在那里遇到化身为老人的比良明神，知道石山乃灵地，于是在石山上建庵室，祭奠如意轮观音的念持佛 [1]，不久果然在陆奥国发现了金矿。实现愿望的良弁想带观音回去时，却发现佛像已经牢牢附在岩石上，拿不下来了。遂以该念持佛为寺庙主佛，建了石山寺。

金胜寺图略

寺庙的缘起多有相似之处，但不能一概否定为编造。首先说天皇为什么派良弁去金峰山。金峰山，如同名字所昭示的，自古因有矿脉而受到崇拜，那里也有类似于金胜族的存在，良弁定是从他们那里获

---

1. 念持佛，属于私人用，放在身边可以作礼拜的佛像。

得了帮助。藏王权现应该指的是这些人的族长，经石山的老人介绍认识。这些人游遍日本，对各地情况都很熟悉，于是良弁从他们口中得知陆奥国产金。由传说推测，事实应该是这个顺序。

陆奥国产的黄金终于到了。大伴家持（歌人）有和歌"陆奥山金花盛放"的赞颂祝福。全国自上而下的喜悦犹在眼前。黄金的具体产地，被推认为宫城县涌谷町的"黄金山神社"。关于这点又有不同的说法，一说其实是陆奥国的国守[1]百济王敬福从故乡朝鲜夺来的。近江归化人又一次登场了。黄金的发现，一定是敬福与良弁联手的表演。良弁祈祷的，或许是黄金能平安到达日本，而给了他智慧的比良明神的化身，一定也是归化人中的一员。石山寺的主佛，或许也是那时候一起渡来日本的。

但归化人何以如此效忠于天皇呢？尽管迁都信乐失败，大佛的建造还是在奈良继续，因为建成大佛是他们与朝廷联结的重要机会。已在日本完全扎根、经济上也很富足的归化人，对权力有浓厚的兴趣。他们一点点地渗透到宫廷，在恒武天皇时代又参与了迁都长冈计划，并再度失败。秦氏[2]虽与百济氏不同，但追求大致相同。一次次迁都失败，归根究底，是因为大和的势力过于强大，或者更重要的，是在土地不可思议的力量牵引下，都城一次次地回到了原处。据说当年紫香乐宫中，放火或怪火突发等事从未停歇，可见对迁都感到不满的民众，是无言的抵抗力量。天皇在这些人的意志下，或者说在大和国魂的召

---

1. 国守，日本律令制下的地方长官。
2. 秦氏，日本古代的大氏族，从中国流入日本的归化氏族。

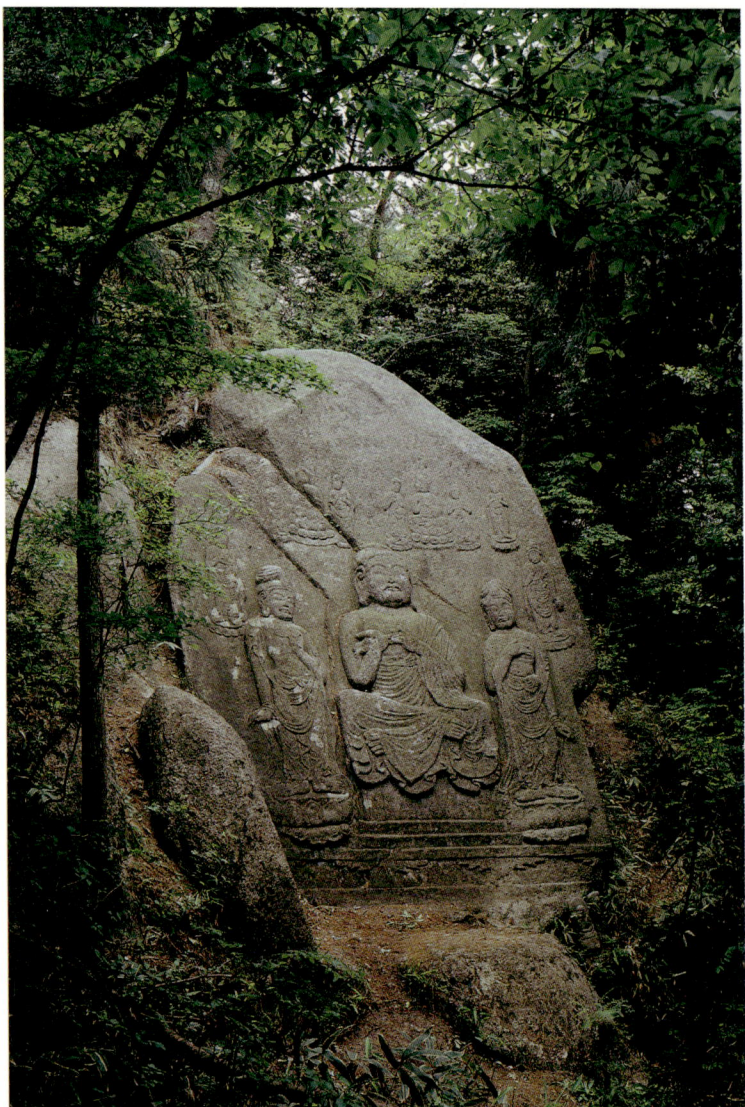

狛坂废寺的摩崖佛（金胜寺藏品）

唤下，终究只能还都平城宫。

本质上，壬申之乱就是归化人与大和民族之间的战争，或者说是外来思想与大和思想之间的斗争。表面上难以察觉，内里却暗流涌动。即便如此，也不能说良弁就是有黑幕的野心家或一方势力的头目。良弁更像是为了归化人与大和民族联结而站在中间的少数派。大佛的建造，没有归化人是无法完成的。统帅金胜一族，良弁功不可没。另外，借用景山先生的话来说，金胜族不仅仅有归化人的身份，他们还与木地师、丹生族（以水银为业的人）、海人族等一起代表了日本自古就有的特殊团体，这些人共同造就了古代人们的生活。把这些手艺传给众多匠人的，就是从大陆渡来的归化人们。建造金胜寺的或许是良弁，但金胜山本身的历史比这要长得多。在很久以前，它就被奉为神山。山麓一带神社中被祭奠的神像们，向我们诉说着这样的历史。神佛混淆，不只是宗教世界的事，也不是单个的事件，而是在所有时代、所有地方都进行的和魂洋才[1]的体现。

今年春天，我终于得以拜访狛坂废寺。知道我愿望的友人，为我介绍了对当地非常熟悉的女士。对方刚大学毕业，在近江协助参与古坟发掘工作，百忙之中来帮助我。

那是一次愉快的旅程。春光融融，车子从大津出发，一路南下，

---

1. 和魂洋才，甲午战争后由"和魂汉才"转变而来的一个思想。即抛弃"汉才"，向西方学习。"和魂"指大和民族的精神，而"洋才"便是指西洋的科技。该精神鼓励日本国民学习西方文化，同时也要求国民保留日本传统文化。

倒在草丛中的狛坂废寺摩崖佛

经信乐街道、平野,去往桐生。从桐生到山中都是林间道路,极不通畅,不时要越过小溪流。不过比预先想象的要来得容易,没过多久就到了山顶附近,在左边的灌木丛中发现了"狛坂废寺"的牌子。

去摩崖佛还要从这里再向上攀登二十分钟左右,但基本没有像样的道路,或在水中行走,或劈开竹丛,我跟在年轻的女士后面,简直骨头都要断了。不过,从背面眺望金胜山,风景实在美丽。几十叠之大的巨岩,挨挨挤挤,从天边一直垂到下面的河原,与其用"精彩"形容,倒不如说"惊人"更为贴近。左右环顾,只有岩石。说日本少岩石的人,一定没有见过这般景色。

亲眼目睹的摩崖佛比传闻中的更优秀。仰头所见,宏伟美丽的花岗岩上,雕刻着三尊佛像,旁边还有小佛像群环绕,不知是出自奈良时代还是平安时代初期。我从未见过如此有魄力的石佛。周围的环境也很好。石佛就像在远离人烟之处,以山为基,安坐其上。旁边还留有僧房的石墙遗迹,可以看出这里曾有大型寺庙,再联想到金胜山别名狛坂寺,这里说不定就是狛坂寺的后院。狛坂是归化人的领地,不知朝鲜半岛是不是有与这岩山类似的景色呢?

从摩崖佛稍稍上行,有一个名为"国见岳"的地方,十分适合远眺,从东面可见金胜山一带。这里留有层叠的巨大的白色岩石,应该是古代祭祀场所的遗迹。被称作金胜族的人,也许曾站在这上面,远望自己的国度,遥遥拜过金胜山吧。我突然想起了金鹫行者。这样的荒山,当然有鹫,将鹫作为图腾也很自然,而良弁的故事或许是这样:在这里苦心修行的人,变得像鹰鹫一样锐利而有才能,他被称为金鹫使者的佳话，最终传到了天皇耳朵中，于是有了上都的东大寺。源于近江的传统，不也随着大佛一起，被送到了奈良吗？去奈良参与建造的工匠们，一定在工作闲暇时赞美过良弁的功绩吧。金钟寺（或者说金鹫寺）的本源，就是金胜寺，行者则升格为菩萨，故事的舞台也只不过是从近江移到了大和，这或许就是真相。

当初在金胜山上向西眺望所见的深山峡谷，一定就是这一带了。那时阻止我去狛坂寺的和尚实在明智。那完全不是我能走的道路。但我总觉得，在过去这两座山间一定有过频繁的往来。山峰之间还散落着不为人知的石佛或石塔，其中之一就在不远处，已经头下脚上，以悲惨的姿态露在那里。类似的石塔石佛还有不知凡几。近江真是宽广，埋藏着无数不知根底的秘密。这与良弁也多少有点相像——看起来落落大方，深想又觉得表情似乎有些深沉。近江是大陆与日本岛相遇的交汇点，也是奈良与京都舞台的后台，对我来说是有着无尽趣味的宝藏。

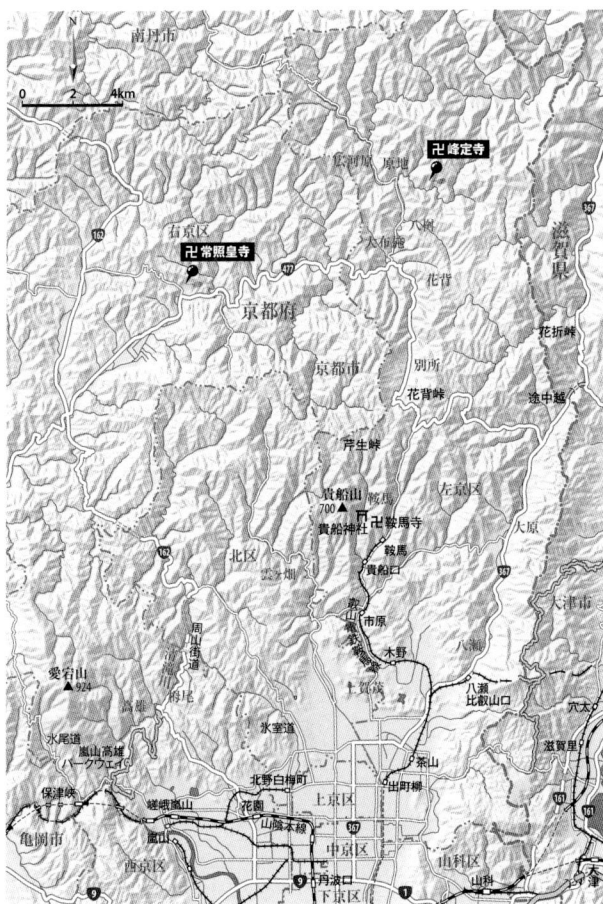

第十章

山国火祭

京都多溪谷。特别是爱宕山周围，急流在层层叠叠的山间流淌，沿急流有古道，每条古道都藏着悠长的历史。这里独特的生活方式，我想称之为"谷文化"。

经过八濑、大原去往近江的途中，有条陡峭坡道，因在比叡山作回峰行 [1] 的行者会在这里折芥草供奉葛川的明王院，故美其名曰"花折岭"。从鞍马穿过花背岭，来到通往若狭的街道上，左转通往贵船、芹生一带，直走穿过山岭就是丹波的山国。从上贺茂之北沿云畑川逆流而上，在名为云之畑的村子里，有许多关于惟乔亲王 [2] 的传说。从云之畑沿西边的清泷川，经过高雄、栂尾，就到了丹波的周山街道，那是这一带最齐整的街道。山国东边与鞍马街道相连，保津川从这座山中发源，沿爱宕山脚蜿蜒，流向岚山。另外据我所知，当地还有冰室道、水尾道等古道，不知道的想必还有更多。

平安京创立以来，山谷中的溪流为都城提供了丰富的水源。除了

---

1. 回峰行，天台宗信众在比叡山进行的一种修行。
2. 惟乔亲王，日本第五十五代天皇文德天皇的长子，晚年隐居近江地区。

水，林木等山川物产也滋润着京都的生活。爱宕山的信仰之所以到今天还在盛行，不仅仰仗古老的记忆，还因山川风物的诸神们，为黎民生活做出了贡献。这些神们，或许没有具体的形象，但形式已然不是必需。信仰山本身的形态，颇有些太古时代"国神"的风格，是只有这一带才有的信仰方式。"爱宕"古音是"ODAGI"，据传来自猪的咆哮声，怎么看都是猎人樵夫们会信奉的荒野之神。

有年春天，我去山国的常照皇寺采风，回程本想沿东边到花背岭，穿过鞍马返回京都，但因道路坍塌只好放弃，直至最近两三天，这个夙愿才终于实现。至于为什么会对这里感兴趣，是因为据说在穿过花背岭的保津川上游，有一个仍然保留着古老的火祭传统的原地部落。当然，京都本就盛行火祭。每年八月十六日晚，大文字、船、妙法、鸟居等山会一齐点亮夏日的夜空，这与盂兰盆节好像也有些关系，似乎是为了一起向精灵送火。火祭最初应该是祭祀太阳或祈祷丰收的乡村祭典，是后来才与佛教联系到了一起。现在的人们早就忘记了这回事，只将它看作与祇园祭齐名的一个夏日观光项目罢了。十月中旬还有鞍马的火祭，人们会悉数集结于京都北的北山，对这个庆典我一直都很感兴趣。北属鬼门之位，爱宕曾是守护京都鬼门的镇守山。爱宕山看上去山容阴暗、凶险，也与鬼门的职责非常契合。可俯视京都的山川很多，但古代的墓地多集中在北山，是因其地形及气候仿佛人们想象中的"黄泉之国"。火祭与盂兰盆节庆典混为一谈也出于这个原因。原本爱宕山并不是不吉之山，也不象征死亡，它更多地被当作神降临的圣地而受到崇拜，人们对它的敬畏，是出于它的与世隔绝。

别所的部落

　　自古以来，寻找秘境的逃亡者或隐者们多来到这里。其中最有名的，是大原的建礼门院、小野的惟乔亲王、水尾的清和天皇以及隐居常照皇寺的光严天皇，关于他们，有许多民间传说在流传。再也没有地方能如此离京都这般近，又有那么丰富的传说。横穿丹波、若狭的街道，可谓是历史背面的街道。

　　原地部落的火祭原本定于八月二十三日举行，今年因有台风推迟了一天，于是二十四日一早，我便从京都住处出发了。

　　台风过后，天气晴好。过鞍马寺后不久，道路开始变得陡峭难行。这一带虽然都叫花背岭，其实有好几座山峰，河流每次出现都流向不同的方向，下方水流很急，或许正因如此才叫鞍马川吧。从顶峰展望爱宕山的背面，下方有一个如画般美丽的村落，叫作别所。右手边，神体山般的山上，立着三轮神社小小的鸟居。神社的参道杂草丛生，还留有零星的柴火，点点火苗还在燃烧，这里是不是刚刚举行过火祭呢？这些小小的、干净的火苗，仿若今夜火祭的序曲。我渐渐被朴素的村庄氛围包围，深陷其中。

别所 三轮神社

三轮神社虽名为社，却连拜殿也没有，参拜者不过从两棵大杉树中间直接拜山，但正是在这种山野乡村，"三轮"的古老形式才得以存留。行至大布施，道路分叉，向左可到常照皇寺，我们越过河川走了右边的道路。虽然一路走到这里都是保津川的上游地区，却因川流很长，很难有直观的印象。保津川从这里绕了一个大弯向西，再从丹波的龟岗向东转，最终到达岚山。此处多杉树，叫北山杉，与我们印象中的床柱用材不同，是让人仰望的大树。整座山被杉树覆盖，景色蔚为壮观。从这里到周山都被称为"山国"，自古就是朝廷用材的产地，也因此当地有送年轻女孩去宫中供职的习俗，现在当地的语言中还留有宫廷用语。无论是光严天皇被困常照皇寺，还是村人们在明治维新时组织山国队，可能都与这种传统有关。女人们会穿着裁褂，也就是用绯布[1]做的类似于半身围裙的服装，和大原女人一样珍惜地保留着宫中习俗。

过了八桝村，就是原地了。地如其名，此处土地略显开阔。近山处有峰定寺。寺庙创建于久寿元年（1154年），是一座寂静、让人感觉舒服的寺庙。山门祭有藤原时代的仁王，长长石阶的最高处，是造在悬崖上的观音堂。观音堂的主佛是藤原时代末期的十一面千手观音，现存于奈良的博物馆。那精巧的截金细工小像，与其说是雕塑，更接近于工艺品。虽然主佛已迁至别处，但创寺之初的水屋[2]、庆长时代的绘马等都还在，让人深感满足。从京都来到这里，仿佛别有天地，清风穿过杉木。

这座寺庙是经鸟羽天皇授意，在信西入道与平清盛的支持下，由观空上人创立。观空上人又名三泷上人，是被称为"近代无双行者"的名僧，忠心效忠于天皇（《兵范记》）。不知是不是这个原因，传说被流放到鬼界岛的俊宽[3]的妻儿，都藏到了峰定寺深处的峡谷中。《平家物语》中，有王去鬼界岛拜访俊宽时说，"隐居北方的年幼之人，鞍

---

1. 绯布，碎白点花纹布。
2. 水屋，神社参拜进门时洗手的地方。
3. 俊宽（1143—1179），平安时代后期的僧侣，因密谋推翻平氏大臣平清盛事败被流放到鬼界岛，下文的有王是他曾经的侍童。

峰定寺 观音堂

马行前苦苦哀求"，那个"年幼之人"苦苦哀求来访的有王将她带到鬼界岛，磨人的样子着实可怜。后来这个孩子也过世了。对于来自京都，只能在人烟不通的山中度日的伤心人来说，这一死更添苦楚吧。

寺庙中建有俊宽及妻儿的供养塔，至今还能让人感受到在无常中死去之人的哀叹。鸟羽天皇之后，后白河法皇也曾急匆匆隐居到这里，或许因为这座深山本就是众多落人的归处吧。除了法皇或源氏身边的人，据记载还有许多平重盛的后代也曾来此。据乡土史家向畑氏介绍，八桝村直到近前都祭有平重盛的木像，平家一族的坟墓与传世的石塔好像也在山谷深处。有关平家落人的传说版本众多，但这里离京都近，与宫廷及庙堂的关系又深刻，平家人落于此处的传说颇为可信。

峰定寺前有家名为美山庄的饭馆，提供美味的山野料理。店主是个热心的年轻人，做的菜也像他的人品，没有丝毫的造作敷衍。鲶鱼鲜美自不必说，还吃到了美味的鲤鱼，这对我来说是第一次，据说是因为此地河水清澈，流速较快的关系。饭馆正前方就是寺谷川，川流潺潺，在原地部落与主流交汇。今夜的火祭就在水流交汇处的"河内"举行。因为八月二十三日是地藏盆之日[1]，所以昨天我们见到孩子们聚在马路旁，有京都式的节日氛围，却与盂兰盆节无关。这里的每月二十三日为"爱宕讲之日"，全村人会聚在一起。"爱宕讲之日"中最盛大的祭典在盛夏举行，地藏盆之日恐怕是反而承袭了爱宕的庆典吧。

---

1. 地藏盆之日，京都及附近地区的祭奠地藏菩萨的民俗日，当天儿童们需用净水清洗地藏菩萨像，现已演变成儿童活动日。

我们在饭馆中喝了酒，舟车劳顿、一路登山后的酒着实美味。到了十点左右，我怀抱着愉快的心情，在昏暗中去了河内，因为心情太好，已经不记得是如何去的了。

　　突然间视线展开，出现了梦幻般的光景。从正前方的山到眼前的田地，到处都是炫目的火之海洋。火海中，人们举着松明火把，以惊人的气势点火、奔跑，就像火天或韦驮天。我几度揉眼，疑惑所见到底是梦境，还是自己被狐狸捉走了呢？

　　走近些看，只见每隔一间[1]距离，就有一支火把埋在地里。整座山中有成千上万这样的火把。这些火把叫"地松"，所有火把会在同一时间点燃。黑暗中虽看得不是特别清楚，但田地前面的河川附近、对面的山上、从桥到前方，全都成了火之圣地，一般人不能入内。终于，太鼓声响彻四方，声音渐渐加快，"掷松"仪式开始了。

　　"掷松"名副其实。圣地中心立着约二十米高的"灯笼木"，上面有个大笼子（比水取祭的笼松明高十倍）。笼中塞满柴火，周围人瞄准这个笼子扔火种。火种叫"松之金酒"，是将含油量很高的松枝放在中间、捆扎成圆形做成的。人们抓住捆扎的绳子投掷，但灯笼木很高，很难击中，即便有时扔了进去，火也会很快灭了。这个时候，神主会在神社中祈祷，有时候直到天明也点不着，人们就会下到河川边做修禊[2]。

　　就在我急切盼望着成功点燃之时，一个本来在灯笼木中冒着黑烟的火把突然之间燃烧起来。人们都拍起手来，欢声响动。有人开始敬

---

1. 间，本尺贯法度量衡制的长度单位，约为1.818米。
2. 修禊，身负罪孽或污垢之人，或者神职人员，在河川或海水中洗涤身体的仪式。

拜。这样的时刻，只能用神降临的时刻来形容。热闹骚动了一会儿后，人们又陷入了奇妙的静默，空气中只有柴火燃烧的声音，熊熊火焰点燃着夜空。这个情形持续了几分钟之后，大火的粉尘冉冉升起，立在地上的灯笼木倒了下去，继续在地上燃烧。于是从天降临的神落到了地上，给人们许下丰收的承诺。参加祭典的村人们聚在神火旁，边填柴火边唱着歌，之后就慢慢四散归家了。那时节，月亮升起，我沐浴着月光，有种说不出的心境。这与观光毫无关系、只属于村人的祭奠，这从远古时代就因袭下来的火之仪式，是我见过的众多祭典中最动人的一个。

如同蜡烛般点缀黑夜的"地松"

原地的"掷松"

灯笼木倒下

　　大文字、鞍马等地已经失传的火祭还留在这里。它没有佛教气息、充满健康的喜悦与感谢的祈祷，似乎唤回了人类第一次得到火种时的感激之情。火祭的起源已经很难追溯，但爱宕山之所以被当作火神，是因为人们看到了在山中原始森林的林木自燃吧。淳朴的村人们将其看作神火，认为这是神的降临，于是模拟森林自燃，立起巨大的树木，向其中投掷火把，这可能就是最初祭典的原型。火又意味着太阳。在寒冷的山国，火尤其神圣。点火的笼子仿照太阳做成圆形，被神灵附身，人们在这样的祭典中祈祷日光回来、大地丰收。古代的祭典，总是信仰与实用结合。今晚的火祭也是，呛人的烟雾升起，久久飘浮在山上，同时也起到了驱逐害虫的作用。另外，对于缺乏娱乐的山国来说，兼具体育运动与娱乐性质的祭典，也必定给人们带去了极大的喜悦。成功点火的年轻人，仿佛打出全垒打的棒球选手一样人气高涨，这成功的时刻会成为他毕生都值得炫耀的事。

单纯观看火祭，可能很难想象制作地松和松球的辛苦，人们为了保持火的持久苦下功夫，秘而不宣地竞争。把灯笼木竖起来也是要拼上性命的工作，伴随很多危险。现在可以借助机械的帮助了，但也是要动员到全村的大工程，光伐木就要花很多功夫。人们往往提前几年就开始物色合适的树材，要精挑细选出木节尽可能多的树（为了耐燃）。支撑灯笼木的，是用藤蔓捆扎的结实栗子树。这些祭典的细节都是向畑先生告诉我的。

虽然直到不久以前，各部落还有同样的火祭，但现在只有原地与广河原保留了火祭仪式，于是我们顺路去广河原一见。

广河原位于原地下游，我们到时正巧遇到"掷松"环节。这里的氛围与原地不同，当地无山，广阔的河原上，目力所见内都插着地松。火焰倒映在水中甚是美丽。火同样点燃了，可喜可贺，灯笼木燃烧倒下，一切顺畅结束。这样的火祭在各个部落都进行时，一定非常壮观吧。有火祭，自然就有水祭。比起拜火，人类一定更重视"制火"。二月堂的汲水仪式中，火天和水天都会出现，那时使用的笼松明，就是模仿灯笼木的模样。山国的火祭一定是以这样的形式被借鉴，进入佛教，进而被带到了都市中。这样说来，水取祭时的水，只说是通往若狭，但若狭井的源头却是在远敷郡，正是离这里不远之处。从若狭到大和，最近的道路是穿过花背岭，这是不是说明水取祭的仪式，是从若狭开始，越过爱宕到达奈良呢？其背后是否暗示了这样漫长的历史，或许还隐藏了某时代贵族迁徙的故事呢？如果没有这样的内在事件，若狭井的传说会显得过于突兀，传说毕竟不是完全架空的事物。各个部落举行的火祭，是不是也表明了事件的一路沿袭呢？鞍马的火祭、京都的大文字，或许正是这些人迁徙途中遗落的火种。从灯笼木到笼松明，从自然之火到火天与水天，经历了何其漫长的岁月！看着升起的火花，我不由得思绪翻飞，浮想联翩。就在写下这些时，仍然觉得那时看到的光景如梦似幻，难以相信是现实。或许我还沉浸在那日醉酒中，或被狐狸附身了吧。

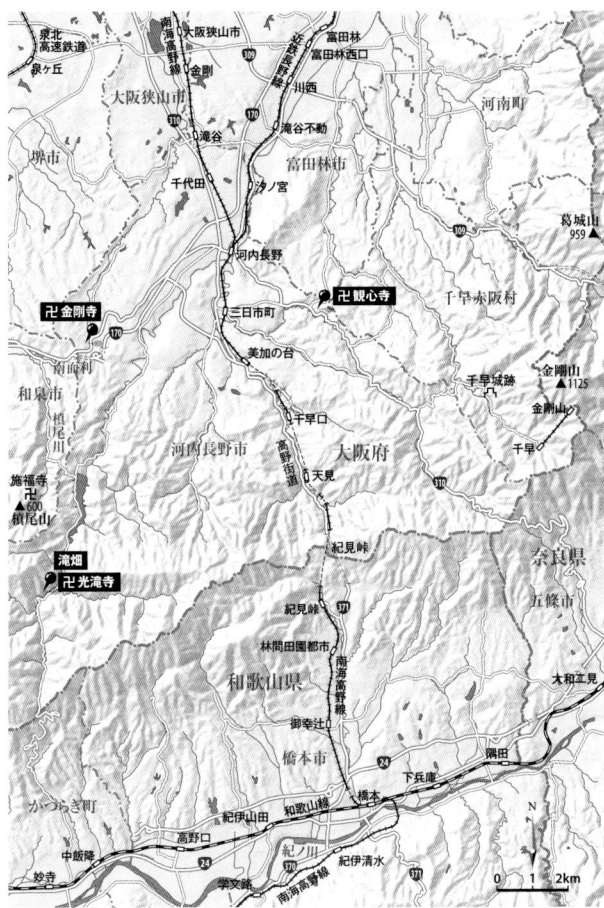

第十一章

泉北高速鉄道
泉ケ丘
南海高野線
大阪狭山市
近畿道
金剛
富田林
富田林西口
310
川西
河南町
大阪狭山市
滝谷
170
滝谷不動
堺市
千代田
富田林市
汐ノ宮
309
葛城山
959▲
河内長野
170
金剛寺
三日市町
観心寺
千早赤阪村
美加の台
南河内
和泉市
槇尾川
千早口
金剛山
▲1125
河内長野市
高野街道
大阪府
金剛山
施福寺
600
▲槇尾山
天見
千早
滝畑
光滝寺
110
紀見峠
奈良県
五條市
紀見峠
371
林間田園都市
南海高野線
和歌山県
大和二見
橋本市
御幸辻
24
隅田
かつらぎ町
紀伊山田
和歌山線
橋本
下兵庫
N
高野口
紀ノ川
371
中飯降
24
妙寺
学文路
南海高野線
紀伊清水
0 1 2km

泷之畑

今年春天去吉野的川上村时，我经人介绍认识了末永雅雄先生。

末永先生的家在河内郡的狭山。以狭山为中心，南下是大阪府，东南方耸立着葛城山、金刚山，东边为羽曳野，西边是与和泉山脉相连的丘陵地带。"狭山"之名来自它的地形。这里有崇神天皇时期建造的巨大贮水池，先生的家就沿池而建，是颇有世家风范的宅邸。宅邸占地面积宽广，似乎也产大米。狭山自古就是大米产地，因而历史上很早就有用于灌溉的池塘，据说仁德陵护城河的水也与"狭山之池"相连。

天平时代的行基[1]、镰仓时代的重源，都因整修贮水池得到人们的信赖。狭山在南北朝时期陷入战乱，是楠氏与足利氏拉锯的战略要地。南朝衰退之后，畠山氏成为河内的守护者，该族被卷入应仁之乱，日本从此进入战国时代。末永先生是畠山氏的子孙，据说此一族在应仁之乱时逃往九州，战乱平息后，再次回到故乡居住。

因有这些历史渊源，水池附近留下了诸多遗迹与传说，还有古坟

---

1. 行基（668—749），奈良时代的僧人。

和土师器[1]的窑炉遗迹。末永先生说，自己最初对考古产生兴趣，是在上小学前于水池边捡到土器的碎片时。他把这些碎片组合起来，竟拼成了一个形状。我觉得这类事很有意思，再深入一问，又得知了先生曾因在仁德陵护城河中游泳而被当地人呵斥的逸事。对在这种地方长大的人来说，考古学或历史学不仅仅是学问，更是与自身血肉联结的一部分。说到这里，我想起考古学家梅原末治先生的出生地也离应神陵不远。我对考古学几乎一无所知，但也发现日本关东与关西考古学的差异，是缘于对学者们培育方式的不同。

忘记是何时，《艺术新潮》曾刊登过揭露考古界秘事的文章，我对这种八卦向来不感兴趣，看到了也不觉得愉快，杂志便不知被扔到哪儿去了。仅凭粗略扫过的印象而言，依稀记得文中讲了东西考古学界的冲突、梅原与末永两人的对立，还用了"关西考古界的头目"这样的措辞。我不是两位先生的弟子，但对他们很了解，知道二者都不是这样的人。当然，两人在学术、见解方面一定存在分歧，这种分歧倒是希望杂志能刊载、大书特书。但要说二人因无聊的私事产生龃龉，我却闻所未闻。他们都是让弟子们既敬畏又有亲切感的老师，我经常在古迹发掘现场看到他们对学生细致用心的指导。如果那样的态度，也能称得上是"头目"的话，头目就是值得感激的存在。他们之所以会受到这般误解，是因为一心投身研究、不问世事吧。至少，我所认识的先生们，都是像孩子们醉心于游戏那般喜爱自己研究的学者。但他们也并不是只认学问的学究，末永先生等人有时会鼓励人们去了解

---

1. 土师器，日本古坟时代到平安时代的素烧土器。

更多的杂学，他曾说过："最近的学者们太过专业了，应该对更多的事物抱有兴趣。"

前几日拜访末永先生时，他坐在桌旁，一边对我说着"有什么尽管问，我都会说哦"，一边拿着剪刀小心翼翼地修剪成百上千张资料照片，并将剪好的照片贴在卡纸上。后来再去拜访，看到的也是同样的情景，比起时下的老师，末永先生更像是一位悠然自得的名士。

请教了有关川上村皇族后代、自天王传说等事后，先生偶然提起了另一处地方。

在狭山以南的深山里，有战国时代北条氏直隐居过的村庄，那才是真正的"隐庄"，末永先生推荐我去一访。北条氏直是丰臣秀吉灭亡后，小田园的北条氏后代，他的后人做了狭山城的城主。这座村庄在槙尾山麓叫"泷之畑"的地方，是不通人烟的荒僻之地。我曾因系列采访去过槙尾山，那时因行程匆忙未做久留，当时就想以后要再去。且此地与即将要去的吉野也有些关系，于是在末永先生的建议下，在去吉野前，我们去了那一带。

从大阪出发，经狭山、河内长野，穿过纪见岭，走"西高野街道"到达桥本。在穿越葛城山、金刚山内侧的古道上，长野是联结山间与平野的喉舌位置，往东是观心寺到千早城一带，往西穿过金刚寺可至槙尾山，向前则是山连山的另一片天地，视野完全被群山遮挡。这是南朝天子藏身的绝好场所，可以想象楠氏等贵族们为躲避幕府耳目，在这里积蓄力量的情形。最好的证据就是金刚寺，这一大型佛寺夹在山谷间，呈现出与一般寺院不同的氛围。

泷之畑的山川和金刚寺的南朝行宫（左侧）与北朝行宫

　　据说金刚寺是行基所创，之后曾是弘法大师在高野山的修行地。在镰仓时代，金刚寺曾庇护后白河法皇和鸟羽天皇的皇女八条院，成为众多权势的领地。到南北朝时期，该寺发展成为有势力的寺院，后村上天皇也曾将这里当作行宫。南朝一度式微图再兴之际，天皇从贺明生来到这里，那时北朝的光严天皇及另外两位上皇同时被俘虏幽禁于此。在金刚寺的书院附近，南北朝的帝王们几乎膝碰膝生活在一起，那局促的场景犹在眼前。金刚寺确实算是富裕的寺庙。那之后，世代更迭，三上皇终于还幸京都，后村上天皇也移居观心寺。南朝实质上的灭亡正是在此之后，金刚寺可谓是闪耀最后荣光的寺庙。

　　这种地方自然留有许多宝物与文书，其中最著名的当属《日月山水屏风》，这也是我最喜欢的风景画。

北朝行宫内部

　　这对屏风中，一张描绘的是春夏之交的景色，另外一张是秋冬之交的雪景。前者配以日，后者配以月。一个是仿佛在渐渐苏醒的绿色山川，一个是月光照耀下的冬日山川，让人难以取舍。再没有一对屏风，能像这般相互映照、难分伯仲了。春季山间樱花盛放，不知不觉夏季到来，移目远望，却见红叶从山峰落于瀑布，遥远的彼岸露出了顶着积雪的深山。看这些山岳，见急流奔涌，流入泱泱大海，就能领略日本人从自然之中看到了多少事物，学会了多少东西。虽是无声，却胜于言语。

　　屏风中出现日月，首先表明这是做参拜用的宗教画，原型可能是山越的弥陀或求圣众来迎。不描绘佛的实体、用日月山水暗示，既是艺术上的一种发展，或许也意味着古代自然崇拜精神的回归。根津美术馆的《那智之泷图》也是这类绘画，但是将瀑布作为神体本身描绘，并没有装饰性的美，呈现出更严肃的密教氛围。相比而言，这幅屏风算是净土宗风格，像呈现蓬莱山或补陀落山那般，可以看作是宗

日月山水屏风（局部）金刚寺藏

日月山水屏风

教画向风景画过渡期的作品。用过渡期这个词，可能会让人觉得有些半吊子，但再没有什么能像过渡期那样，包含了那么多的可能性与期待。屏风的创作年代有人说是室町时代，有人说是桃山时代，但我认为只有室町才是画中展现的时代。桃山时期的风景画曾给俵屋宗达[1]们带去了巨大的影响，宗达也是我很喜欢的画家，但遗憾的是他的画已经没有这幅屏风中那种奔涌而出的新鲜与气韵。他的作品装饰性太强，过于像工艺品。这不仅是宗达，也是整个桃山时代的通病，或许是艺术发展到烂熟阶段的悲剧吧。虽不知屏风的具体作者为何人，但我能想象，或许是住在附近的和尚在山中修行，每日眺望群山，将某日所感当成大自然赐予的曼陀罗。夏天的山描绘的是附近的景色，冬天的应该是葛城山的雪景吧。因为绘有瀑布，所以也有人说描绘的是

1. 俵屋宗达，江户初期画家。

日月山水屏风

那智，但从山的形状来看，怎么看都像葛城山，且葛城山中也有许多瀑布。其实呢，没有必要确定画中描绘的具体地点，但前年我在巡礼时登上槇尾山，从山上远眺时，因看到的风景与屏风上过于相像吓了一跳。现在说来，也只是将那时无意识中感受到的东西记述下来，无法巧妙表述。自然与艺术之间，一定存在只有作者才知道的秘密。

从金刚寺向西，有个叫南面利的部落，从那里沿着槇尾川南下，虽然能够通到槇尾山东部山麓，但因为山与山之间过于接近，反而不见寺庙。前年我去时，是从另外一侧爬山，爬了近两公里陡坡，才遇见西国排名第四的名刹。传说这是钦明天皇创立的古寺，但因被织田信长毁灭，无法窥见当时风貌。不过，正如前文所述，从葛城山远眺的景色精彩异常，可见几重绿色山峰层叠，就如同那扇屏风一样，让我深受感动。当年去时，向东下山有巡礼道，我走了一小段，但怕就此迷路，只好折返。现在走在当时的路上，想到这点不由很是怀念。

雨后，狭窄的山道变得像小河一样，熟练的老司机像开坦克一样往前穿行。终于，我们穿过了最危险的隧道，泷之畑出现在眼前。清澈的河川流淌其中，民居像紧紧粘在两岸悬崖上一般。因为几乎没有平地，村庄只能沿着河流两岸向内部伸展，小小的部落就这样相互偎依，伸展到远方。

小田原北条氏最后的后代，是北条氏规与其外甥北条氏直，他们曾藏身于这个村庄的某处。

丰臣秀吉于天正十八年（1590 年）夏天攻打小原城。氏规是当时城主氏政的弟弟，守过韮山城，是有谋略的大将，因此五万兵马挟整个关西之势，也没能攻下那个小小的城池。但氏规最终还是认识到无法守住小田原城，在求得德川家康的介入调停后，哥哥氏政最终切腹，但氏政嫡子氏直得救。氏直作为德川家康的女婿，立于丰臣、德川、北条之间。事情有了安稳的解决，氏规功不可没，他的勇武也因此得到了世人高度评价。

小田原陷落后，氏规与氏直暂避高野山，后来又迁到了泷之畑。不知他们为何要隐藏在这样的深山中，可能与高野山有一定关系吧。他们曾寄居的白樫家如今已绝后，只在小高丘上留有宅邸旧迹。自第一代北条当主早云以来，经历五代繁荣的北条氏最后竟藏身此处，足以让人有不可思议之感。

丰臣秀吉似乎对北条氏抱有好感，想赐予北条氏大名的身份，但彼时氏直已经死于泷之畑，丰臣秀吉因此作罢。但后来氏规的子孙被封为狭山的城主，拜氏规所赐，北条氏虽微弱，但还算保住了些许权势。

泷之畑周边的山川

　　也因此，狭山至今还与泷之畑保持着交流，末永先生的宅邸，有用来自泷之畑的佣人的习惯。山中也常送来应季蔬果，春有蕨菜，秋有柿、栗。说起河内，我们如今从东光先生的小说中，会得到当地人人品不好、粗暴等印象，但进入河内南部深山腹地，发现那里直到现在还保留着淳朴的风气。

　　全村虽然只有一百八十户人家，但都是自南北朝乃至更远时期以来的门第，平家的落人传说也还在这里流传。这里的山谷常有"呼唤之尾""御返事之尾"等名称，这些场所，据说都是南北朝会战时狼烟四起的地方。除了这些，再也没有留存别的痕迹，人影也稀稀疏疏。在这泷之畑上，日本的隐庄得到了最极致的呈现。

　　沿着河流逆流而上，尽头有名为光泷寺的寺庙。茅草苫顶的正殿依清流而建，可闻滔滔水声，是深幽僻静之境。村人们似乎会轮番看守寺庙，我没有细问，但该寺好像算是槙尾山的内院，还留有葛城山修行者的遗迹。我从槙尾山天边看到的正好是这一带的风景，当时没有注意到有河流，同屏风中的画一样，河流穿行在山间缝隙中。

对岸耸立着神体山般的山，围绕山麓流淌的溪流，越看越像屏风中所绘。从那里升起的日月，一定能将幽暗的山谷照耀得如同净土一般吧。作者或许是住在光泷寺的画僧，或者是像行者一样的人，将日夜眺望的山水风景，原原本本地画到了屏风上。我如今有信心这样断定。

在回去的路上，因为想再看一次屏风，我又顺路去了金刚寺。还有什么比人的记忆更不可靠呢。屏风的美丝毫没变，但在我的印象中至少有三米大的大作，实际上却连一半都不到，令人哑然。这种经验不是第一次了，但每次都会有新的震惊。即便事先知道尺寸也是这个结果。看过画作后，我心中的那幅画又在无法抑制地成长，就算听再多的"实物很小"之类的话也没用。什么才是真实，应该相信什么，我不知道。但有一点我可以确信，这种美术品就是真实之真，我默默地这样想着。

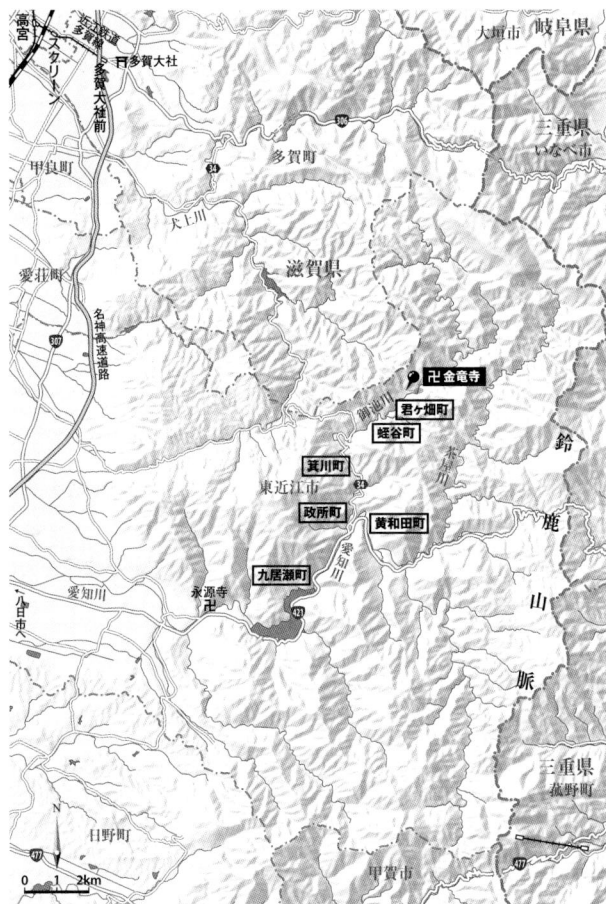

第十二章

木地师之村

    我平时惯用名为"朽木盆"或"朽木椀[1]"的食器。器物并不多么古老，制作于德川时代中期，形状大气、优美，且便宜结实。材料主要是橡木或者榉木，上涂黑漆与红漆，有时也有画有花朵纹样的。若是菊花纹样，中间一轮画得很大，通常是寺院使用的三井盆或叡山盆。以上这些名称都是古董店的叫法，因而不足为据。不过近江的朽木谷，确实自古以来就有木工团体，大量生产这样的食器。

    他们被称为木地师、木地屋、拉坯师、陀螺屋等，是为求良木遍寻诸国的流浪之民。这些人遍布日本，南至九州、北至东北边界都有，但他们的大本营是在爱知郡的小椋谷。也不知从什么时候起，朽木的木地师从各地众人中脱颖而出。朽木因为离京都与叡山近，所以特别出名，其实各处木地师做的都是类似的东西。

    小椋谷有名为"氏子狩帖"的册子，在民俗学者中很著名。这是记录德川初期到明治时期木地师户籍的册子，以神社为中心将全国的木地师联络到一起。木地师主要的工作是使用拉坯机制造器物，器物

---

1. 椀，同碗，日文中陶瓷、石制的碗写作碗，竹子、木制的碗写作椀，金属制的写作鋺。

上不涂精致涂料，也无莳绘。就工艺品而言，物品本来的质地与表面的完成状态都很重要，如果本身材质不好，就无法做出美的作品，无论是木制品还是别的制品，都是一样。因此，木工这种花费体力的职业，会在近江的山间发展，也展现了近江的性格，这让我颇感兴趣。

木制品，是每天使用就会莫名地生出感情的物品。在不通人烟的山谷中，木工们过着怎样的生活呢？如今技术虽已失传，但山间的生活应该没有太大改变。我时常看着自己用惯了的盘子上的拉坯痕迹，任想象驰骋，而为我的想象插上翅膀的，是释迢空[1]的短歌《木地屋之家》：

云自高处来，
雾去了无声，
空留木痕斑驳，
谁人咳声响。

跋山催人老，
山中寂寞长。

净日独坐制木器，
空闻机声响，
声声长咨嗟。

---

1. 释迢空（1887—1953），原名折口信夫，日本民族学家、民俗学家、语言学家、作家和诗人。

但见木偶口鼻，

虽感凄清，

却道无奈，

唯有笑不休。

　　大正十一年（1922 年），超空自美浓前往信州，行走于三河、远江一带的山间，这是作于当时的和歌之一，其后他似乎还访问过近江的小椋谷。歌中最后出现的"木ぼつ子"，指的是木偶人[1]，意思是木头之子。旅行的途中，从山中人那里得到这样的人偶，"在无人的山中，或赶路，或驻足，或看看木头人偶的脸。看到意想不到、充满古风的眉目或鼻子，不禁惊讶到心动"，超空自己如是注释。

　　这种心动也传达给了我，不知不觉间，木地师的部落在我的心中成为一种象征。日本已经消失了的样子，人类本来应有的生活，仿佛就存在于其中。但我对木地师部落的兴趣不只出于这些，以前查能面时，也听说小椋谷周边存在很多古面，因为太难得一见，当时放弃了。但那时想见而不得的愿望，连同周边的木地师村庄，以及惟乔亲王的传说，至今存留在我心中。因为这些缘故，这十几年来我的兴趣不断增长，却苦于一直没有机会。我本就懒惰，当地人又因种田采茶忙碌，到冬天又积雪深厚，因为这诸多原因，直到最近我才实现了这一夙愿。

　　看红叶还为时尚早，但山中的秋意不知不觉已经来临。从八日市南下，我们终于来到永源寺门前。井伊家的菩提寺虽然也是相当不错

---

1. 日文音 KOKESHI，指日本圆头圆脑的小木偶人。

的寺庙，但红叶时节人实在太多，我们只好敬而远之。爱知川从这里向北蜿蜒，沿着溪谷旁边的道路入山。山中正在进行大的水坝建设，已经毫无往日风情，但通过水坝建设工地后四周立刻安静下来，再走二三十分钟就到达了政所[1]的部落。

"茶园当属宇治，茶叶当属政所"，政所正是这句俗语中提到的产茶名地。这一片自古以来就叫"越治之庄"，曾经是日吉神社的行政中心，村中的八幡宫中藏有许多室町时代、桃山时代的能面。神社的创立情形已经不得而知，但据村人传说是惟乔亲王所建，据传亲王的坟墓也在此地。我感觉终于进入了木地师的领地。

因为经历了几次火灾，八幡宫内已都荒芜了，但在地炉旁喝到的村人的茶味道很好。八幡神宫的神主是轮流制，神社仓库的钥匙由村里的三位长老保管，如果没有三位长老同时出面，就无法拿出能面。"等了这么长时间不好意思"，长老们对我如此寒暄，反而让我不好意思了。在宝物可以买卖的年代，虽然也有必须人凑齐才能出示宝物的规矩，但从能剧中"翁"有白、黑（即三番叟）与父尉中可见，这是沿袭自神事之能的风俗。从长老们拿出神宫能面的举动中，我能感觉到，能面不是道具，而是"神体"。

面具正是我想象中的样子。这是能面有固定形式之前的作品，因而非常古老，应该不是出自木地师之手，而是出自以做面具为业的乡野之人。乡野之人肯定做过许多特别出彩的面具，这些面具被杂耍师傅看中，从而出现在市面上。近江原本就盛行能乐，特别是常驻日吉

---

1. 政所，日本地名，位于滋贺县琵琶湖的东部山间。

神社的猿乐师兼有神事上的能乐职能。这种关系，政所八幡等面具中也有传达，这些表演与其说是强调艺术性，不如说是更多地应用于求雨、祈祷丰收等场合。

世阿弥的《申乐谈仪》中，记载了近江杰出的面具制作者赤鹤与越智的故事。这并不能立刻跟眼前的面具联系到一起，但虽不知赤鹤为何许人，至少越智应该是生于越智庄，可以想象爱知川沿岸的木地师们做过面具的基本构架。从越前到近江，制作面具的人多，也与木地师有深刻的关系。如果没有他们的帮助，能面应该不会发展到这一步。更进一步说，木地师中有特别有才能的人崭露头角，也不是什么不可思议的事。虽然能面作者中和尚很多，但赤鹤或越智，说不定就是木地师一族。

沿着政所到溪谷，登上狭窄的山道，川箕、蛭谷等村落次第出现。登上海拔七八百米处，便感受到秋深了。蛭谷有神社，名为筒井八幡，我知道这里也有古面具，但若要一见太给大家添麻烦了，就忍痛未提。生满青苔的石阶右手边，有筒井本阵的古宅邸，这一族人来自京都，有供奉惟乔亲王的传统。日本全国的木地师的姓氏，以筒井、小椋（还有小仓、大仓）居多。蛭谷村头，道旁有小小的庚申塚[1]，刻着信州下伊那郡、小椋某某的人名。像这样的石佛或石塔，在这山中随处可见。透过模糊残留的碑铭，可以感受到人们对故乡哀切的思念。"人哟，马哟，皆累死在道旁"，这悠悠的绝唱，仿佛渗透了当地人的身心。

---

1. 庚申塚，从中国道教传来的石塔，以"庚申信仰"为基础建造。

这一带木地师的聚集村落名为"六之畑"，指的是君之畑、蛭谷、箕川、政所、黄和畑和九居濑六个村子，其中君之畑与蛭谷保留着浓厚的木地师传承。文德天皇的第一位皇子惟乔亲王，原本应被立为皇太子，却被弟弟惟仁亲王抢先，因此感到世事无常，隐居到这山中，供奉上写着"大藏大臣惟仲堀川中纳言小椋大臣"，另外他还在当地人的协助下造了"高松御所[1]"，从贞观初年（859年）就住在那里。亲王发现此山多大树，觉得用以做器物不错，于是令樵夫砍树，亲自教人们使用拉坯机。从拉坯开始，这里就成了木地师的起源地。村中传说的版本是，惟乔亲王在这里居住了十九年，亡于元庆三年（879年），时年五十三岁。村人们都十分哀伤，为慰藉皇子的在天之灵，在君之畑建了神社，那就是流传至今的"大皇大明神"。

在乡土中流传的有关亲王的传说更为详细，记录了皇子的一举一动，虽也存在很多其他传说，但概要来说就是前文这样。南至铃鹿山岳，北到多贺神社，有关惟乔皇子的遗迹数不胜数。因为缺乏确切的史料，它们多不被作为史实认可，但木地师中留存的有关惟乔亲王的深刻信仰以及无数的传说，绝非空穴来风。小椋庄是兼览王的领地，兼览王就是惟乔亲王之子，也是神祇伯（掌管朝廷祭祀的官厅名，长官为神祇伯）家的始祖。虽然也有人说这不过是一种传说，但反过来说，也能推定出亲王会葬在故土。这里在那之前是纪氏的灵地，惟乔亲王的母亲是纪名虎之女静子，在世时间不长。无论从兼览王还是纪氏的角

---

1. 御所，一般是对天皇等地位高贵之人邸宅的称呼，在历史上也是一种称号。单单使用"御所"的场合，一般指的是今上天皇的御所。将军等武家栋梁的邸宅往往会被冠以地名，称为某某御所。

度来说，这片土地都与亲王有着深刻关系。

过了蛭谷，道路渐渐变得狭窄，在令人目眩的深深谷底，有溪水流淌而过。从永源寺或铃鹿山脉方向过来，这里都是最远最深的秘境，小椋谷或许曾经是小暗谷。我们花了大约一小时，终于到达君之畑，不由松了一口气。山野深处的乡村，多用"畑"字，"畑"有"烧畑""替换畑"（森林和田地交换使用）等意，也有国家的边境之意，是不是与秦氏也有某种联系呢？听说木地师与金胜族或丹生族一样，是自古以来就住在日本的原住民。可能这些族群，一开始也只知道开采原材料，金胜族开采金属，丹生族开采水银，木地师开采木材。归化人来了之后，教会了他们材料的加工技术，能干的日本人马上就把这些技术变为自己的东西。特别是近江，因为归化人很多，或许也可以认为，教给归化人拉坯技术的，是秦氏一族。这附近带有"畑"字的地名，除了六之畑外，还有北之畑、中畑、小松畑等，有这么多畑的存在，总有种这里是某些人势力范围的感觉。拉坯机一定是平安时代以前用的，而亲王以及供养他的人们会精于木工，毕竟难以想象。或许是因为亲王住在这个地方，爱朴素的木碗，并将其作为奖励，在这个过程中传说发生了变化。在单调、艰苦的山中，贵公子的出现给予了山野人多少光明啊。即便传说多不可信，造就传说的种子必然曾被播种。

六之畑中最深处的君之畑，无论从地形还是文化上来说，都看起来最为繁荣。据村人介绍，其他村落慢慢变得人口稀少，只有这里生活丰富，人口无增也无减。不管是自然还是人，皆与亲王隐居时没有差别，山中安静，只回响着伐木之声，整个村庄仿佛沉浸在千年沉睡

君之畑的大皇大明神社

中不肯醒来。左侧茶园的对面，可以看到仿佛有神迹的原始森林，建有大皇大明神社，入口处的"日本国中木地屋之御氏神"的石标，原原本本地展现了他们根深蒂固的信仰。这座神社的杉树也长得非常可观，历经了上千年的大树亭亭耸立，实在是不负木地师之神的名义。

神社的隔壁有寺庙，名为金龙寺。据村人说，这里是惟乔亲王"高松御所"的遗迹。在小小丘陵上，有圆形的坟墓，立有据称是皇子之墓的石塔。惟乔亲王从小椋谷迁徙到京都的北山，在那里生活至于宽平九年（897年）去世（《三代实录》），这个可能是他人的坟墓以及供养塔吧。据称是亲王坟墓的，在政所八幡、筒井八幡、京都的北山及大原，甚至连美浓的深山都有，无法判断哪里的才是真的，但这恰如日本武[1]在各地的情况一般，说明了其人气之盛。贵族流落民间的故事，是日本人最为喜欢的物语，再加上对流浪的木地师们来说，这悲惨境遇也深得他们同情吧。这与其说是皇子的坟墓，倒不如说是从木地师的生活中诞生的纪念碑。传说是人们自身的理想的投射，而历史是被制造出来的。比起世间存在的史诗或史料，我更相信这些。

君之畑每年五月三日和十一月三日举行祭典。春天的祭典是八幡祭，是亲王请八幡神的日子，秋日祭又称御祖祭，用以慰藉亲王之灵。这种时候，人们会悬挂亲王画像，在画像前供奉碗状的团子，木地师的子孙们从全国聚集而来，与故乡的人共同缅怀先人遗德。以这样的仪式为中心，村人们经营着生活。另外还有岁末年初的祭祀，

---

1. 日本武，日本神话中的人物，传说为今日日本天皇的直系祖先。

以及称为"GOKUMORI"（或许写作御供盛）的仪式——将磨好的米做成环形用以祭祀，现在还遵守着非常严格的形式。正月三日的"GOKUMORI"尤其重要，是属于年轻人的祭典，村中的年轻人们用完精进洁斋，着素襖以正身，在完全无言的状态中举行仪式。吉野的川上村也留有这样的祭典，但这里可能由于是惟乔亲王的幽居之地，所以有必要秘密进行。平家落人的传说、南朝后代的隐藏居所，都有出于这些缘故无法明确言说的部分。它们默默地消失在历史中，这其中有不得不隐藏的理由。而对于这种坚持，对于秘藏于山中的传承，我们是不是应该多些尊重呢？

金龙寺中供奉着皇子的神像。衣冠束带之姿，因为屡次被烧，应该已经不是原本的样子了，但也足以传达出当年的风姿。这里虽是寺庙，却毫无佛教的气息，又有古老的庭院，怎么看都是贵族喜欢的清净居住之地。

神社中有能面。但因为是御神体，所以只有祭典的时候才能一见。幸运的是，我从能面专家中村保雄那里见到了这个能面的照片，是带着伎乐面般落落大方的表情的面具，这才是木地师之作吧。这里想着重提出来的，一个是翁（能面中的老人），一个是延命冠者（能面中细目带笑的年轻男子），它们仿佛父子般，完全没有施以色彩。翁面上没有特有的切颚（颚部切掉用以系绳子）。接触到这种具有古风的面具，不由让人认为，室町时代的名人们，至少大部分都是木地师出身。在伎乐或舞乐传入之前，他们的祖先们都在深山的小木屋中，默默地雕刻着神的面孔。

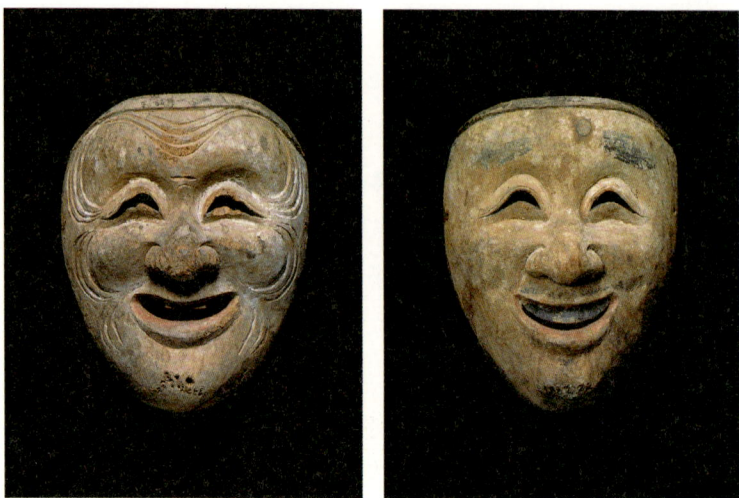

翁面（大皇大明神社藏品），延命冠者（大皇大明神社藏品）

　　近江不仅留有许多能面，还有很多神像。我一直觉得，神像与佛像的雕刻总有些不同，这差异难以言喻，但硬要说的话，应该是神像的雕刻比起色彩更重材质，雕刻生硬，仿佛出自外人之手，但刀的痕迹却很锋利，充满气魄。这也许就是谜底。不管神像还是能面，最初一定都出于木地师之手。将木工作为职业和食粮的人，不可能不将树木视为神。这种信仰比谁都要强烈而真挚，他们也比谁都更知道木头的美与骇人之处。神像威严，没有动态的表情，原原本本地展示了山中之人的信仰姿态。我曾收藏过很像日本人偶，和比人偶大得多的藤原时代神像，那时我便对神像之美抱有上述观点，而如今终于明了，仿佛亲眼看见一样。日本的面具，可能最初是作为神像的代用品，后来渐渐从神的仪式中进入了艺能的世界。而神像与人偶有着相同的使用目的，为了在旅途中随身携带，被做成了轻巧的样式。在这种意义上，能面与人偶，正是"木头之子"。迢空的"木之子"中让人心惊的空寂，正说明了面具不是现代的玩具，而是在古风的眼耳鼻眉中，展现了存留的古代神之面容。

这是从惟乔亲王的传说与木地师的生活中诞生出来的故事。随着时代的推移，人们感受到了单纯崇拜自然树木的不安与不足，于是想在无名的神像中注入人类的灵魂。但是，在乡野深山，既没有符合这个存在的人物，也没有神话时代的传说，就在这时，流浪的贵公子突然出现，神话就这样出现了。换句话说，他们第一次拥有了历史。神社的入口处，带有夸耀色彩的"日本国中木地屋之御氏神"的尊称，我一点都不认为是夸大其词。

第
十
三
章

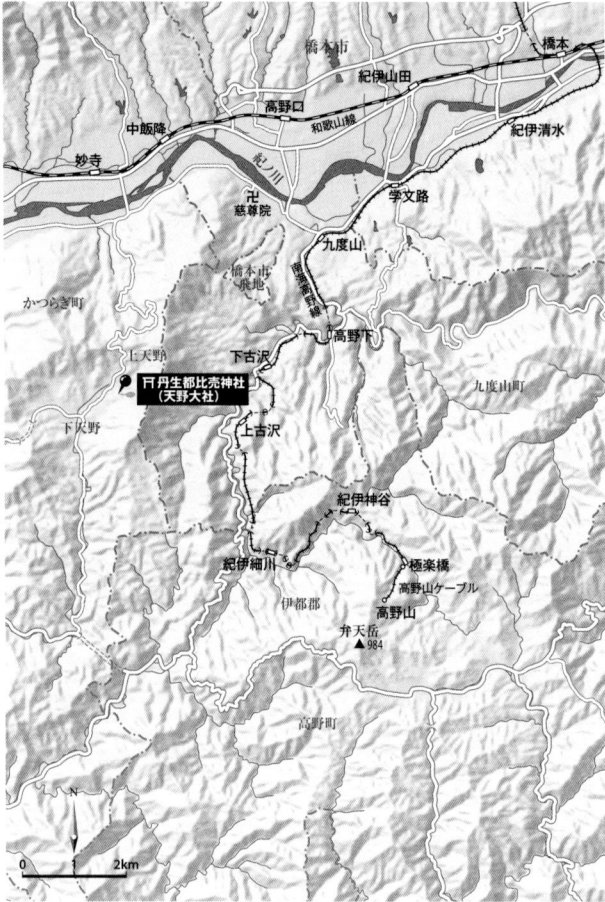

橋本市
紀伊山田
橋本
高野口
中飯降
和歌山線
紀伊清水
妙寺
紀
ノ
川
卍
慈尊院
学文路
九度山
橋本市
飛地
かつらぎ町
南
海
高
野
線
上天野
下古沢
高野下
卍丹生都比売神社
（天野大社）
九度山町
下神野
上古沢
紀伊神谷
紀伊細川
極楽橋
伊都郡
高野山ケーブル
高野山
弁天岳
▲984
高野町

N

0　　1　　2km

丹生都比卖神社

我与丹生神社似乎有很深的缘分。

当初写能面的时候，我在大和的丹生神社找到了寻找多年的女面，在近江伊香郡的丹生神社，又发现了室町时代的古面。差不多同时期，在去天之川的途中，我拜访了丹生川上下社，同年春天去吉野的川上村时，也在上社前面留宿，顺便拜了宇陀的中社。在寻访明惠上人的遗迹之时，我不时去纪州旅行，沿着纪之川和有田川，也去了几处名为丹生的地方与神社。西国巡礼时，我去了若狭的远敷，得知取水的源泉名为"若狭之井"，才知道"远敷"是丹生转化而来。不管是越前的丹生郡，还是大丹生、小丹生，种种契机令我想起"丹生"时，总有种亲切的怀念之感。

丹指的是朱砂，也名辰砂，有朱砂矿脉的地方叫丹生。朱砂经煮会成为水银，水银经煮会还原成朱砂。正因这种不可思议的特性，古人生发了将丹作为长生不老药的思想。相比西方的炼金术，东方的炼丹术可称为科学的基础。丹砂除了可以入药，还可以作为涂料、燃料使用，还是镀金时不可或缺的原料。《播磨国风土记》记载，神功皇后去新罗之际，从尔保都比卖神那里学会了用赤土涂船及铠甲的技术，从而赢得了战争的胜利。丹砂也多用于辟邪。古坟内涂有朱砂，兼有抵御恶魔和防腐的作用。有那么多功用的矿物，当然会被视作有不可思议灵力的神而备受崇拜。采掘朱砂的人们，同木地师、金胜族一样，自古以来在日本这块国土上就被当作神圣的职业者。日本的丹生地之多，也侧面反映了丹生族们的足迹，他们为了朱砂而流浪。

据史学家松田寿男研究，日本全国有三百八十处丹生神社，其中一半以上都集中在和歌山县。而以丹为名之地则比神社更多，以远敷为例就可见一斑：入、丹保、仁宇、荷尾、玉生、船生等，都是丹生的变化词，"入"也读作"SHIO"（日语中与盐同音），地名中有盐字的都很可疑。如此说来，福井县的丹生郡、近江伊香郡丹生神社附近的盐津等，也许古时候也是写作丹生郡的。丹生神社多位于深山，沿溪流而建，祭有丹生都比卖，但也有神社祭奠水神。

前段时间我去纪之川采风时，到处都看到丹生神社。就像前文所说，纪州的丹生神社多到无法一一记起。凭我再怎么不以为意，如此这般被丹生都比卖追着跑，也不由得上心起来。但我的知识如此贫乏，我所知道的，也仅是弘法大师开拓高野山时，曾有丹生都比卖为其带路，高野山中还收藏着描绘此场景的画作。通过纪之川的采风，我对这位神明也渐渐挂心起来。

据说，纪州的七十多所丹生神社的总社，位于伊都郡天野，名为天野大社或者丹生都比卖神社。从地图上看，这座神社位于深山，从九度山的慈尊院或高野山出发，都有步行道，但要开车的话，须从西边绕很远的路。太阳已经西下，正想着很遗憾只能放弃，同行的摄影家牧直视女士却一再推荐，编辑也被说动了。于是，虽然都想着早点结束采访，我们还是把这个想法放在一边，去往天野。从葛城町的妙寺出发到纪之川的南岸，我们就从那里深入山中。

丹生都比卖神社附近的天野

雨后道路泥泞。虽然早有准备，但脚下的红土尤其湿滑。沿着狭窄的溪谷前行，终于看到了"丹生都比卖神社参道"的路标，从那里左转，爬上陡峭的坡道。道路越是狭窄，越是深入山中，心中越是不安，但已是无法回头。正想着"还没到吗，还没到吗"，又穿过两个山口，走入下坡道，眼前突然明亮起来，目力所及都是耀眼的稻波。没想到在这山的天边竟有田园，但也与"天野"这个名字相配，正像是在天的一角打开的广大原野。说不定所谓"高天原",指的就是这样的地方。

在山势不高、姿态优美的群山环抱下,田野村仿若静静安睡。我虽遍访多地,却不曾见过如此在悠闲中发呆的山村。神社就建在田野最深处,在涂有漆的反桥对面,被大杉树包围着。看到庄重的楼门,我们同时发出"还好来了"的感慨。

神主还在田圃中工作,他的夫人接待了我们。这方面也颇有乡下神社的风范。住在这么美的地方,大概无论人还是自然都会变得更加和谐吧。那之后遇到的村里人,也都是有着温暖之心的人。如果可以,我也想隐居在这里。果然,丹生都比卖是与我颇有渊源的神。

神社内宝物颇多。虽然大多数都移去了奈良的博物馆,但还留有许多镰仓时代的狛犬及神舆、乐器及舞乐道具。正殿也是镰仓时代的建筑,从右至左供奉着丹生都比卖、高野明神、气比、严岛,合称四所神明。原本只有丹生都比卖神作为祖神受到祭祀,可能是在平安初期增加了高野明神,镰仓时代又增加了气比和严岛。

据《今昔物语》记载,弘仁七年(816年)弘法大师开高野山之际,在寻访圣地的过程中,曾在大和的宇智郡遇见一个猎人,"面赤,形长八尺,着青色小袖,骨高筋粗,身带弓箭,牵大小两只黑犬",他说可以告诉大师所找寻的地方,并放开黑犬到纪州山内带路,弘法大师就在那里遇到了"山之王",接受了山中白町的领地。打听山之王其名,说是住在天野的"丹生的明神",猎人则自称"高野明神"后消失了。

大和的宇智至今还有丹生神社,弘法大师可能是被介绍给住在那里的丹生族,受该族援助,才开拓了高野山。这里自古以来就盛行狩

丹生都比卖神社参道

猎，《万叶集》中有"宇智的大野"，指的就是宫廷狩猎场，高野山说不定也是古代贵族的狩猎场。在传说中，高野神明是一名狩猎场神明，可能也是这个原因。"面赤"，是朱砂的象征，从吉野到高野一带，有许多水银矿脉。弘法大师并不是单纯地去寻找佛教圣地，就像良弁统率金胜族那样，弘法大师与丹生族有密切关系，最终也成就了一番大事业。高野山至今还将丹生、高野两位神作为地主神祭祀。水银一定为寺院的建设贡献了巨大财力。神佛混淆时代的背后，隐藏的是长长的民族历史。

我们在神社附近看到了采掘朱砂的小工厂。现在的朱砂被用作白粉及涂料的原料，工厂附近的土是很醒目的红色，我在手上试着涂了一下，非常光滑。从工厂向南，是通往高野山的路，叫八丁坂。山岭边立着两个鸟居，视线尽头可以望见高野山。登高野山的人们从九度山越过山岭，首先参拜天野，再从这里穿过八丁坂前行，是最为正确的路线。途中会看到很多名为"町石"的镰仓时代石标，还有两个鸟居，是为从高野山参拜丹生都比卖神社的行者们建的遥拜场所。

说起来，天野大社算是高野山深处的后院。其古老的造型于无言中诉说着历史。天野大社的草创故事仅见于《今昔物语》等故事集中，在史学家看来，应该都是传说，因而在历史记载中被省略了。但在高野山的草创中，丹生一族起的重要作用，只看参道上一路的地貌便能明白。神社前面有据说是丹生都比卖之墓的古坟。这一点的真伪已不可考，但据当地的传说，丹生都比卖是天照大神的妹妹稚日女尊（WAKAHIRUME），她在周游纪州之后长居此处，直到去世，因此才有了和歌山（WAKAYAMA）、和歌之浦（WAKANOURA）等地名。这些传说，可能是太古时代有关水银姬、农耕神等传说的变种，至于是在何时被编成了天照大神之妹，就不得而知了。不过，既然有这么大的神社在，古坟或许应该是某位公主的坟，或是埋着丹生族的祖先。

丹生都比卖神社背后的町石

持续至明治时期的废佛毁释[1]运动，波及了神宫寺庙等众多伟岸的建筑。《纪伊续风土记》中描绘了这些情景。天野大社已被落叶掩埋，遍地闲散，反而多了些趣味。向内走去，不大的平原上有行者们留下的供养塔，是颇值得一看的曼陀罗石雕。村里的生活似乎以神社为中

心，我在神社时也见到年轻人进出参拜。这些人也许并不是持有什么特别的信仰，但那虔敬的姿态让人感佩不已，让人感受到与都市中神社不同的氛围。

神社后的曼陀罗石

秋日苦短，还没来得及细细参观，不觉天色已晚。我就这样回到了东京，但安静的乡村风景和神社伫立的姿态，都印在了我的心上，难以磨灭。当时就想一定还要再去一次，很凑巧，没多久在关西又有了工作，因此时隔不到半个月，我又站在了天野大社前。

景色在这么短的时期内就有了很大变化，山上满是蜜橘与红叶。柿子结满枝头。因神主外出，我们无法得见，有些遗憾，神主的夫人代替他亲切地接待了我们。夫人姓客殿，是颇为罕见的姓氏。

"那里就是客殿，也是我的家，姓氏是直接拿来用的。"

夫人指着神社旁边茅草苫顶的房屋，如此解释道。客殿夫人也曾属于丹生一族吧。这座神社的宫司，据说是天野之祝的丹生氏的后裔，直到近年都住在神社旁，但现在不知搬到哪里去了，只留下了宏伟的宅邸。

神社的背面，有名叫"泽之社"的神社。这座神社被大树包围，山中清澈的水流涌出，在神社前成池、成川，最终与纪之川汇合。水银大量发掘的地方，通常都是河川的上流。水银渐渐消失后，丹生都比卖就变身成为水之神或者龙神，也是很自然的事。朱砂的原石，是白中掺红的漂亮石头，古代的采掘者不会将原石整个挖掘出来，而是只采石头表面。这时，我突然注意到还没有看到御神体[1]，问过才知道，就连参拜的神宫也没有。难道御神体是一块美丽的朱色原石吗？在这个信仰对象被毫不在乎地公开的时代，或许也会有所谓不合时宜的人，希望这些规则能一直得到认真对待。所谓"秘而不宣为花"，虽不是佛家所言，但御神体就是这样的存在。

站在略高的山岗上，我们看到了天野的全貌。

"要从九度山的慈尊院开始，登高野山的参道，从半山腰中通过。"

客殿夫人指着东边的山岭说。那里确实有一条通路，围绕天野盆地，经八丁坂，到达高野，地图上也能清晰看见。我看着曾让神武天

---

1. 御神体，神道中寄宿有神的物体，礼拜的对象。

皇俯瞰国土的国见岳、作为神体山的爱宕山，以及其他已经忘记地名却让人看得入迷的群山，它们包围着这天野的高原。这里虽高却没有风，看起来是个不知天灾为何物的村子，当然也从未卷入过战争。所谓世外桃源不过如此吧。长生不老的思想来自于中国，但与日本的丹生之神也并非全无联系。

丹生明神像（金刚峰寺藏品）

正因如此，自古以来天野就吸引了不少定居者。此处近高野山，还有人因为去不了不接受女人的寺院，来此终了一生。据《纪伊续风土记》记载，西行的妻子就是其中一人。"境内周十六间，小名峰中。堂东小冈另有石碑二座。无碑塔，亦无铭文。四面雕有佛像。乡人传为西行夫妻坟冢。西行尝于侧耕种，谓西行田。"也有说这是西行的妻子与女儿的坟墓。虽然没有西行本人曾经居于此处的确切证据，但西行田的旁边有姓"佐藤"的家族，是在此地很罕见的姓氏，也是有参考价值的一个信息。

据村里的传闻，西行遍历诸国以后住在高野山，听闻妻子与女儿都已成为尼姑移居天野，他便悄悄下到山下，晚年就在这个草堂中度过。虽然不过是传说，但是这个晚年西行的形象，比起有道行的高僧更为贴切。西行的传说不止这些。从西行田稍微向上方攀登，有"犬冢"，是待贤门院中纳言局之墓，犬冢在村人的以讹传讹中，被唤作院冢。

中纳言局是曾在《玉叶集》中出现的歌人，与西行也甚为亲厚。

待贤门院的中纳言局，遗世独立居于小仓山麓，鲜有露面，但觉事事可哀。因感怀山中凄风，遂写有歌云：

无情最是山风起，萧瑟苦楚度日难。

又有书中记载云：后来中纳言局搬离小仓山的住处，移居高野山麓名为天野的地方。她去拜访曾一同侍奉过待贤门院的帅局，帅局居住在远在都外的遥远地方。山路崎岖、道阻水长。帅局送中纳言局归程时，共同参拜了粉川寺，这样的机会实属难得。同行的人又说想去吹上，于是她们又去往吹上。

吹上指的是纪之川口的"吹上之浜"，不知西行法师当时是否与中纳言局同行，但可以肯定的是西行法师"自御山出"，不时与诸院的女官们游玩。

岩波书店的古典文学大系认为，中纳言局居住的"AMANNO"，就是河内的天野山金刚寺，"高野之麓"的山，则与纪州的天野正好契合。虽然不知中纳言局是何许人物，但一定是西行法师可以自由出入待贤门院拜访、十分亲近、不用拘谨的故人。有这样的女性朋友，衬托出西行游山玩水不拘一格的姿态、不为外物所束缚的自由境地，着实有趣。

近处还有横笛的墓。村人称之为"横笛的恋冢"。她因仰慕泷口入道[1]远道而来，终于到达这里，眺望着高野山死去，是悲恋故事的主人公。另外还有为曾我十郎、曾我五郎使唤的鬼王、团三郎兄弟，俊宽的侍者有王，因贫者一灯享有盛名的照之等人的坟墓，天野的村庄实在是传说的宝库。他们每一个人都是失败者，村人们传说着这些人最后的故事，供养至今。这些坟冢散落在民家的后山或田地上，客殿一一说着"愿得一见"为我拜托村人，请求参观。我在后面诚惶诚恐地跟着，虽说是来了爱看热闹的客人，村人们也没有露出很稀奇的神情，非常自然地接待了我们，让人感到心情舒畅。村人们看起来都很亲切，又礼仪周正。从村庄透露出的氛围也能感受到，这里是与世隔绝的桃源，正因为如此，这里的生活才没有被名为"文化"之物损害，一直流传下来。客殿说："年轻时，我讨厌无风无浪平稳的村中生活，想要出去，但随着年龄渐长，会觉得果然还是这里好，又回来了。像这样的人有很多。"

天野的乡里就是这样的地方。我开始相信西行大师晚年真的就住

---

1. 泷口入道，平安时代的武将，曾与上文提到的女官横笛相恋，晚年入高野山修行。

在这里。神社周围有许多樱花树。西行往返吉野与高野之间时，或许也曾在这里赏过花吧。他确实曾写过如下的诗篇，不知为何，我觉得这就是在天野咏诵的诗歌：

往生后，
若有后人愿祭吊，
请以樱花献佛陀。

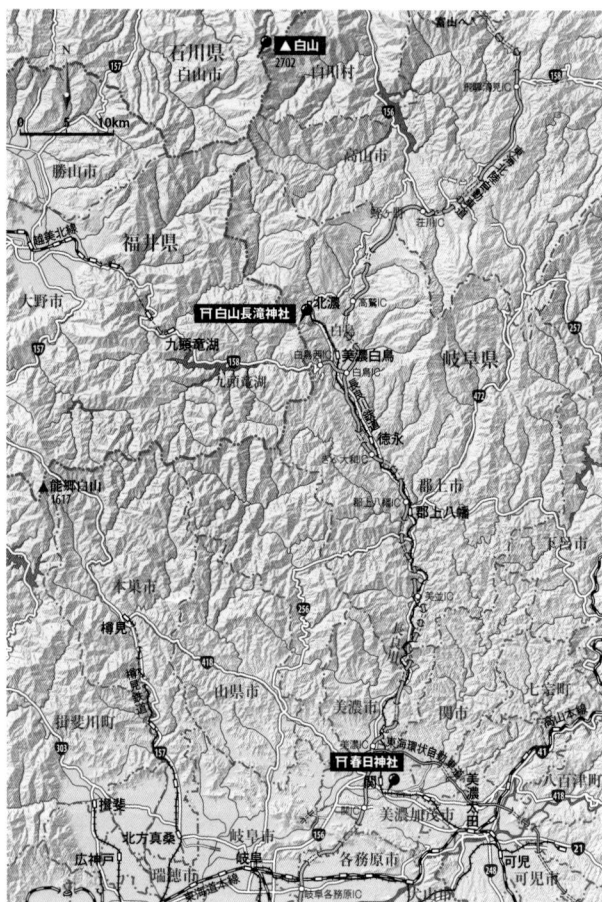

第十四章

长滝　白山神社

　　我在银座经营着一家染织工艺的店面。一天，一位陌生的男子突然来访，他神色疲惫，背一件大大的行李，自称带着自己在美浓深山中织造的绢纺面料，恳请帮忙鉴定。此后，只要开店营业，这位男子就会登门造访。我虽然觉得麻烦，但因为对方看起来诚实质朴，又是特意远道赶来，心下不忍，就决定还是帮他一看。没想到，织品出乎意料地好。人们常说文如其人，其实染织品也是一样，接触多了，便可从中窥见作者的面貌为人。此人可以信赖——只一眼，我便如是断定。

　　从那以后，我便开始了与宗广力三先生的交往，到如今已过去了十五六个年头。他热忱诚恳，此后一直坚持来访，与我始终保持着联系。宗广先生性情寡默，但你来我往数次之后，我对他的经历也有了一些了解。

　　宗广先生出生于岐阜县郡上八幡，战前曾开过一间名为"凌霜塾"的青少年武馆。"凌霜"二字，取自戊辰之役中，由郡上的年轻藩士们脱藩组建、为救援会津的白虎队而顽强战斗到最后的"凌霜队"之名。

　　后来，宗广先生在郡上北部的白鸟镇和蛭野地区租下土地，收容归国的乡民，开垦农田，同时致力于养蚕事业。纺织品就是在这种背景下出现的副产品。

幸运的是，当地自古以来就有纺织的传统。在《延喜式》[1]中，美浓被称为"上丝国"，尤其以耕地较少的北部为最，曾经纺制出名为"曾代丝"的上等丝线，专供伊势神宫。正因这种地方特色，纺线织布在普通农家也曾兴盛一时。不过，虽然宗广先生注意到了这个机会，但年轻人们既不懂养蚕，也不会织造，连他自己也是一名门外汉。于是，他向乡里的老人请教，又从京都请来师傅，像一年级的学生一样从头学起。他身上的开拓精神在此时发挥了作用，个中辛苦却也非同一般。终于，他凭借勤奋自学，依靠有纺织传统的地域优势，织造出了像样的纺织品。然而，如何推广却又成了问题。我第一次见到他时，他正处于这种艰难时期，漫无目的地四处行销。

我对宗广先生其人和他的作品产生了浓厚的兴趣。他的织物虽然未成气候，却为充斥着谄媚商人、视谄媚为技术为美德的工艺世界，带来了一丝截然不同的感觉。近期出现的手织品，缺点是抹杀了地方特色，越是在有名的产地，这种倾向就越明显。而宗广先生的织品依然带着稚嫩的，或者说是生涩的味道，充满了由土地浸润出来的气息。这种特质最难留住。虽然从他的为人品格来看，不必有此担心，但未来终归是不可预见的。此时，我对究竟是什么样的人、在什么样的地方织造出这样的布品产生了兴趣，一半出于好奇，一半出于商业上的考量，翌年春天，我去了趟白鸟村。

---

1. 《延喜式》，日本平安时代的律令，对官制和礼仪有详尽的规定。

到底是纺织品产地，白鸟村位置偏僻。从信州绕道谍访，乘坐中央线先抵美浓，经数次换乘，才终于到达了白鸟村。如今从岐阜开始有直达公路，路况相当不错，但在当年，从信州过去大概也要花上一天的时间。

开拓部落的生活贫穷而艰辛，超出常人所想，所谓住所不过是荒地，荒凉到令人无法相信可以居住。那天晚上，我就借宿于宗广先生家中。他的家与其说是房子，倒更像是一个挖出来的洞窟，房内放着蓝染的染料罐，四周的田地里还栽种着红蓝、青茅等可做染料的植物。他的双手被染得漆黑，那劳作着的身姿，不知为何使我感动莫名。他们从事的是从制线到染色的一条龙作业，织造时村民们也会帮忙。就在这样的条件下，身无长物、一贫如洗的一个人，独力支撑起近千人的大家族，其负担之重，可想而知。看着他满是泥水的背影，我突然觉得无比羞愧，为自己仅因好奇心起，便不管不顾地贸然叨扰。

第二天发生了一桩意外的事件。因为有人提出会面，我便与宗广先生一起到了郡上八幡。对方是宗广先生的朋友，在京都取得了事业的成功，开拓部落的生活，尤其是织造工作得到了他全面的协助。我们在城里的一间荞麦面馆见了面，奇怪的是，提出会面的对方并未谈到什么具体事宜，只是表示很高兴能够与我见面，并反复请我"多多关照"。分开之后，我为接下来的参观行程留宿在八幡，令人意想不到的是，这位朋友却在当晚，于宗广先生的家中自杀身亡。

寡言少语的宗广先生于翌日清晨联络到我，告知事件的发生。具体细节我并不清楚，只知二人彻夜长谈，对方坦言自己事业失败，今后无法再照顾他们。宗广先生事后才明白，友人事先去意已决。这样说来，我才想起昨天会面时，对方反复说着的"请多关照"，那语气和表情之中有种奇怪的愁苦。本来我以为那是雪国之人特有的沉晦个性，看来事情并非那样简单。在宗广先生的悲叹之中，被数次请求"多多关照"的我也略觉狼狈。因为自己的店面经营也是刚刚起步，经验尚浅，还不具备关照别人的能力。不过也许一切只是我的僭越之想，可能对方只是普通的寒暄客套。然而现在我觉得，虽然不过是巧合，但当年能够偶然相逢于那样一个地方，也是一种缘分。

纵使有心，最终我还是未能帮上什么大忙，只代售了寥寥几件织品，为他们引荐了为数不多的几个人。而在此期间，宗广先生凭借自己的能力，将事业越做越大。如今，"郡上绢纺"在染织行业已是赫赫有名，还获得了多项传统工艺大奖。宗广先生如今已经成为纺织业界的一流织造家、独当一面的标杆类人物。但他的品性为人依然如故，织品中的稚拙淳朴也一如既往。随着技术的日臻成熟，保持初心极难，于我而言，能够亲眼目睹自己深感兴趣的东西渐渐成长壮大，那种欣慰与喜悦无以言表。开拓村也顺利地发展起来，向政府租借的土地，现在大部分都归个人所有了。

然而好事多磨，刚刚安定下来，宗广先生却病倒了。大概是长年的辛劳导致。我一直想去探望，却因杂事缠身难以成行。上次拜访时，由于那件不幸的意外，我不得不终止了原定的参观行程，直接打道回府。但是在白鸟村的长泷，有一座白山神社，是我无论如何都想去拜访的地方。前些天去关西，我顺便致电宗广先生探问病情，所幸情况没有想象中那么严重。在电话里他提出，白山神社的宫司是他的朋友，可以介绍我们认识，请我务必去走一走。

从岐阜通往郡上的道路，让从前的旅途变得像梦一样。公路是为前几年召开的国民体育大会而修建的，路况优越。虽然最近国民体育大会出现很多问题，饱受质疑，但如果能够给地方留下这样的礼物，那么欢迎到各地举办。

沿着长良川，享受着舒适的驾驶感觉一路北上，最先抵达的较大城市是关市。这里的春日神社现存有很多桃山时代的能剧装束，我曾在博物馆的展会中一见真容，所以想顺道拜访，以致敬意。这里虽是城市，但驶离主干路后，景色就变得悠然和静。小神社背倚神体山而建，这天神主不在，所以我们无法窥得藏品真迹，不过对于喜拾路边草的我来说，也许这样才最好。

说起能剧装束，在我即将去拜访的长滝白山神社中，也收藏着古老的能面具和服装，特别是镰仓时代的稚儿[1]面具，极为优美，我曾在拙作《能面》一书中展示过它的美妙。虽然在展览会中有幸得见，但是未曾到属于它们的神社造访，到底是我心中的遗憾。一件美术作品，如果能在其诞生地一睹真容，定能感受到其中特别的韵味。更令人不可思议的是，在这样的深山之中，竟藏有如此之多的名作精品。这想必与白山信仰有关，再者，此地距越前地区较近，才令此类文化遗产散落于沿途的民间街巷之中。长良川一带如今虽说是山间僻所，但在古时候也曾发展起特殊的文化，至今仍保留着从石器时代到绳文·弥生时代的遗迹。对于古人来说，河川在生活中起到的巨大作用自不必言，而高山作为河川的源头所在地，受到崇拜也是自然而然。

---

1. 稚儿，古时在寺庙中带发修行的少年僧，年龄在十二至十八岁之间。

长滝 白山神社

经过以美浓纸而闻名的美浓市以后，山体渐渐逼近，流水也越发清澈透明。是因为空气的缘故吗？这里的红叶看上去格外美，不知名的杂木层林尽染，色彩纷呈，相互映衬，用"锦绣河山"一词形容，如此恰如其分。在我眼前的，是能剧装束和宗广先生的绢纺织品中所共通的"日本色彩"，带着些许微妙的色差。几千年来，这样的景色给予我们的影响无法估量。通过大脑摄取的知识算不得有多了不起，那些在耳濡目染之间不经意渗透到毛孔中的，才真正威力巨大。该地区纺织业发达，还保存着众多的美术作品，也许与自然环境不无关系。

到达郡上八幡时已经过了中午。我在城里的古董店见到了宗广先生，承蒙他的款待，又到那家有着旧日回忆的荞麦面馆用了午餐。看到他气色不错，我也放下心来。本就是来探病，对方也正需要静养，所以最后请古董店老板代替宗广先生，为我接下来的行程做向导。

通往白鸟的道路也借着国家体育建设之光铺设完备，一直延伸到越前的大野。不消一个小时，我们就已经站在了长滝的白山神社内。

相传，从前这个村子里住着一只美丽的白天鹅。某日，白天鹅突然离去，只从空中飘落下一片羽毛。村人相信天鹅是神灵的化身，因此将其留下的羽毛供奉起来，白鸟之名即由此而来。一般认为，羽衣天人是日本武士传说的原型，两者在此地之所以没有相互关联，一定是因为当地民众坚信白鸟是白山比卖的化身或灵魂。后来相传在泰澄大师开山之时，这只白天鹅曾现身白山，亲自领路。

当地还有一座名刹古寺，那就是泰澄大师在养老时代初期所创建的长滝寺，也被称为美浓马场。巡游白山地区，你会发现，在加贺、越前都有名为"马场"的所在，据说它代表了古代的祭祀场所，同时也有人们都要在此下马，开始步行攀登之意。作为白山的登山口，这里早已建有山口的神社，长滝寺并入其中，成为一座以山岳信仰为中心的寺庙。但在明治时期废佛毁释之灾中，长滝寺未能逃过被毁的命运，后来经过重建才恢复如初。

有害无益地，日本的大多数神社佛阁，到最后都走上了神佛分离之路。废佛毁释是明治维新混乱时期的轻率之举，将千年历史抹杀泯灭，实是罪孽深重。然而，古刹毕竟是古刹，即便荒废，也依然古雅娴静，从前的风貌并未消失。拥有千年树龄的高大古杉树、刻着正和元号的漂亮石灯笼、诵经堂一般的拜殿……无一不宽和大气，展现着昔日的壮观。其中最美的当属古老的正殿。因为是神社，想必经历过数次重建，它采用了与伊势神宫完全相同的神明造[1]，据说比伊势神宫还要大上一圈。

宫司的宅邸也是座古老的建筑，通体用纵切杉木打造，甚为罕见。宫司姓若宫，其氏族于平安时代从奈良移居于此，现今已是第三十九代传人。我们一边品茶，一边观赏庭前红叶，之后在若宫宫司的引领下参观宝物馆。踏入馆中，首先引人注目的，就是前文提到过的稚儿面具，名为"延命冠者"，年代比能面还要久远得多，雕刻精致，原始的彩色散发出古朴之美。

古面具 延命冠者（长滝 白山神社藏品）

---

1. 神明造，日本神社的建筑构造之一，其特征为高脚地基、悬山顶、平入口。

平泉的中尊寺也有类似的面具，墨书记载为"白山权现御宝前正应四年（1291 年）"，我认为可以将它们视为大致同时代的作品。这是白山系信徒在艺能演出时所用的特殊面具吗？我试着戴上，觉得它也许是在山伏之间跳起延年[1]之舞时所用的面具。就像弁庆[2]也咏唱过"舞延年时之和歌"，延年与猿乐曾有过交流，猿乐者也曾经跳起过延年之舞。一定是在那样的时代，这张面具开始混于能面之中，被称为"延命冠者"。

　　据若宫宫司介绍，白山神社在每年的一月六日举行"花夺祭"，因为是在六日举办，所以也叫"六日祭"。活动内容是抢夺拜殿中高悬的花笠。行事野蛮粗豪或许是山伏的传统，但根据信仰，将抢得的花带回家中，可保佑养蚕工作进行顺利，所以每逢"花夺祭"，日本全国与纺织业有关的人都会聚集到这里。日本古代有"花祭节"，以稻花为主题，祈祷丰收，"花夺祭"大约就是以花祭节为原型，又加入了养蚕概念的祭祀活动。白山信仰之中，各种元素杂糅，常常让人搞不懂究竟，但有一点可以明确：最早的神祇是菊理媛神，她是蚕与纺织品的守护神。

　　相传伊奘诺尊[3]追寻伊奘冉尊至黄泉之国时，二神争执不下，菊理媛神适时现身，听取各自的说辞，然后从中调停仲裁，所以名字从原

---

1. 延年，是指寺院的大法会结束之后，由僧侣和稚儿等演出的日本艺能的总称。
2. 弁庆，指武藏坊弁庆（？—1189），平安时代末期的僧兵，源氏将领源义经最忠诚亲密的家臣，是武士道精神的传统代表人物之一。
3. 伊奘诺尊，日本神话中开天辟地的神祇，与伊奘冉尊是兄妹和夫妻。

本的菊入（KIKUIRI）变成了有仲裁之意的菊理（KUKURI），被尊为调停之神。而我觉得，日语中与丝线和绞染有关的"捆扎"一词也同样音为"KUKURI"，也许其中不无干系。如今于东本殿供奉的"衣袭明神"或许就是她演变出来的后身。社中供奉的主神为世间公认的伊弉诺尊、伊弉冉尊、大己贵神等神祇，形式却像喧宾夺主，大概因为此地最早供奉的是菊理媛神，后来才渐渐变成规格较高的神祇合祀的形式。

耐人寻味的是，无论后来如何演变，民众的信仰永远会跟随最初供奉的神灵。脱离生活的信仰是不存在的。支撑着这座神社的，既不是佛教也不是神道，而是从远古时代起民众一直信奉的农业神，尤其以养蚕为中心。"六日祭"已经持续了上千年，也绝非夸张之说。这古老的祭祀活动甚或起源更早，说不定在远古时代，菊理媛神还曾现身于祭会之中，翩翩起舞。所以那张美丽的面具，实际上既不是延命冠者，亦并非稚儿，而正是远古时菊理媛神所戴的面具。中尊寺所藏的那副标注着"白山权现"字样的面具叫作"若女"，我想那也不是男性面具，而是白山的神灵本身。

这副面具所代表的若是一名普通女子，或许会被认为过于强悍，但面具之后并非人类而是神灵，是女神，也是天鹅的化身。面具表情丰富，充满神秘色彩。最初一定是作为神灵寄宿的御神体而制作，后来才用于艺能（比如神乐或者延年）表演。为泰澄大师引路的神灵，一定拥有这样的面容。它既是能剧的女面，狂言的乙（阿龟面具），退一步说也可以是少年或是童子，从这个意义上来讲，它是所有能面的原型。也只有这样，才更符合神灵之颜。如果给这副面具命名，我认为不应该是平淡无奇的延命冠者，除了菊理比卖或白山比卖，再没有更适合的名字。

据说在"六日祭"中，还有延年之舞。原本我认为延年是只有日光的轮王寺和平泉的中尊寺才有的一种古老的艺能。来到这里，我才第一次知道，这古老艺能在白山神社也一直流传。这副能面是否曾用于延年之舞，现在不得而知，但如果真的曾在延年中出现，也毫不为奇。如今，延年本身也在逐渐消失，所以即便是传下来，也不过只是其中的一部分罢了。

蝶舞梅花纹样刺绣狩衣（长泷 白山神社藏品）

神社中还有与能面配套的装束。标注着元和六年（1620年）的狩衣，现在仍在使用。狩衣共两件，一件是蝶舞梅花纹样，另一件是罂粟纹样，衣上或许还留有桃山时代的芬芳。这种纹样，敝店也经常借鉴，有缘在此一见，不免心生感慨。进入德川时代以后，刺绣作品的风格陡然生硬，可是眼前这幅却很柔和。难道是因为出自乡间吗？柔和的韵味缱绻其中，与图案里丝线的活泼相映成趣，有种调和之美。

宝物馆的其他藏品不胜枚举，包括泰澄大师用过的斧头和矛、平安时代的镜子，皆引人入胜，在此不做赘述。

归途中，我顺路去郡上八幡宗广先生的府上拜访。与十五年前的土窑小屋相比，这座豪宅既似曾相识，又迥然相异，听说是将飞驒的合掌造[1]建筑搬移到此处而建。二楼是工作间，一楼是住宅兼陈列馆，摆放着一些作品和收藏。看着这些陈列，就像是看着功成名就的宗广先生亲手建起的纪念碑，让人不由得发自内心地感到欣喜。本来是打算采访，不过如今，在我俩之间，已经什么都不用问，也不必说了。

---

1. 合掌造，是指日本的一种民间住宅建筑形式，由茅草苫顶的屋顶坡度达四十五度至六十度，且极为宽大，几乎及地。从正面看房屋呈三角形构造，如双手合十的形状，故称"合掌"。

罌粟纹样刺绣狩衣（长滝 白山神社藏品）

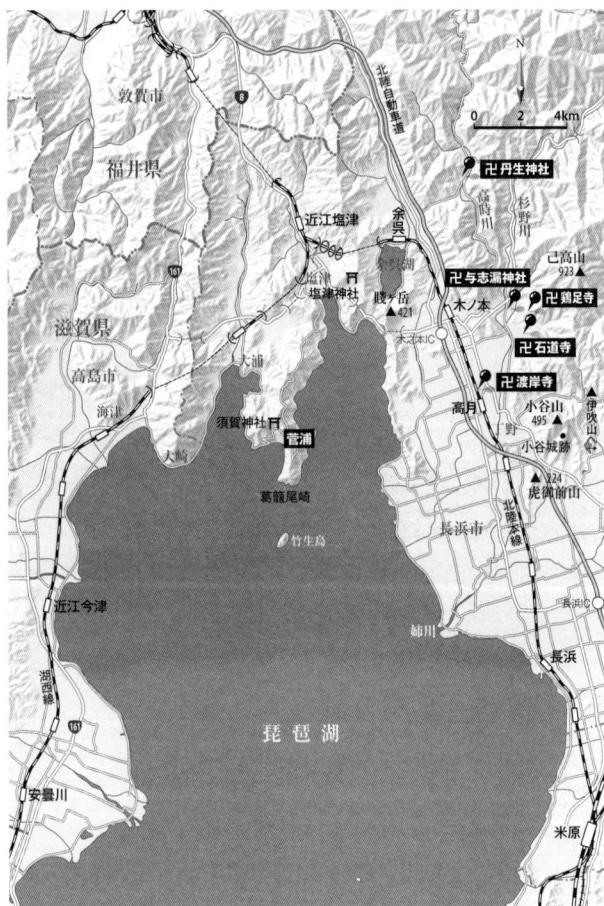

第十五章

湖北　菅浦

　　湖北通常指琵琶湖以北，可具体从什么位置开始，我也不甚了了。西起远离比良山的安云川对岸，东部从越过长滨、可以隐约看见竹生岛的位置开始，琵琶湖的景色确实有所不同。空气开始澄澈清爽，伊吹山的山貌与从南侧看起来大相径庭，湖面上随处可见捕鱼用的渔圈。收割过的农田中，榛木制的晒谷架分散排开，也呈现出一派北国风光。

　　京都已是樱花盛开，这里却依然春寒料峭，辛夷在枯枝中绽放出早春的花朵。若逢红叶季节，应已开始落下小雪粒。湖之北地，寂寞却不阴暗，润泽而非潮湿。如果用陶器比喻，就像是李朝时期的白瓷，我喜欢它的氛围，所以多次游访。曾经在由东侧、西侧通往北陆的道路上行驶，若稍一偏离，进入旁路，就会发现古意甚浓的山中景色。道路越是通达，这种地方就越不易被发现。湖北整体都是如此。从比叡山行车道向北，沿名神高速前行，几乎罕有客至。

　　一过长滨，四周就突然静寂下来，车行大约十五分钟就到了高月车站，从那里开始略向东行，进入村中，有一座因贞观时代的十一面观音而闻名的渡岸寺，当地人称之为东岸寺或者多安寺。这座观音在各种场合多次被提及介绍，我也曾经为之付诸笔墨。这是近江地区最美的佛像，居然藏身于如此不起眼的小寺庙之中，倒是彰显出湖北的地域性格，使我兴趣倍增。

根据寺传，圣武天皇时疫病横行，白山的泰澄大师受命向十一面观音菩萨祈祷，延历九年（790年），传教大师在此建佛寺，后来此处就作为天台宗的寺院而香火鼎盛。佛像的塑成虽在其后，但在白山当地，十一面观音，特别是拥有如此美丽身姿的十一面观音，让人想起曾为泰澄大师做过向导的白山比卖的面容。出生于越前地区的泰澄大师，登上白山潜心修行，被称为"越之大德"，后因元正天皇染恙而被召入平城宫。养老六年（722年），四十一岁的泰澄带着由神山之中悟得的信仰和远大的抱负，沿此路千里迢迢去往都城。建造寺庙也是这一系列活动的结果，一定是当时撒下的一粒种子，在此生根发芽，最终成就出一座美丽的观音像。它清晰地展示出泰澄和尚传记中所描述的"以天衣璎珞饰身，现于虚空之紫云"的白山梦想。泰澄大师是在最澄以及空海法师之前，最早将神佛归为一体的人，可谓垂迹思想的创始者。而那座堪称纪念碑的大佛寺，后来毁于织田和浅井的战役，寺中本尊幸免于难，得以保留至今，实为我们后世的幸运。现在观音像供奉于一座称不上寺庙的小小祠堂中，被当地村民视若珍宝，悉心守护，对于观音菩萨来说，反而是一件幸事。

寺院之外是稀稀疏疏的杂木林，立身于此，环顾荒凉的原野，对自己置身于湖北有种真实的体会。背后山上是小谷城迹，南面的虎姬山清晰可见。根据《近江舆地志略》记载，此山原名长尾山，有一天，一位名为虎御前的美女突然出现，当地富豪世世开长者娶其为妻，不久，虎御前便怀有身孕，怎知产下的却是幼蛇，女子万般羞愤，投河而死。虽然在地志中仅以"今之女性渊是也"作结，但毋庸置疑，此乃一种蛇婚传说，是从古时就流传下来的物语。围绕着世世开长者，有很多与水有关的传说，比如为灌溉引水而以身献祭的女子松前姬。与小谷城的阿市[1]一样，这一带，关于美女的悲伤故事竟如此之多。

在这种地方，美丽的观音菩萨的存在无疑是一种救赎。在渡岸寺和小谷山中间，有一座名为丁野的村庄，是浅井家族的源起之地。浅井氏是物部守屋的后裔，也是三条家族的血脉，但在浅井久政以勇武名扬天下之前，不过是地方乡绅氏族。丁野是征募轿夫以及杂役的土地，自古以来就与朝廷颇有渊源。现在虽然已变成一片农田，但是浅井氏的宅邸遗址尚在，从这里一直到小谷山，都是浅井氏的地盘。顺带一说，近江人将浅井发音为"AZAI"，或许那才是正确的称呼吧？

在小谷山的背面，有小堀远洲晚年居住的寺庙，也就是大德寺孤蓬庵的前身。向伊吹连山借景而建的石庭，比大德寺的环境还要好上许多。有关这座石庭，我曾在前文中略有提及，但这次查看了川胜政太郎的《近江》一书加以确认，得知它是小堀政之于庆长元年（1596 年）为凭吊其父远洲而建造。虽然在年代上没有很大的差异，但是我想借此机会，特为更正及补充。

从前，从这一带到木之本周边，形成了湖北文化和佛教的中心。木之本附近有弥生遗迹和古坟群，并散落着很多寺庙。东方那座常年冰雪覆盖的己高山上，分布着修验道名刹己高七寺。这些由行基和泰

---

1. 阿市，生活于日本战国时代至安土桃山时代的女性。父亲织田信秀，母亲土田御前，兄长有织田信广、信长、信包等。阿市先被嫁与浅井长政，使两家结为姻亲和同盟，后盟约破裂，长政战败自杀。九年后阿市改嫁织田氏家臣柴田胜家，翌年胜家战败，阿市随夫自杀，终年三十七岁。

澄创建的寺庙，与渡岸寺一样，后来都是由最澄修复重兴。从越前到近江，到处都流传着诸如此类的传说，或许借此标示出了白山信仰由泰澄带到都城去的沿途行程。换言之，创建湖北文化的即为泰澄大师，至少多数地方都有赖于大师的影响。己高山顶有名为鸡足寺的大寺庙，此前已是接近于半荒废的状况，后来在某天晚上遭遇大火导致全毁。然而幸运的是，寺中佛像在火灾之前就已先行搬至山下，幸免于难。如今，木之本东面的与志漏神社建起了收藏库，将这些佛像群组纳入其中，从天平年间到藤原时期的雕刻塑像雾集云合，蔚为壮观。藤原初期的十一面观音像尤其美得超脱凡俗，虽不能与渡岸寺的观音像相提并论，却具有与之不同的美感，褪至若有若无的彩色和坚毅的面容给人留下深刻的印象。这样说来，同样为己高七寺之一的石道寺中也有类似的观音像，十一面观音在湖北地区如此之多，显示出此地与白山信仰的深厚渊源。

在气势磅礴的群像之中，一座小小的猿猴雕像不容错过。虽然它也是因日吉神社而建造的一座神像，但其雕刻手法简洁，木纹尽善尽美，面孔天真无邪，甚为可爱。高大气派的佛像诚然不错，但是漫步乡间时，时常能够邂逅这样的精品，也不失为一种享受。

这一带已经是伊香郡境内，过去曾隶属于伊香具之连。从木之本北上，左边可见余吴湖泊，这座湖被称为"伊香小江"。

从前，曾有八位仙女化身为天鹅自天而降，现身于湖湾，她们脱去羽衣，戏水游玩，被刚好路过的渔夫窥见。渔夫偷走了最小的仙女的羽衣，藏了起来，仙女姐姐们飞回天上时，只有小妹妹自己留在了人间，与渔夫结为连理。其子孙后代就是伊香具之连的先祖。

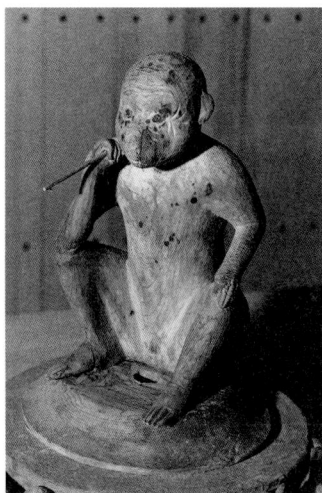

猿猴雕像（鸡足寺藏品）

这是白山地区羽衣传说中的一则。静静安睡的余吴湖被碧山环抱，景色秀丽祥和，弥漫着与童话故事相得益彰的气氛。湖畔生长着巨大的古柳，据说仙女们的羽衣就搭于其上。身居此处，听到这些似真似幻的神话传说，不会感到任何的古怪和不自然。矗立于前方的山岳名为贱岳，是大名鼎鼎的古战场，其本来的使命却被遗忘，贱岳原本是湖北，特别是伊香小江余吴湖的镇地之神。俯瞰澄碧的湖水，远眺南面位于琵琶湖另一边的伊吹山脉，湖北地区第一美景尽收眼底。

继续北上，抵达丹生神社。这里是流经小谷山、木之本的高时川的上游，被称为丹生川。沿着河道，原本共有上、中、下三座神社，现在只剩上下两座，其中位于上游的神社中收藏着很多能面。这里因

菅浦古绘图

举办茶碗祭庙会而远近闻名，但在平常日子里却清清静静。在杉木林立的森林之中，神社稳重幽然，现在社中供奉的是水神罔象女神，但最早供奉的想必是水银之神丹生都比卖。因为越前的丹生郡距此不远，朱砂矿脉细长绵延。与其说因朱砂矿源枯竭转而供奉水神，莫不如说古代人也许从一开始就把水银当作了水滴凝结之物。

盐津距此地亦不算远，让我联想到，盐津莫非也是丹生之津？丹生与"入"（NIFU）发音相同，而"入"字又可读为"SHIO"，"SHIO"意为盐，也许如此三转之后才演变为现在的盐之津。在那里有盐津神社，从名字来推断，应该也曾供奉丹生都比卖神。

从盐津向西，在一座长长伸出的半岛上，有一块地区叫作菅浦。去年京都博物馆举办了一场古代地图展览会，虽然略显质朴，但内容十分充实，可以让观者充分领略到地图偶尔会拥有的超越绘画之美，而且，它们竟然属于升华为曼陀罗的宗教画的一种。其中有一幅《菅浦古绘图》，不知为何给我留下了深刻的印象，仅寥寥几笔，湖北地区的风格气韵就跃然纸上。

跟往常一样，我的心又开始蠢蠢欲动，开始对菅浦充满向往，想亲自走访一趟。某天，我向朋友借了车子，沿着琵琶湖西岸向北进发。距雨雪季节还早，驾车穿行于湖畔的樱树林荫，只见红叶绚烂似火，比花开季节的樱花还要艳丽。

通往若狭方向的道路和北陆公路在今津分开，但就在这片区域，可以近观竹生岛。竹生岛上虽然主祭都久夫须麻，但最早的地主神灵是浅井姬，后来才与观音信仰以及辩才天[1]相互融合。远远望去，岛屿形状酷似典型的古坟，无论是浮于水面的形态，还是分为两座山冈的结构，都恰似一座前方后圆的陵墓。把神灵居住的岛屿当作圣地，视为理想的陵园，在此看来并无任何违和感。而佛教传入之后，此地又被视为观音净土，也是一种必然。反过来说，正因为古坟时代的文化基础深厚，才使得此地能够顺利地吸收佛教的教义。竹生岛风姿绰约，它本身就是一种历史，是神佛混同的象征。

梅津、大崎、大浦与竹生岛渐次接近，这一带人烟稀少，有种湖北中的湖北之感。特别是大浦的湖湾一带，周遭静寂得仿佛人也要融入其中。天平宝字八年（764年）九月，惠美押胜与孝谦上皇的军队在势多交战，兵败而逃往越前，渡湖时突遇风暴，漂流到这片湖湾。正计划从此地翻越爱发关[2]，却陷入朝廷军队的埋伏，遭到致命性的打击。惠美押胜率余众再次（大概从大浦）乘船折返高岛，最终在那里全军覆没。

菅浦是位于大浦和盐津中间的港口，湖岬前端叫作葛笼尾崎。竹生岛近在咫尺，而又远离市区，即使在湖北地区，也是人迹罕至的秘境。就在不久之前，这里还是一个完全不与外界接触、极端排他的部落。

排他自有其缘由。菅浦的居民相信自己是效忠淳仁天皇之人的后代子孙，那种自豪与警戒心，使他人无法接近。就像惟乔亲王之于木

1. 辩才天，日本神话中象征口才、音乐与财富的女神。
2. 爱发关，天智天皇时代，为了防卫近江宫、防范来自东国的入侵而设置在近江国和越前国国境的关卡，具体位置不确定。

地师、自天王之于吉野川上村一样，对于当地人来说，淡路废帝作为一种信仰，至今仍然存活在人们的心中，这种现象颇为有趣。虽然用"有趣"来形容未免有些失敬，但日本的僻地隐乡往往是创造神灵之所，对此我颇感兴趣。住在远离尘世之地，人们也许需要一个可以寄托心灵的归宿。对遭遇不幸的达人显贵报以同情，正体现出穷苦百姓的真诚质朴。不，不仅如此。一定有什么让他们信服的事实根据。无论多么淳朴的乡民，也不会相信或者编造谎言。

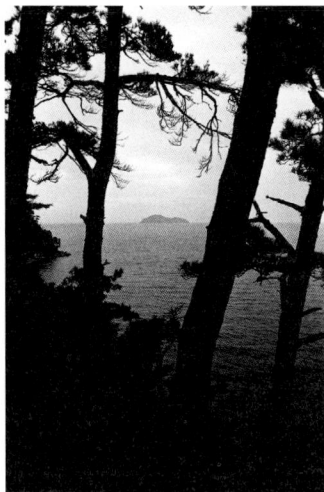

从菅浦眺望竹生岛

被当作祖神来祭拜的人，往往有着令人哀伤的传说。淳仁天皇也不例外，他是一位命运多舛的天皇。天平胜宝八年（756 年），圣武天皇驾崩，平城京开始充满不安的空气。表面上"花开似锦清香溢"的都城似乎没有什么变化，但是诽谤与谗言横行，很多公卿大臣被逮捕或者流放。皇太子遭废黜，群臣集体拥立大炊王。大炊王即后来的淳仁天皇，为天武天皇之孙，时年二十五岁。他素与藤原仲麻吕（惠美押胜）交情深厚，翌年，孝谦女帝让位，天皇赐予仲麻吕惠美押胜之美称。然而朝政实权依然被上皇一方掌握，天皇不过是个傀儡。道镜也于此时开始与上皇过从甚密，押胜的地位开始变得岌岌可危。

天皇于新建的近江保良宫中，严厉质问上皇与道镜的关系，这是一段著名的史话。也正是从那时开始，事态急转直下。上皇勃然大怒，避居于法华寺之中，天皇也从近江迁返平城宫。押胜之乱起于其后不久。

有关此次起兵之乱，后据历史学家详尽的考证，似乎与天皇并无直接关联。可是，后世的评论无法影响当时的结果。在权倾一时的惠美押胜溃败于近江高岛的同时，天皇也被放逐至淡路，成为"淡路废帝"。这段后传被记录于《太平记》之中，菅浦的传说恐怕也是以此为依据。

就这样，天皇与身边的几名随从一起，被软禁于淡路高岛，"翌年于幽愤之余，暗谋脱身之计，终得出逃而欲奔援者处，然佐伯宿祢、高尾连迅疾察之，率兵追逃并拿获送归，且加固警备，翌日，废帝崩殂于院中，实乃弑杀也"。

另一方面，根据菅浦一带的传闻，淡路实为淡海之谬误，高岛亦应为湖北的高岛。菅浦有一座须贺神社，在明治以前被称作保良神社，主神虽为大山咋命和大山祇命，然而真正祭拜的却是淳仁天皇，建造神社的地点被称为御陵。保良神社之名，也源于其位于保良宫的遗址之上，而葛笼尾崎的名称，则来自夺先帝遗体纳入葛藤箱笼之中，并从高岛运出的历史典故。

上述记录与所知的历史有所出入，很难让人立刻相信，但其中一定包含着一些史实。保良宫旧址位于石山附近之说，无确凿证据，在信乐其他地区也有两三处被推定为遗址，但这里与竹生岛相近，在风光明媚的湖北之地建造离宫，并非不可思议之事。不过，且先不急于下结论。与其相比，更应该了解当地的村民如何供奉祖神，又以何种形式传承。

沿着从大浦方向并入的湖滨之路前行，只需三十多分钟就可以到达菅浦部落。在入口处有村界大门（东侧也有），从周边开始，就感觉到一种与普通村庄截然不同的氛围。这是一个不到二百户人家的贫寒小村，以神社为中心建有多处寺庙，感觉过去整个村子都在神社的境内。防波堤的石垣也非常古老，湖湾雾霭沉沉，轻舟摇摆，情调古朴幽静，是近年来难得一见的景致。村中到处都栽有蜜柑树，果实累累，这在湖北地区甚为罕见，不只是湖北，听说近江地区也只有这里才出产蜜柑。是因为北面有山挡住寒流，而形成了温暖气候的缘故吗？听说这里几乎很少降雪。这种地形最适宜作为离宫选址，但传说中的保良宫遗址，却位于村子北侧的高地，在那里可将琵琶湖与竹生岛一览无余。

山脚下，在神社的石阶下方，我们脱下了脚上的鞋子，按照这里的古来惯例，赤足参拜。石板冰凉，被初冬的第一场雨淋湿，让人身体不自觉地整肃挺拔，村民们坚定的信仰，以这种方式深深地渗透到我的肌肤之中。正殿之中供奉着淳仁天皇，御神体是一座神像，根据天皇在被流放之际"待朕寿终之日，神灵必将留朕于此"的遗言，天皇侍从的子孙后人世世代代将其供奉于此，直至今日。且不论真伪，这句话中，包含着死不瞑目的悲与恨。将菅浦的信仰一直维系到今天的，是废帝的灵魂、怨灵。如果单凭事大主义[1]或者虚荣心，无法将一种信念维系千百年之久而保持不变。

御陵周长逾百米，以石块加固，呈船型，以示这里是身份高贵之人的墓地。附近有天皇生母当麻氏山城的陵墓，以及随从者的坟墓。淡路废帝的神灵，于明治六年，与赞岐的崇德天皇一起，被迎往京都白峰宫，过去也经常会有这类活动。对天皇身边的人们来说，装入葛藤箱笼，不远万里从淡路运往此地的，不知从何时起，已经不再是亡骸尸骨，而是神灵。菅浦地区今已衰落沉寂，但在古代，它与南面的大津相对而立，是交通要冲，也是向宫廷朝贡的渔港。与皇室有着丝丝缕缕的关系，也绝非不可思议之事。

高岛旧游地，

曾航阿渡湖，

盐津菅浦上，

今日再浮沉。[2]

——小弁

---

1. 事大主义，不具备自己的信念，通过迎合主流势力或潮流来保全自身的思想。
2. 选自《万叶集》，杨烈译，湖南人民出版社。

菅浦湖湾

冲津波

巡高岛

棹舟过烟涛

盐津菅浦水路遥

——长方

　　起码在万叶时代，菅浦就是与盐津齐名的重镇。而以上两首和歌都提到高岛，说明从高岛越过此处岬角，是最常见的航路。这样说来，惠美押胜也没有绕道盐津，而是顺水漂流到了菅浦之东的大浦。我想这与淳仁天皇的传说不无关系。押胜率领的都是天皇身边的人，是否在爱发关兵败之后，其中一些人就隐居于此了呢？他们侍奉盐烧王（新田部亲王之子，淳仁帝之堂兄），又随从并侍奉其子志计志麻吕，据说盐烧王在高岛的沙洲被斩杀之时，只有年轻的王子幸免于难。御陵所称的"今帝"是指盐烧王吗？又或许是指其子的墓地亦未可知。

菅浦有一件古来被称为"不开之箱"的古物。在大正初年（1912年）终于打开，其中发现了两千多件古代文书。长久以来有关领地以及诉讼的记录尽在其中，是为《菅浦文书》，是学界中相当著名的历史资料。本文中所列举的"古绘图"也是其中之一，但是有关淳仁天皇，几乎只字未提。这段历史变成了永远的谜团，对于历史学家来说或许是谜，但是有关他的传说，在孤岛一般的港口小镇，作为口口相传的历史，深深吸引了我。我坚信，它是菅浦的历史，也是信仰的传承。

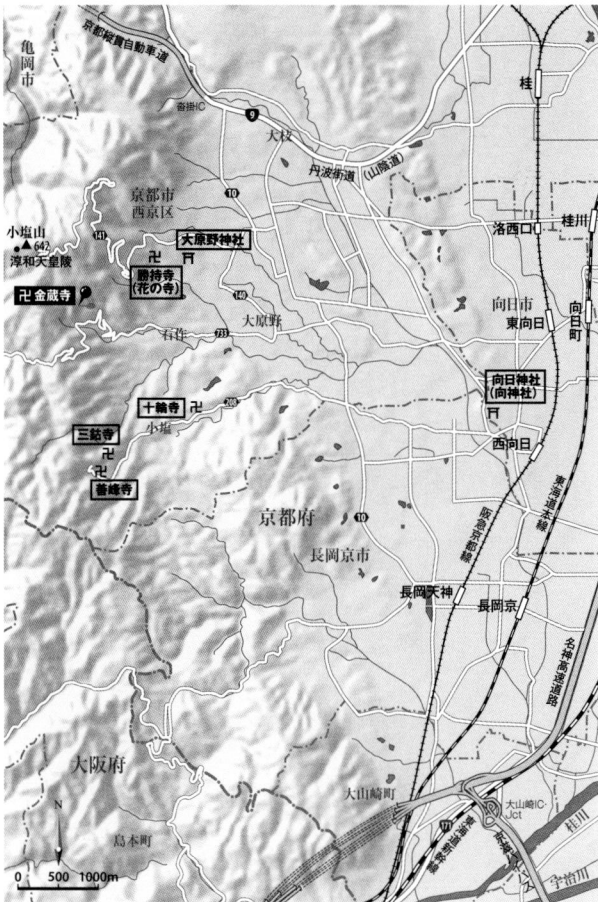

第十六章

西岩仓的金藏寺

　　离开旅馆，我打算去京都西山的善峰寺赏红叶。沿着丹波街道行至大枝附近左转，顺路南下，过大原野神社，再稍微向前，便可见到从小盐通往善峰的参道。沿途有数个朝圣巡礼的纳符札所，立着写有"善峰道"字样的石标，按指示行进就不必担心迷路。

　　这一带是著名的竹笋产地，竹林清美，绵延不绝。今天天气晴和，车行顺畅，很快就经过了大原野，转而向西行驶。右手可见大原野神社高大的松树，在樱花树的红叶掩映之下，花之寺的庙宇若隐若现。出人意料的是，接下来的道路却突然变得艰险，连续出现多个无法一次转成的急弯。眼前情形不免令人起疑。善峰道不应如此狭窄曲折。略一定神，我才发现周围已不见道路标识。心知自己走错了路，但又觉得大致的方向不差，决定且走且看，就在这时，一座石墙高大的寺院出现在路尽头。

　　绕过石墙，可见一座山门，上书"金藏寺"。对这座寺院我并非全然不知。金藏寺所在的地方叫作"西岩仓"。我曾在善峰寺的后院之中见到刻有"右金藏寺"字样的立碑，那里有一条细窄栈道延伸至远方，询问后得知只能步行前往，当时只好心有不甘地作罢。没想到今天误打误撞地寻来此处，真是意外之喜。有时迷路也并非坏事。实际上，这座寺院比善峰寺要清净许多，红叶亦美。通车应该是最近的事情，也许还无人知晓，周围不见一辆自驾车。

金藏寺地势险峻，仿似劈山而建，高大的石墙错落起伏，环绕在寺院周围。沿山崖建有一座座佛堂。透过层层红叶俯瞰长冈的竹林，波光粼粼的木津川缓缓流过。正下方是从大原野到石作的村落。所以，善峰寺也许就在对面那座山峰上吧。居高临下，可以清楚看到近旁的道路曲折向着对面延伸。

这座寺庙为元正天皇敕愿祭祀之所，由隆丰禅师于养老二年（718年）创建。"金藏寺"之名则是后来的圣武天皇所赐，当时还埋纳[1]了众多经卷。从正殿的位置略向上，右手边可见当年的经塚遗迹，这座建于长冈京建都之前的名刹古寺所在地，之所以被称作"西岩仓"，一定是因为从更早以前的太古时代开始，这里就是自然信仰的圣地。桓武天皇自平城京迁都长冈京之时，这里与北面的爱宕山、东边的比叡山一起，成为王城的镇守，在长冈京建都终遭失败后，这里也被当作镇守京都以西地区的神山。这座大寺院后来在文明·永禄之战中被摧毁，现存的建筑由德川桂昌院重建。在西山周边，有很多寺院都是由这位意志坚定的女性重建而复兴起来。

所以，尽管建筑和佛像乏善可陈，但三百年的沧桑岁月并未虚度，它赋予了这座寺院沉稳厚润之气。特别是布满青苔的石墙，美不可言。这一带果然不负岩仓之名，能够采到很多山岩。虽昼犹暗的寺院内，

---

1. 埋纳，将佛教经典埋于土中成为经塚，是佛教善行的一种。

山气逼人，让人感觉古代信仰依然在此地生息住存。跟随红叶一路向深处攀登，只见开山堂之上供奉着爱宕权现，再往前，便是通往小盐山山顶的淳和天皇大原陵的参道。

作为西岩仓源起的古代岩座又在哪里呢？向寺院中人请教之后，我仍不明就里。无论是在上山的路上，还是在寺院内，类似的岩石有很多，也许正是因为太多，所以最终难以明确。然而，根据我的推断，在山门附近向西进入山中，有条"产之泷"，它或许就是这座西山的御神体。虽然并非大瀑布，但自带着压顶之威的巨岩之上，水分三段跌落而下，势头凶猛，充满着无法言说的神秘气氛。寺内散落着的岩座，却正像为遥拜瀑布而设，或是山神降临时神篱[1]的遗迹。金藏寺是历史悠久的圣地，虽因寺庙发展的停滞，只是作为西山一座古刹而留存于今，但是无论从地形还是从信仰方面，都可以看出其过去的地位之高，可与比叡山比肩。

金藏寺的正殿前方还有一座寺中社，名为石井神社。金藏寺最早是附属于该神社的一座神宫寺[2]。岩间石罅至今依然清流淙淙，据说这座"石井"与下方较远处的向神社之"增井"相连通。从石井汲水而归，增井的水会变得浑浊，所以这个传说也并非空穴来风。流传于民间的传说里常有类似的有趣说法。在这里，它在指出神社由山上到村落的路线的同时，又恰似地下涌动的暗流，诉说着神秘的信仰之历史。向

---

1. 神篱，在神道中，于神社之外的地方进行祭祀活动而请神时，临时设立的神灵寄宿之所。
2. 神宫寺，是指在日本神佛习合思想下，附属于神社的佛教寺院或佛堂。

金藏寺"产之泷"

神社位于向日町正中，从前是石井神社的分身，被当地人亲切地称为
"权现桑"。它与金藏寺同样创建于养老二年，并于当时完成了寺社分
离。产之泷的名称，大概喻示着它为山麓村落提供了丰富水源，是孕
育诞生了诸多神社的母体之神。向神社旁边，有一座前方后圆的稻荷
山古坟，是古时曾统领这一地区的石作氏之墓，产之泷或许就是他们
最初祭拜的土地神。

瞭望台风光

从瞭望台上极目远眺，乙训之乡尽收眼底。这里有木下长啸子曾
经居住的庵室故居。关于这个人物我不十分了解，但据说他深爱西山，
这里到处都还留有他的遗迹与和歌。自业平与西行的时代起，这里就

是隐者们的归隐之地。俯瞰大原野神社、花之寺，再远一点的大藏神社、十轮寺（业平之墓即在此处），以及隔谷相望的三钴寺、善峰上的寺庙，就能清楚地知道，西山的中心就是小盐山及其山腰的金藏寺。

归途中，我特意到开山祖师隆丰禅师的墓上一拜。墓地位于产之泷下方不远处的不动堂边，杂木林中建有一座五轮塔瞭望台。不远处有"瞻西与梅若之墓"，实际上，这两个人物，才是我对金藏寺怀有浓厚兴趣的根由。

南北朝时代的民间传说中，有一则《秋夜长物语》。

相传后堀河院时代，金藏寺有圣贤瞻西上人，名桂海，原为比叡山劝学院的僧官。他信奉石山的观世音菩萨，一次在闭关修行时，历经十七天祷告，满愿之夜，一位美丽的稚儿出现在梦中。桂海对稚儿的面容念念不忘，一时忘却僧官身份，陷入思恋之中不能自拔，不久便卧病在榻。自觉将不久人世之时，桂海想再拜一次观音，便挣扎起来，前往石山寺，怎知途经三井寺附近时，却与梦中的少年不期而遇。

这位少年是花园左大臣之子，人称梅若公。二人自相见之日起，就以诗文歌赋鸿雁传书，自是情投意合，惺惺相惜。僧官爱意有增无减，渐渐神思恍惚，失魂落魄，一时之间，竟闭门自处不肯见人。音信全无的桂海引得梅若担心，梅若遂带上贴身侍童，前往探望，却在路上遇到山伏的袭击，被掳往大岭的释迦岳。

镇山之宝稚儿的失踪，在三井寺掀起轩然大波。寺众先冲入花园左大臣家中，搜寻未果，一怒之下放火烧宅，接着便攻向比叡山。事件愈演愈烈，最后发展为寺门与山门之争，不仅造成众多僧徒的死伤，连三井寺中的堂塔伽蓝亦被烧毁殆尽。其间，被囚于石牢之中的梅若公得一位神秘老人相救而逃出监牢，回到了都城，却见花园家的宅邸、三井寺的庙宇尽遭焚毁，变成一片荒野，梅若无处寄身，吩咐侍童将一封书简送于桂海僧官处。僧官展信阅之，一首和歌赫然其中：

吾今自将沉
山端皎月映谷深
彻照我身魂

原来，梅若公自感因一己之身而引来大祸，难辞其咎，决心赴死。桂海急忙赶往三井寺，却见大津边聚了很多人。一问才知，有位十六七岁的稚儿于势多桥头纵身跃下。他上前一看，正是惨死的梅若公。桂海霎时只觉天崩地裂，抱着尸首悲恸欲绝，哀伤之中仍不忘梅若"彻照我身魂"之遗言，于是身背遗骨避隐西山岩仓，从此闭关，终其后半生为梅若凭吊。经此变故，桂海首次参悟世事，得证菩提，后渐渐被称为瞻西上人，成为世人皈依之所。后来进山访道者，皆言曾见上人，以松叶为薪，木果为粮，恪守佛道之行。在其庵室之壁，写有如下一首和歌，曾得天皇深深感喟，收入《新古今和歌集》中。

昔见月轮清光皎
且引路 纵迢迢
君自西去在今宵

《新古今和歌集》中还附有这样的词书注释：

> 故人已矣，且供经文于佛前与逝者结缘，参悟即往（生）安乐世
> 界之心。

当时的人们一定都知道发生在瞻西上人身上的悲伤故事。《新古
今和歌集》成书于土御门天皇的时代，据传上人自那时起便幽居于西
山，后于东山的云居寺度过晚年。

将故事如此平铺直叙，未免显得寡淡无奇，其实原文颇具情色韵
味，比如初见梅若公时的场面，"发丝摇曳，于柔细柳条中隐身而立，
顾盼之间目光流转，巧笑嫣然，其绝世之美颜，正如梦中所见"。竟将
梅若公描写得如女子一般，不，比女子还要风情万种，尤其是侍童立
于身前，手提装了萤火虫的"鱼脑"提灯，"光影微微，一稚儿美少身
着锦纱长袍，优雅柔婉"，悄然而至却又艳光四射。作者或许也是比叡
山附近的僧侣，将自己的亲身所感如实地记录了下来。这种栩栩如生
的描述，让人不得不作如是联想。

从镰仓时代到室町时代，类似的物语数不胜数，僧侣之间的男色
交往已经成为公开的秘密，或者说是一种奖励。这并非是镰仓时代突
然流行起来的风潮，而是在僧院的漫长历史中暗暗培养，逐渐成熟的
一种风习，因而后来才能在物语或画卷上堂而皇之地成型。据说，比
叡山尚有文书笔记《稚儿灌顶》，记载着发展成一种仪式的男色秘戏。
据说最早是从平安时代初期传下来的，现今所留存的是室町时代的翻
版。那时的比叡山，就像现在的大学，贵族子弟无论出家与否，都要

《秋夜长物语》绘卷 桂海初见梅若公时的情景 室町时代（幸节静彦个人藏品）

同上 梅若公与侍者同被山伏掳去时的画面

入僧院做学问。在外国大概也是同样的情形。我不太了解国外的事情，但在日本，学习的不只是知识，还有一般教养，或许还有性教育，即在僧院中进行性方面的学习认知。景山春树先生曾指出，十五六岁接受的"得度"，似乎也与此有关。

不得近女色的僧侣竟要接受性教育，这件事旁人听来可能会觉得可笑。然而被压抑的性欲，几乎都献给了宗教，以至于达到陶醉的状态。读了《秋夜长物语》，便可见微知著。或许师徒之间会通过结成肉体关系，来达到真正血脉相通的传授。这是非常危险的，也正因为危险，才会有"稚儿灌顶"这样的仪式，它是堪与江户时代吉原风月场所的成立相匹敌的智慧。虽然并非全体稚儿都要经过这种洗礼，但是清浊并存的日本大乘佛教，会为求得便宜而宽容迁就，也是不争的事实。贵族少年们接受了类似割礼的仪式，对物哀有了了解，很快就会作为男性，开始对女性有所了解。与其犯破戒之罪，莫不如在过渡时期使之瞬间成年，就像鲜花，虽然过早凋谢，却免去了腐败的后顾之忧。正因如此，青春才愈发短暂，值得珍惜。所以一个美丽的稚儿少年，是山门的骄傲，会被当作君主一样珍重待之。弁庆对义经的忠诚，让人感觉超出主仆关系，能剧中的义经是少年角色，在歌舞伎中，则成为女角，皆为《三塔游僧》以来的传统。僧侣与稚儿的关系，给予日本艺能以极大的影响。不止艺能，萨摩的众道[1]等最早一定也起源于僧院。如此说来，仓藏寺的开山祖师隆丰禅师也是萨摩僧侣，难道天

---

1. 众道，男同性恋关系，最早在平安时代盛行于贵族之间和僧侣之间，在江户时代又进入到武士社会。

平时代的异族隼人族中也流行这样的风俗吗？瞻西上人之所以选择西岩仓，或许有些什么缘故在里面。

前些天，小田急百货商场举办了一场天台宗秘宝展。通过这场展览，我领略到了天台宗磅礴的宇宙观中那种令人难以接近的威压感，其中给人留下最深刻印象的，莫过于传教大师的雕像。这雕像虽是镰仓时代的作品，但单纯明快，极富美感，与其说是肖像，更像是平安初期的神像。令人不可思议的是，这座雕像远看柔和，近观则威严凛然，让人望而生畏。在前晚负责布展的景山先生也提到了夜间观看时体会到的妙处。内心刚毅，外观却空漠茫然。似乎抓不到重点，但又内涵丰赡。天台宗的教义不正是如此吗？朦胧之中，我似有所悟。

传教大师最澄是百济归化移民的子孙。那种浓烈的性情显而易见。我做个大胆的猜想。最澄和空海争夺一位名叫泰范的弟子，是历史上很有名的事件。泰范既不是能令高僧动容的成就伟大的弟子，也并非学僧。但是，在他舍却比叡山投奔高雄的空海之时，最澄却在信中写道"不可抛弃老僧""助于贫道勿结他缘"，不难看出他的执念。并且，最后发展至震怒，也非同寻常。为泰范如此动情的最澄，难道不就是古来的念者[1]吗？也许正是因此，他才得到特别的关注。最澄和空海之间争执分歧已久，这个事件终于为两人的关系画上决定性的句号。这并非我个人的想象，以前也曾听到过这种说法，只是在看到传教大师的肖像时，突然想起来罢了。

---

1. 念者，男色关系中年长的一方。

这猜想确实不合常规，有中伤日本第一高僧之嫌。最澄和空海皆为历史上空前绝后的伟大人物，是从古代佛教的颓废中诞生出来的天才。他们并非狭隘俗人，不会为了人类本能的欲望而有丝毫的动摇。也许对于日本宗教界来说，终生不近女色，是只有特殊人才才能进行的苦修，不必对普通僧人有此苛求。以此为背景，"稚儿"这种特殊阶层的人的出现，也可以说是水到渠成，只是需要加以善导。像"稚儿灌顶"这样的行为，大概是只有日本才有的奇怪仪式，只是为了防止无规矩地任意发展而已。就像花魁必须见识广博，稚儿也变成了不可轻易侵犯的神圣的存在。梅若公遭到挟掳而最终导致战争，无论是否虚构，都足以说明他作为一山之象征的重要地位。实际上，与男女性别无关的少年，从观音到弥勒，都具有着纯洁无瑕的美，比如兴福寺的阿修罗，那梦一般的目光、清纯的姿态，似乎暗示着天平时代的僧院中，也有男色行为存在。观心寺那座性感的如意轮观音也非女子，而是男性。在摇曳昏暗的灯光下，专注于密教秘法的僧侣们，在它们身上做着永恒的理想梦，将稚儿当作佛祖的化身也不无可能。由梦开始，将梦变成现实的《秋夜长物语》，正是抓住了其中的真髓。

稚儿最初是与深厚的信仰相关联，在江户时代却走向堕落。至于性别倒错的说法，稚儿绝非现代人所想象的荫间[1]一般身份暧昧。不动明王为了制服烦恼，以愤怒之相现身，山伏取其形，两名随从的童子即是象征。他们与主人一样姿态英武，虽然此例举得略显极端，但是

---

1. 荫间，日本江户时代在茶室内为男性提供同性性行为服务的男妓统称。

平安时代的稚儿，并非我们所想象的那般孱弱。他们或许丰姿朗颜，充满"远山花复绽，恰如雪落"之格韵。人的喜好随着时代而不断变迁。织田信长的森兰丸，也是能文能武的美丈夫，而不是风吹就倒的阴柔少年。

梅原龙三郎先生曾告诉我说，醍醐寺中有《稚儿草子》的画卷，让我有机会务必一看。因为是很久以前的事了，许多细节已记不清楚，但它的确是一卷卓越的美术作品，这一点我绝不会忘。虽然尚未拜读《稚儿灌顶》，但我想该画卷所描绘的正是其过程。虽然是非常露骨的春画，但它具有足够的美感，让你忘却其他。相传这画卷为鸟羽僧正的真迹，似在情理之中。画中所描绘的稚儿，就像前文所述，结实而泼辣，没有丝毫的女气或阴气，与后来的萌间和阴柔少年相比，更像古希腊式健康少年，活泼又明朗。

看了这幅画，我第一次理解了"稚儿"这种存在。将这种传统作为一种思想推上舞台的，则是室町时代的世阿弥。能剧幽玄，他确实有男女兼备的特殊美感，又因他男扮女装，第一次明确表现出了非俗世之美。众所周知，世阿弥是义满将军的宠童，《花传书》及其他艺术论都是在他的体验之上总结而成，并且，他强调少年时代的美，"若有稚儿之姿，恒具幽玄之美"，立志一生保有"初心之花"。换言之，他将他自己年轻时光的样貌引为模板，作为榜样。这才是自恋的极致境界。世阿弥表面上并不显山露水，仅以《松虫》一曲，就尽叙男子之间的友情。虽然代之以多用子方童角，创作出大量的少年能剧，但他表示，真正的幽玄在女体之上，称为"幽玄之根本风""幽玄妙体之远见"，一直居于艺道之首。"远见"一词，世阿弥常常用到，借对梅若公的描写，"远山花复绽，如雪飘落"，描摹楚楚风姿即为一例。而"恒具幽玄之美"，则表现出他欲将无法持久的稚儿之姿，以艺术的力量，在女体上再现出来的理想。

"古今无花不凋谢。正因凋谢，盛开之美方显珍贵。"

这不正是日本所有艺术与美的基本理念吗？女体的幽玄，就是世阿弥戴着的面具。我并不认为能剧能够像人一样接受佛教思想，但是如果有接受和吸收，大概就是有生之年扮作能歌能舞的菩萨，这也是一代名优在舞台上描绘的梦想。超越这种自恋境界，达到无我的状态，才是真正到达理想的彼岸。

在此闲叙一笔。话说能乐名家梅若，他原本是梅宫神社的猿乐师，艺名原为梅津。他的一位先祖十六岁时在土御门天皇御前舞"芦刈"，得天皇赏识，赐名"梅若"，据说由此改名。但是从他与瞻西上人处于同时代这一点上来看，一定是取用了风靡一世的稚儿之名。世阿弥《隅田川》中少年角色的名字，或许同样是源于《秋夜长物语》亦未可知。从京都往西山途中的梅宫附近，至今仍有梅津一地，据说是高丽归化人的聚居之所。也许，梅若家的远祖，也是高丽的乐人之一。

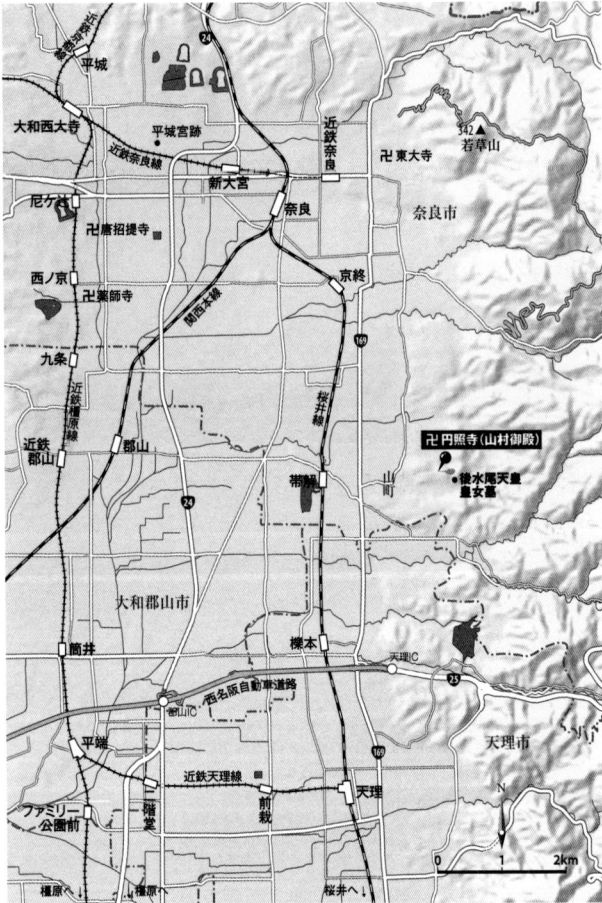

第十七章

山村中的圆照寺

　　圆照寺也被称为山村御殿，位于从奈良南下不远的带解山中。这座寺庙虽然地处山村，但在大和地区却是赫赫有名，是可与中宫寺、法隆寺相提并论的门迹寺院。之所以罕有人往，大概是因为位于山间，位置不甚明确，再加上本身是一座尼庵，从定位上来看，与可供观光游览的寺院相去甚远。圆照寺创建于宽文年间，开山始祖为后水尾天皇之女文智女王。

　　实际上，我也是不久前才第一次拜访。虽然久闻其名，却一直没有机会亲往探寻，大约也因为自己的住所距离奈良较近，潜意识里觉得随时都可以成行。对于文智女王，很久以前我就有所了解。第一次接触，是在栂尾的高山寺，那时我正在做有关明惠上人的研究，每月都会到京都去一趟。高山寺中有一部名为"尼经"的大部头手抄经卷。因承久之乱而失去夫君的公卿妻妾投靠明惠，立誓为尼，明惠收留了她们，另建了善妙寺供其居住，《尼经》正是出自这群不幸人之手，我在某天特意前往得一见。

　　寺院住持小川师去年已归往生，但在我去的时候精神还很健旺，他亲自从藏经阁中为我取出这部经卷。经卷中夹着一部血书经文，小川师解释说"它不属于《尼经》"。其实，那就是文智女王的亲笔手书。深紫色的封面撒着点点金箔，显出高贵的美。

记得当时，我请教了很多关于文智女王的事情，因为与明惠没有直接关系，所以很多都不记得了。但是，那部有缘掠过一眼的经卷，却让我难以忘怀。经历了三百年的岁月，血的鲜红已经褪成了淡淡的褐色，大概是扎破手指而书就，究竟是《般若心经》还是《观音经》已经不甚清晰，但是从经文的数量可以断定，这部经书耗费了大量的鲜血。仅凭这一点，就让人感觉其中的执念似乎比信仰更为深重。

如上所述，我知道文智女王，其实出于一种偶然。真正对她产生兴趣，是拜访山村御殿之后的事情了。那天是若草山的"烧山"日。我去橿原一带办事，听到奈良的人们聊起从哪里观看"烧山"才最好，他们提到圆照寺周边很少人去，并且能够看到全景，于是决定于归途中顺路拜访一下。

日已西斜，在二上山方向缓缓下沉。从天理向北，一过栎本，便很快进入了带解城镇。在这里，从上方通下来的山边之道[1]与旧国道交汇在一起，因为已经属于奈良地区，铺设齐整的道路很难让人感受到"山边之道"的情趣。可是，从立有圆照寺的路标之处开始，景色陡然一变。两侧是意境闲适的桃园，中间有池塘，古老的神社和古坟散落其间，正是从前的山中风景。沿着杂木林中的山道一直向上，路的尽

---

1. 山边之道，大和的古道之一，是一条从奈良盆地东南的三轮山山麓到东北的春日山山麓，沿盆地东侧，经春日断层山崖之下，连接群山而贯通南北的古道，也是日本历史上最古老的道路。

圓照寺正殿

头有一道黑色的山门，地上砖石方正笔直，直通正门玄关处。我到的时候，山边已经升起一轮明月，清辉漫洒，将寺庙境内照得一片雪白。霎时间，我被包裹在充满尼庵气质的清净空气之中。

片刻之后，门迹住持迎了出来。该寺拥有"山村流"的花道传统技艺，住持时常会去大阪出差，教授花艺。那天恰好刚从大阪回来，"因为'烧山'，路上又堵车……"，住持的神色之间难掩疲惫。我不忍多扰，请教了值得参观的处所方位之后，早早告辞出来。在那里，茅草苫顶的本堂建筑，以及从文智女王之墓望出去的山乡景色，皆不负"山村御殿"之美名，长久印刻在我的内心深处。

第二次造访，又赶上住持出差不在寺内，我深感单凭一名女子之力支撑起一座庵寺的不易。然而，这种风格并非始于现在，早在开山之初，寺院就清贫如洗，"为佛法而损己忘身"一直是该寺的传统。这使得它从创建之初就与一般的门迹寺院有所不同。皇女为尼虽不罕见，但文智女王是自愿出家，遁入空门，修行的严苛程度也非同一般。寺中的藏宝多数反映了女王的个人生活，几乎没有一件像其他寺院那样可以呈现给游客观赏的贵重物品。

女王是后水尾天皇的第一位皇女，出生于元和五年（1619 年）六月二十日。丰臣家族灭亡，家康死后不久，幕府为巩固统治基础，内外都加强了戒备。政治势力交替时期，朝廷最容易出现动荡，所以幕府对于天皇左右的监视达到了过于神经质的程度，甚至可以说将朝廷彻底置于无力状态。后阳成天皇不堪重压，于庆长十六年（1611 年）退位，随之即位的后水尾天皇在当时还是个十五岁的少年。

天皇此前曾答应德川秀忠，将其女和子纳为皇后，但因大坂之役以及家康去世，婚事一直拖延了下来。其后，虽有约定，后水尾天皇仍然先将四辻家的女儿纳入宫中，称她为"与津御寮人"，倍加宠爱。得知此事后，秀忠勃然大怒，这也是皇后推迟进宫的原因之一。就这样，文智女王尚在与津御寮人腹中之时，就不明就里地被置于错综复杂的环境之中。

女王幼名梅宫，十四岁下嫁于鹰司家族，与其夫教平为表亲。一般来说，作为高贵的公卿夫人，得享安稳的一生，已是个不错的选择，但不知为何，女王在二十岁时主动提出离异。根据《大师行状记》记载，其理由是：

抱恙六载因病弱而别，欲为尼僧暂未获恩准。

然而，她能够耐受住严苛的修行和清贫的生活，一直到八十岁高龄才寿终正寝，由此看来，"病弱"之说令人不敢苟同。同样在《大师行状记》中，有"大师生性淡薄世情"之记述，也许不单指她身为皇女，也道出了她不谙世事的性格为人。促使这种性格形成的，是来自德川幕府的压迫。梅宫大概从出生开始，就感觉到来自身边武家的压力，所以开始憧憬另外一个世界。秀忠将女儿嫁做皇后，无非是欲立外孙为天皇，皇后在位期间，其他宫妃的皇子不是遭到弑杀就是被迫流产，无一幸免。梅宫如果晚些出生，怕也难逃厄运。她出嫁时虽然还是少女，但成长过程中亲眼目睹这些惨剧，所以无论如何都无法心安理得地做享清福的公卿夫人。女王像其父皇，性格刚烈。从圆照寺

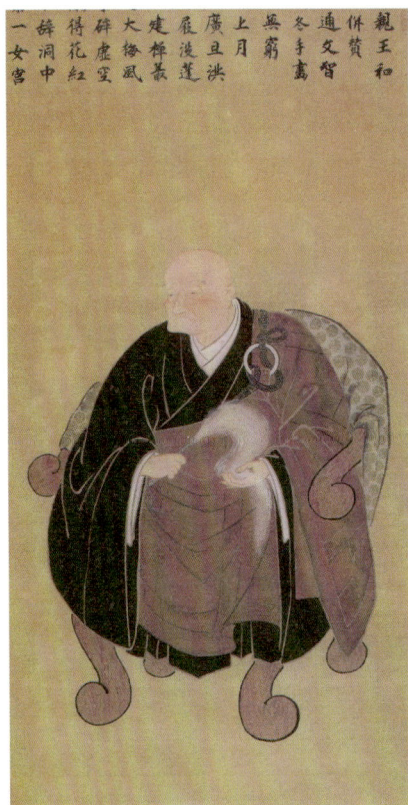

親王和休赞
通文智
冬手畵
無窮
上月
廣旦洪
夜漠蓮
建群長
大梅風
碎虛空
得花紅
一女宮碎洞中

文智女王像　一乘院真敬法亲王绘（圆照寺藏品）

中所藏弟宫一乘院真敬法亲王的《开山大师御影》来看，她鼻梁高挺，下颚突出，面容身姿以及意志坚强的风貌竟无一处像女人，很容易让人误以为是男性僧侣。但仔细观察，你会发现，她充满慈爱的眼睛温柔可亲，周身洋溢的品位气度，恰恰符合"其量其德且广且洪"之赞誉。一位身份高贵的女性，能够修炼出如此气质，一定经历了众多的苦难。

圆照寺和其他地方保存的遗物，一件件仿佛都在无言地诉说着女王讳莫如深的出家原因以及人格的养成。

其中让人印象深刻的，是后水尾天皇的甲字。那是用剪下来的指甲摆成的一个"忍"字，贴在不足十厘米的绯红绉绸匾额中，有种非同寻常的生动感。贵人剪下的指甲毛发似乎是很特别和珍贵的，可是以这种形式保留下来，我还是第一次见到。后水尾天皇爱好书法，曾挥毫书写"忍"字，然而除了笔书之外，还留下由指甲组合成的忍字，可见父女二人怨恨之深，令观者也不由为之心下戚然。

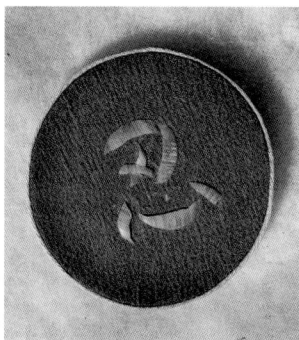

后水尾天皇的甲字（圆照寺藏品）

再看此父女二人，竟是如此地相像。文智女王在将父皇的悲哀背负于身的命运之中，也许就隐藏着她出家的原因。要了解这一点，只有去研读天皇传记，然而令人意外的是，有关后水尾天皇的记叙少之又少，看来还是出于对德川家族的忌惮。不过幸运的是，天皇留下很多歌集，从中或许可以窥见其本心。

说起后水尾天皇，人们一般都会想起这首和歌：

芦苇广原兮

莒莒任自由

王道之世何处求

据说此歌的吟咏与"紫衣事件"有关。紫衣事件发生于宽永六年
（1629 年），幕府擅自取消了大德寺和妙心寺的天皇御赐紫衣之位，引
起纷争，最后泽庵等寺院的僧侣被治罪并遭到流放，这是直接波及天
皇身侧，最后导致其退位的重大事件。以一个"忍"字挨到今日的天皇，
终于忍无可忍，怒不可遏。然而天皇仅存的对抗手段却不过是退位这
种消极的方式。此次非同一般的事件极具象征性，它说明天皇的存在
是被完全无视的。后水尾之谥号，是因为水尾皇帝乃平安时代的清河
天皇，而从水尾帝起，外戚干政的摄关政治即告开始。这充满讽刺的
谥号，对不同于初代水尾、性格刚烈的后水尾来说，是多么大的耻辱，
倘若身后有知，他又岂能瞑目。

深山老寂无人踪

野豨落谷哀

不见猎夫来

瘴寐皆悒悒

世间枉存吾住居

这两首都是后水尾天皇晚年所做，下面一首更似绝命诗一般，尽述其可叹可悲的一生：

行行思悲末路远
犹见高根雪花白

对于天皇来说，敢于抵抗镰仓幕府的后鸟羽上皇，才是理想的皇帝，同时也是和歌创作之路上的榜样。

水无濑川伴春色
山麓有霞光

水无濑川烟波远
昔日容颜显
山野霞雾漫

此二首明显借鉴了后鸟羽上皇"山麓霞光水无濑川"的歌句。立场处境相似的天皇，或许经常会想起承久时的"昔日容颜"吧。然而武家的势力已经扩充，亦非镰仓时代可比拟。缚手缚脚的天皇专注于修学院的开基创建，忧愤似乎开始缓解，于他来说也不失为一件幸事。

厅身又何如
浮世忧兮人孤苦

却道秋夕暮

冷雨知身潇潇落
秋日黄昏淡淡忧

提笔欲书从前事
但教泪水砚墨汁

林木叶残
落尽犹占峰岭间
松枝遮月暗

这最后一首歌谜，则毫不掩饰地表现出对"松平"氏的敌意，天皇即使失去了权力，对幕府来说也是不可小觑的重要人物。实际上，他还曾计划举兵夺权。文智女王就在这种复杂的漩涡之中长大成人。二十岁时，她离开鹰司家，二十二岁终于被准许出家，进入修学院内的圆照寺。圆照寺是山村御殿的前身。其后十六年间，女王虽居于修学院中，但与父皇之间却像普通父女那样往来。天皇让位之后，较之从前轻松许多，经常偷偷出行，虽然幕府颇多微词，但这座离宫可谓天皇仅存的唯一休憩之所，女王也是他可以毫无保留与之交心的唯一朋友。

那时，受紫衣事件牵连而与泽庵僧众一同被发配至出羽的一丝文守也回到了都城。一丝谥号佛顶国师，为岩仓具尧的三子。他年纪虽轻却造诣深厚，声望极高，乃一代名僧，文智女王便师从于他。国师与女王之间的书信往来留存至今，其中有一封这样写道：

> 素闻修学寺住之非易，亦深知女王忍辱负重，若要辞别此世，无一亲属之地实为上选。

接下来又劝说道，与仙洞殿（后水尾上皇）御一代之间，出于孝道应居于近旁，上皇仙逝之后，则应移居僻静的深山中。这定然是写给女王的一封回函，女王必是曾在信中倾诉修学院的居住困境。无论如何，天皇在不平不满中结束了一生。尽管写出"芦苇广原兮　苒苒任自由"的洒脱歌句，但读者也并非体会不到其中自暴自弃的味道。恐怕他也经常对女王倾诉自己的怨恨和烦恼。尽管会点燃同样的怒火，但是对于已经远离凡间的出世尼僧而言，这无疑是一种妨碍修行的做法。从文字内容来看，女王夹在孝行与修行之间不得脱身，转而向师尊讨教。最终，女王决定放弃"仙洞殿御一代"，于明历二年（1656年）移居大和八岛，归隐于山间乡村。此时女王年近五十，而佛顶国师也已圆寂。

佛顶国师誓随泽庵而遭到放逐，从中可以看出他的气节与风骨，国师与天皇、皇女属于同一世界的人物。他后来居于近江的永源寺，年仅三十九岁就与世长辞，盛传是被下了毒。也许对于幕府来说，他是一个比较碍眼的存在。女王也师从其他高僧，但给予她最大影响的当属国师无疑，在他留存下来的书简中，还有这样一篇献给女王的文字：

（女王）外持净戒，内研佛心，朝精暮近，殆已超丈夫之气。

相传女王常常恨自己未能生为男儿身。如果传言属实，她一定想知道如何才能"变男身"。根据《法华经》的经文思想，女人天性"爱染执着、嗔恨诈妄、铿贪邪曲"，不问贵贱，概无例外，因此容易陷入现实的苦恼而无法自拔，很难在佛法之路上修得开化。但是，通过深刻地自我反省、忏悔、修行，应该可以从这些业障之中解脱。将其冠以名头，即为"变男身要义"。古人云，"蛇虽变龙鳞未改，回心成佛颜犹在"，女王深信此说，行事如履薄冰，时刻注意不忘初心。如果单以生为"女身"而心怀愤懑，却不知改正"女心"，那就如手握杯盏恨酒醉一样，只缘身在此山中罢了。

女人成佛的传说有很多，但是将"五障罪深"的女人真正解救出来的僧侣却凤毛麟角，当然也有女性自身的原因。而佛顶国师与女王，一个正是这凤毛麟角的僧侣之一，另一个恰也能够真挚受教。颇具高僧风仪的七十九岁女王的肖像画，充分显示出《法华经》"变男身"的思想得到了实现。关于这一点，让人联想起得到明惠上人庇护的善妙寺的尼僧们。高山寺有一幅著名的《华严缘起绘卷》，是明惠上人特为尼僧们所作，描绘了唐代一位名为善妙的女性，深爱新罗高僧义湘，因不能相恋而一念之间幻化为龙，从此协助义湘，成为他佛道之守护神，以这样一则故事为绘卷的主题，其中"蛇化为龙"，与变成男子的思想，从根本来说有着异曲同工之妙。对于因承久之乱而一夜之间被打入地狱的被牵连的女子们来说，这又是何等光明的救赎。危难之时伸出援手的是栂尾的明惠上人，为了掩护落难之人，他甚至建起寺庙接济众生。

作为报答，她们的修为也值得赞赏。上人在传记之中写到佛法末世时代"善妙寺我辈之流仍存"。最早书写的尼经，就是由她们抄写完成，其中一位尼僧，在明惠离世后，竟投身清泷川而殉之。虽然只是传说，但正是因为她们信仰的真挚，这般传说才会诞生。

虽没有记录表明文智女王曾经到访栂尾，但她曾去过附近的槙尾，想来没有理由不去拜访高山寺。在高山寺，女王也曾看过《华严绘卷》以及善妙神的雕像吧。明惠的传记、梦记、尼经，一定让她倍感亲切。血书的经文是否就是在那时书就，以表达对善妙寺尼僧们的深切同感和憧憬呢？

带解山村 通向文智女王陵墓的道路

231

圆照寺里还有佛顶国师的肖像画，同样为一乘院真敬法亲王所绘，国师身量消瘦，柔和之中带有不可侵犯的威严。这身姿气度，不知何处竟与明惠的《树上坐禅像》相似。文智女王的颂文中曾提到国师"遭他人毒手亦未可知"，可见被毒杀之说并非空穴来风。因为国师是在京都栂尾出家，一定对明惠的事迹了然于心，亦或暗中仰慕。也许女王通过他，看到了镰仓时代高僧的样子。我们不妨大胆地设想，女王离婚的真正原因或许跟国师有关，即使不存在恋爱关系，但他是将女王引领到佛道，并将她从"贵亲属"中解放出来的人。虽然文智女王并未像善妙寺的尼僧那样以死相报，但国师入灭之后，她便遁入深山，与修学院不够彻底的修行生活一刀两断。华严缘起的义湘与善妙、栂尾的上人和善妙寺的尼僧们、佛顶国师与文智女王之间，似乎贯穿着一条血脉，浓浓的血液将他们联结在一起。女王与东福门院、桂昌院相交甚笃，立于朝廷与幕府之间，也起到了润滑协调的作用。关于山村御殿的生活，传记里记载得比较详细（圆照寺版《文智女王》），非常遗憾我没有时间仔细研读。对于她充满清规戒律的生活和饱含慈悲的人生，如果国师在世，一定也会像明惠上人那样，写下"圆照寺我辈之流仍存"的赞誉之言。在远离尘嚣的大和深山之中，圆照寺至今依然以孤高的姿态傲立于世，而凭自己的意志在朝廷危机中坚强存活的孤独皇女的清雅风貌，也将永世流传。

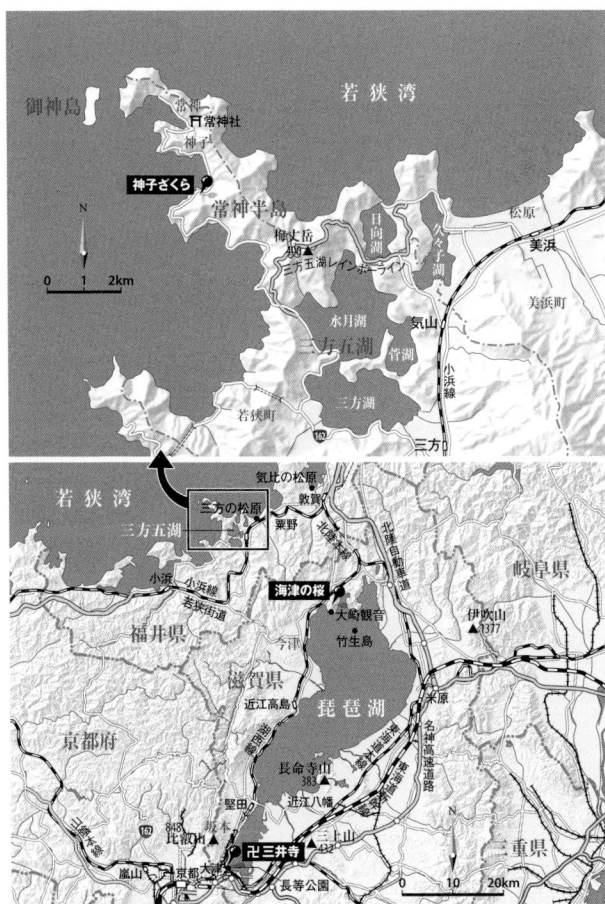

第十八章

寻花

　　和歌有咏，若无樱花，"春心平淡无波澜"。每年一到赏花季节，人就无法平静。我有很多好友也是同道中人，天气尚寒时就开始传送花事信息。今年由于天候异常，更是让人等得心焦。有些地方，樱花趁暖，已急急忙忙地展露姿容，而在北国，听闻樱花花蕾虽五月已至，却不动声色地守在枝头。遇到这种年份，连工作也无法定心。坐立不安、无所适从之间，我决定索性先到京都去看一看。

　　因为万博会的缘故，今年本来不打算去京都赏樱，但到了才发现，游客没有想象中那么多。修学旅行或者观光团体都被万博会吸引，赏樱旺季的大好商机虽然遭到重创，但对于我们来说，这种清净极为难得。祇园、醍醐寺三宝院的樱花正值盛放之季，能有机会静心观赏更是意外之喜。今年花开较迟，树上嫩叶已经长出来了，樱花夹在新绿之中，也是难得一见的美景。

　　久违了的独享花都的感觉，令人心满意足，但又勾起了我去探寻"未见之花"的兴致。特意来到京都，也是藏了私心。听说在若狭某处有叫"神子樱"的樱花，盛美之势非同一般，但位置偏僻，在京都四下询问，竟无人知晓。无奈，只得请东京的编辑帮我查询，才知在敦贺与小浜之间伸出去的常神半岛的一角，有一个名为神子部落的村庄。"现在樱花开得正盛，今明天就请过来吧。"电话那头是村子的区长，他告诉我说，从京都方向过去，驾车最方便，到了敦贺，沿国道西行，就可以看到叫作三方的小镇，在那里一打听便知。

尽管交代得非常详细，可不熟悉当地地理的我依然是一头雾水。听说三方镇有座湖泊，印象中一直是个梦一般遥远的所在。司机只知道那里是关西地区有名的避暑胜地，至于"神子樱花"，却是闻所未闻。照我一贯的做法，去看看就知道了。第二天天气虽然不太好，但我仍然精神百倍，早早起来，八点之前就出了门。从大津开始，沿琵琶湖西侧道路，经过坂本、坚田、高岛和今津直到敦贺，顺着从前的若狭街道一路向前。

这条路我时常会经过，所以比较熟悉。司机深知我喜走弯路的癖好，特意选择了这条山边旧道。在接近大津的地方左转进山，穿过长等公园，进入了从前三井寺的境内，道旁有很多古老的山樱。清晨时刻，人影罕见，在樱花隧道中穿行，奏响了今日赏花的前奏曲。

志贺古都今已荒

唯有山樱且如昨

我这才注意到，"且如昨"，恰是"长等山"同音双关的挂词。这是亲身站在这片土地上才会明白的事。这首和歌，是平忠度[1]在弃都之

---

1. 平忠度（1144—1184），日本平安时代末期平家的武将、歌人，师从歌人藤原俊成。

际特意去寻访俊成时所做，题为"故乡的花"，也是为再也无缘相见的花所咏。在平家的家系之中，忠度是最有魅力的人物，"花为今宵主"的绝笔和歌，也诉说着樱花在他心目中的位置。樱花是他的心灵之花。

三井寺，正确来说是长等山圆城寺，也叫大友寺，是天智天皇之子大友皇子（弘文天皇）的别墅，皇子在壬申之乱时自杀辞世，后来宫廷为祈冥福而追善建寺，并御赐寺名为"圆城"。大友皇子执掌皇权仅八个月，二十四岁驾崩，被追认为天皇则是明治以后的事情了。在《怀风藻》中，他被描绘为"魁岸奇伟""目光精耀"的伟丈夫，无论是忠度，还是大友皇子，这般人物都无奈被宿敌披以污名，含恨而死，何其哀哉。御陵在三井寺北面略偏，樱花树一直绵延到那边。想必大津宫周边从古时起就樱花似海吧。

樱花树下埋尸骨！

正如梶井基次郎[1]所言，看到这美得超群的樱花，就像看到整个日本历史。

京都的樱花名树甚多，美则美矣，但总给人一种刻意营造的感觉。近江的樱花则更加自然，它们沐浴着春日的阳光，毫无保留地尽情绽放。可与三井寺的樱花相媲美的，怕只有日吉神社的樱花了吧。我独爱社家庭院里的垂樱，它位于进入第一座鸟居之后的右转处，每年在社祭（四月中旬）时节盛开。越过石墙望出去，小比叡山巍然秀拔，像是为美丽的樱花装饰了一副画框。神社内也极美。特别是今年叶芽先出，交织在嫩绿之中的朵朵樱花，若无缘观赏将会是极大的损失。

---

1. 梶井基次郎（1901—1932），日本小说家。作品有《柠檬》《雪后》《樱树下》等。

常神半岛的神子樱

我的旅行总是这样，一路走一路逛，以致迟迟不能到达最终目的地，有时甚至日已西沉人却未到。从坂本向北，花事尚早，但辛夷花已经开始在山间出现。湖北还是一派早春风光。天空开始飘起小雨，有点令人沮丧，可是对岸天空明朗，三上山、长命寺山，连再远一些的伊吹山也清晰地浮现出轮廓。竹生岛也出现在视野中。这里虽说是湖北，却不知是否因为在湖的北面，有山遮挡，感觉气候温和，梅津沿路的樱花林通常开花较早，但是因为离主路较远，今天无缘探访，实在遗憾。

　　这些路边樱树，是自称"樱男"的笹部新太郎先生亲手栽植的。起初，他制定下要用樱花树将湖畔四周包围起来的长远计划，在宝塚山里的武田尾地区培育樱花树，将苗木分枝栽培。之所以选择近江，大概因为这里的土地最适合樱花树生长。他成立了"大津樱花会"，支持者甚众，但因为这是一个长久的事业，后来成员死的死散的散，当初的计划最终没有彻底实现。尽管如此，经过他的努力，从今津一直到现存的大崎观音周边，樱花林荫带已具规模，绵绵相连。然而，由于战争和最近的铁路工程，树木遭到砍伐，损失过半。遭受了各种打击的笹部先生内心凄然，倾尽全力，为世间培育出号称"日本第一"的唯一一棵樱花稚木之后，归隐乡间，如今居住在芦屋附近。但是，他为了樱花而倾情奉献一生，正合"樱狂"之诨名，值得赞许。久未谋面，不知他最近可好，看到一点点重获新生的樱花树的身姿，有没有感到些许欣慰呢？每当看到湖畔的樱花，我总会想起这位特立独行的人物。

　　从今津行驶一段时间，就要开始向山崖方向挺进，中途有一处正在修建北陆线的铁路工程。山谷间宽广的农田之中，一棵巨大的樱花树傲然独立。

这棵樱花树被称为"梅津之樱"，因数度出现在水上勉的笔下而闻名遐迩。水上先生之所以心动，是因为它被种植在无名将士的墓地，而令人想起梶井基次郎的文章吗？我觉得这才是"埋尸骨"的樱花，是汲取人的血液而成长起来的花树。湖北还是一片冬天景色，唯有这株樱花树花事正盛。也许是因为光照好，山樱的种类不同吧。远远看去更觉其美，同时带着一树挥散不去的悲哀，每到春天，看到这株花树的遗属们不知内心又该是何等情状。

这一带就是过去的爱发关吗？在越过山口的地方，有关卡的遗迹，能剧《安宅》中弁庆所歌之"船行遥远风波路，抵梅津之浦，黎明破晓，淡青色的有乳山"，也许咏唱的正是现在的季节。根据《义经记》的记载，可见"荒乳山，人迹罕至，古木枯萎，岩石巍峨，山路原始的素萧之山上，岩角高耸，树根如枕"的景象，如今虽然道路平整畅通，但肃杀风景并无丝毫变化。从这里，伪装成山伏的一行人曾翻山越岭，穿越越前的国府（武生），而我们则向着敦贺，沿着海岸线一路西行。

越过山口，很快就到达敦贺，深邃暗沉的日本海出现在眼前。国道二十七号线在这里分开，不经过城镇而向西延伸。进入越前以后，樱花似乎越来越多了，特别是在粟野驻军旧址，路边成排的樱花树尤其美丽，如云似雾，满树盛开。去年在武生和福井之旅中，得知此地樱花甚多，也许这里的气候和水土比近江更加适合樱树的生长。因为有温暖的洋流从日本海流过，这里生长着一些令人意想不到的南洋植物，并非我们曾经想象的那样阴湿遥远。

经过美滨町之后，看到右侧有一立牌，上书"三方湖彩虹路"，我们决定走这条路试试。沿路"气比松原""三方松原""势松原"等古所旧迹随处可见，传说中的"恋之松原"指的是不是这一带呢？相传在很久很久以前，一名女子在松原等待一位男子，男子却一直没有出现。天下起雪来，雪越积越厚，痴心女子依然不肯离去，最终冻死在此地。这是一个悲伤的故事，后来松原成为和歌的枕词，诞生出好几首著名和歌。

俯瞰三方五湖

过了松原，不久又进入山里，左手方向出现了久久子湖。右侧重重山峦的另一边，可以望见日本海。很快，日向湖、水月湖也显出身姿。雨已停歇，西方的天空放晴了。梅丈岳似乎是最高的山峰，登上瞭望台，五座湖泊朗然入目。说是五湖，其实有好几处相连，三方从前一定是个古老的"潟湖"。从湖面开始散去的雾霭，一边缝缀着群山皱襞，一边缓缓上升，风景奇佳，让人不舍离去。

若狭在三方
海滨清美
去往归来不厌望

——《万叶集》

通过名叫海山的公路出口，穿过隧道，就到了常神半岛的西侧。据说神子村就在从这里开始的第四个部落。离开彩虹路，路况突然变得糟糕，每次遇到岬角，就会出现小小的海湾，每一湾都像是拥着心爱之物一样，环抱着如诗如画的一个个小渔村。宁静的海面上浮着一座座不知名的小岛，其中一座，整个岛屿都被山樱花覆盖。神子村越来越近，开始随处可见高大的樱花树，过了盐坂、游子、小川，转过最后一道岬角，从山上一直通往海滨的路上，一座鲜花瀑布扑面而来。这就是常人闻所未闻、花如其名的"神子樱"。

因为离山太近，进到村中，就只能看到不多的花树了。据说从海上远眺才是极致的美景。可是天不作美，请人雨天出港太不近情理，只好就此断念。幸好这里有平泉澄先生撰写的文章，且先从中领略美景。

记得沿路前行，不久便可见樱花绽放的盛景，如巨画般整幅展现于面前，夺目耀眼。翘首望去，漫山繁花如织似锦。俯首观之，鲜花一路倾泻而下，铺向谷底。都是山樱……树干粗壮得令人惊异。大致比量了一下，有的有八尺九寸，有的超过一丈一尺。目光可及之处，一丈左右粗的樱花树竟有五十棵之多，一棵棵数过去，花树盈百，一共大概接近两百棵。

——《山河》

从前的岚山，不也曾有过如此壮观的景象吗？我向区长松冈先生咨询，得知这些山樱并非为观赏而种植，而是作为区分桐实（取油之树）田地的边界，所以它们是跟村民生活息息相关的花木，被照管得很好。这样讲来，这些花木果真是呈井字形状有规则地排列，在以花木为界的风俗已经渐渐消失了的今日，能够保持下来实属难得。

"神子"（MIKO）古称"御贺尾"（MIKAO），随着时间渐渐简化。然而从这片土地的古老程度来看，语音的变化一定也与神灵有着不可分割的关系。这里可以上溯至神话时代的神功皇后。传说中，仲哀天皇二年（193 年）二月，天皇于角鹿（敦贺）建造笥饭宫，为讨伐熊袭族，将皇后留于宫中，率众向九州进发。不久，天皇又派遣信使将皇后召至穴门的丰浦宫，在《日本书纪》中"出得角鹿，到得渟田（NUTA）之门"，指的就是此常神之要冲。"NUTA"是形容波涛翻滚，与"能登"（NOTO）一词语出同源。还有一种说法，指皇后到达了广岛县的沼田（NUMATA），但是奔赴九州，要沿陆路绕远从濑户内海而出，实在令人难以想象。

这周边还有琴引浦、管弦渡等名称，也都与神功皇后的传说有关。在去往穴门的途中，因风大浪急，舟船无法前行，玉妃命神主奏起神乐，皇后亲自抚琴，感动了海神之心。那座岛叫作御神岛，如今仍在从常神到七町前方的海面上神秘地漂浮。常神既是半岛的名字，也是神社的名称，其村舍位于神子村前方一个海岬的尖角，正对御神岛。在敦贺半岛也有常神神社，和宗像神社一样，依然保留着古老的边津宫、中津宫、奥津宫之海洋信仰形态。

根据《日本书纪》的记载，神功皇后在渡过淳田门的时候，将美酒倾入海水中，鱼皆沉醉，浮上海面，十分逗趣。这让我联想到神武天皇将酒器严瓮沉入吉野的丹生川中时，鱼也醉浮的故事。丹生的水银可致鱼死亡，丹生都比卖与神功皇后渊源颇深，在征讨新罗的途中，如果将脸和武器都用红土涂染之后作战，定会先以"言语劝降"（《播磨风土记》）。那时，鱼或鸟"不往来，不遮前"，是因为触水银而死的缘故吧。据区长先生介绍，御神岛的岩石是大红色的，也许水银矿脉从越前的丹生一直延续到这一带。

神子村有大音氏的旧宅，大音家兼任常神与神子的神官。据说大音宅内收藏着平安时代以来的古文书，一听到对方表示欢迎参观，我便不客气地顺势而为。这是一座茅草屋顶的古老建筑，庭院雅静，从这里可以看到山上怒放的樱花。在房子的周围，为了防雪，围着竹席状的东西，十分罕见。

围坐暖桌旁，我请教了很多问题。大音氏自平安时代从近江的大音移居于此地，是伊香具之连的子孙，现在也占了村中大半人口。伊香具宗族是统领湖北一代的古代豪族，特别值得一提的是，大音家族从平安时代至今一直制作乐器用的丝线，远近闻名。乐器需要上等丝线，而只有这里还在使用日本古时传下来的原蚕丝。我以前就对此（从织品方面来说）极有兴趣，但从未想到会在这里见到传说中的大音家族。再一细问，果然神子村也有养蚕的传统，过去曾出产非常好的丝线。这是先祖留下来的遗产，一定要复兴啊。听我这样说，大音笑着答道，如果不是身处如此悠然闲静的村庄，也不会产出上好的丝线。不，不只是丝线，人也是一样，我心中默想。

从大音家的庭院看到的山樱

大音家的文书是从平安朝传下来的古物，据说在学界十分著名，但摆在胸无点墨的我的面前，难免显得明珠暗投。不过，其中却有几处引起了我的兴趣。其一是关于源三位赖政的女儿若狭尼，很惭愧，我对这位女性一无所知，但是说起赖政之女，和二条院赞岐是否为同一人物呢？

　　两袖无干初，谁知此恨长。

　　滔滔潮落后，礁石水中藏。[1]

　　《百人一首》中家喻户晓的这首名歌，是由二条院赞岐所咏。因为早早出家，所以她或许曾居于神子一带，被称作"若狭尼僧"。她因这首和歌而被称为"海中岩赞岐"，妇孺皆知，而那块有名的海中岩，现在仍然在神子部落的海面上，展现着潮水涨落也"无暇干"的样貌。海中岩是各地都有的称呼，虽知不过是传说，但如果说赖政之女曾在此居住，我毫无怀疑。这首和歌并无特别惊人之处，那块岩石也并非极美的石头，可这是我们日本人从孩提时代起就耳熟能详的和歌，想到这里，不由心潮澎湃。

　　村子的背后耸立着一座高于周边的神山，是爱宕神社的神山。每年新年元旦日，海滩上都会举办祭祀活动，执事们要进行一个月的水垢离仪式，用冷水净身，所有一切都按照严格的规定执行。届时，大家一边唱着"爱宕守护"的歌谣，一边打年糕，热热闹闹地庆祝，打好年糕时，爱宕天边一定会飞来两只鸟，食用年糕。如果不吃，大音就会坐在海滩上祈祷，一直等到鸟开始食用。

---

1. 选自《小仓百人一首》，刘德润译，外语教学与研究出版社。

同样的祭祀活动，在严岛和热田神宫也有，而两只鸟的故事却别具趣致。在一千年、两千年的循环往复之中，鸟也被训练出来了吗？无论如何，这一带是海人族的地盘，一定是从远古时代一直流传下来的风俗。接着在一月四日、五日，还有"日待"仪式，村里信众于寺庙中闭关，这种古老的祭祀形式，至今依然保留在这座小小的村中。

归途中，我顺便到海滩买了刚刚打捞上来的鲽鱼。一条三十元。流油淌蜜一般的大海的上方，海鸥在盘旋，背后的山峦在傍晚幽暗的天空中浮现出整个轮廓，呈淡淡的白。一瞬间，我仿佛穿越回了遥远的古代，忘记上车启程，恍惚茫然，伫立良久。

第
十
九
章

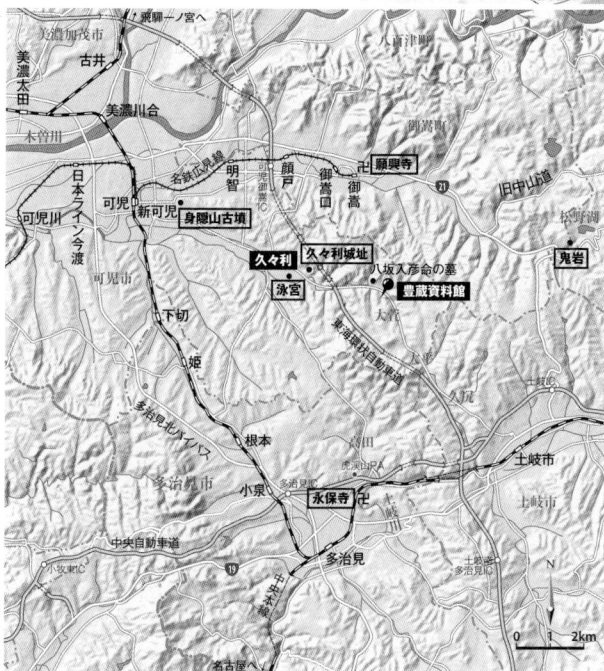

久久利之乡

就我所知，没有比陶艺家荒川丰藏更会享受生活的人了。他一年最多工作一两次，其余的时间都用来游山玩水。也许他本人并不认为自己在玩，不过，年轻时吃过不少苦的他，现在能够以轻松优裕的面貌示人，却是再好不过的事情了。因为闲暇时间很多，所以荒川先生总是会有各种稀奇的发现。每年为我传递花事信息的也是他，今年他告诉我，在飞驒一宫[1]，有一棵树龄千年以上的樱花巨木，还寄来一封特意画了图的信，充分体现出他对这方面事情的热心和周到。

而我在这方面一向也是不甘人后，所以一接到邀请就不假思索想马上出发。但花开有时，转瞬即逝，所以并不一定每次都能够完美成行。今年花期较晚，再加上有恙在身，所以最终抱憾失约。为表示歉意，我打算专程去久未相见的荒川先生的府上拜访。他住在岐阜县可儿町久久利，恐怕知之者甚少，从多治见方向进入北面的山中，荒川先生的家宅就在更深处写着大萱字样的地方。

---

1. 一宫，某地社格最高的神社。

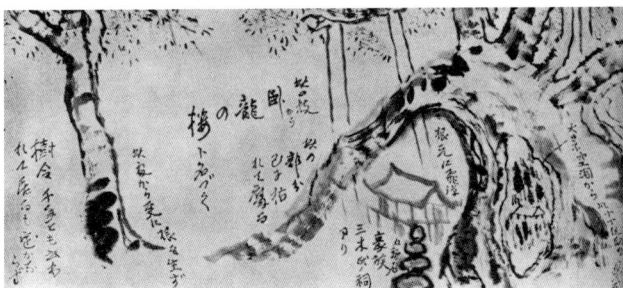

荒川先生的来信

晨起发现刚刚下过大雨。但当我们一路西行，天空也愈发晴朗，到达名古屋时，迎接我的是雨后闷热的天气。换乘中央线，在多治见下车，没想到荒川先生竟然亲自前来相迎。他说想带我去一个地方。既来之，则安之。我默默地跟在他身后，决定一切听他安排。

他说的这个地方是一座叫作虎溪山（永保寺）的禅宗寺院。寺内部分土地归荒川先生所有，建有"水月窑"，现在已经全部交给其子照料，可以说，那里是他与凡间俗世接触的一个据点。那附近我曾经去过几次，但还从来没有参观过寺庙。从多治见的郊外经过水月窑前，不久就到了山中。这里过去占地面积达一百几十公顷，根据农地法重新划分之后，也有七十公顷之广，是一座规模很大的寺院。在青叶之中穿行十多分钟，终于抵达山门。流过山门前的土岐川，水是白色的，大概是因为陶土的缘故吧。在多治见，陶器工坊随处可见，俨然一座"陶瓷重镇"，镰仓时代统领此地的土岐氏之名，最早也一定是源于"土器"。

这座寺院是根据足利尊氏的本愿，由土岐氏负责建造的，梦窗国师在移居嵯峨之前曾经在此地居住。

于浓州曰虎溪之山中栖居，乃深山秘境，概无路通，
却有立志修行之人避世拒访，奉道于此。

忧世欲归深山里
寂寞何须访人情

——《梦窗国师全集》

物换星移，这座禅寺却依然如文字所表，幽静深邃。它与京都周边的寺庙不同，占地宽广，极具规模，庭园也保持着自然的原貌，几乎没有人工的痕迹，望之怡然。

甫一进门，一株据说是梦窗国师手植的巨大的银杏树立于眼前，其身后的池塘宽阔浩渺。转到正前方，只见对面山上，一条瀑布从红叶丛中飞流直下，过桥之后行至正殿，一路风光就像室町时代的水墨画。没想到在日本还有这样的寺庙存在。看来，还有很多虽然在当地赫赫有名，但是我们还不得而知的秘境。没有必要在人山人海中，特意去京都和奈良参拜那些观光性质的寺院。

参拜过正殿，再一次经过"水月窑"前，向久久利方向进发。途中有叫作高田的陶窑旧址，现在是陶器工坊，但在大正时代之前，则一直生产制造充满旧日气息的一升德利酒壶。荒川先生的母亲，就出身于这里的陶工加藤与左卫门之家，所以于荒川而言，这是一片充满回忆的土地。德利酒壶一般来说一天可以制作三百六十只，行家里手可以做到四百只。那是令人来不及眨眼的速度，全靠变魔术一般的娴熟技艺。荒川先生用他骨节粗大的手指模仿着转动辘轳的圆圈动作，

让人仿佛看见几个德利酒壶从他的手底下变了出来。从五六岁开始就爱玩捏泥巴游戏的人，一定对泥土有着特别的眷恋。居住在自己出生的土地，从事着先祖从事过的事业，这样的人是幸福的。然而体会到这一点，则需要非常漫长的岁月。

荒川先生的窑场

道路渐渐深入山间谷地，沿着细细的溪流向北，一路可见很多灌溉用的水塘，大概是因为这里雨水稀少吧？车行三四十分钟左右，到达可儿町，从这里到美浓加茂市，是一片肥沃的平原。美浓古时写作三野或者美野，读作"MINU"，此盆地恰如其名，悠闲美好，充满田园味道。想来在岐阜县中，这一带是最早开化的吧？左侧那片舒缓的坡地叫番场野，享保中期曾在狐塚地方出土过铜铎[1]，高三尺九寸许，可谓硕大无朋。周边有很多古坟，对面的山岗上，远远望去还有几处石器时代的洞窟。

天气终于好起来，荒川先生建议在这一带散散步。我们先去了"身隐山古坟"。传说是景行天皇时期，君临美浓的八坂入彦之墓，圆坟至今仍然保留在高山之巅。自德川时代以来，这里曾数度出土古文物。汉代的铜镜、石剑、车轮石、勾玉、三轮玉等，达数百件之多。现在这里已经可以驾车一直攀到山顶，但在古代，这一片高山坐拥奇景，从遥远的木曾群山到日本阿尔卑斯、越前白山一览无余，无疑是豪族们最适宜的隐身圣地。

沿山漫步，看见山脚下一处密集古坟。看来美浓作为一个相对独立的文化圈，正因历史久远，后来的制陶技术才会发达起来。罗马非一日可建成。从外侧看到的只是冰山一角，在隐秘的部分一定还藏有很多真正的人类活动。

可儿町有著名的可儿药师。确切来说是愿兴寺，相传由传教大师最澄创建。根据寺传记载，在一条天皇时代，有一位名叫行智的尼僧正闭关于庵室之中诵经祈祷，药师如来突然骑着螃蟹，金光灿灿地从池塘中现身。从此，药师如来成为该寺供奉的本尊，"可儿"[2]之名也是由此而来。这里也叫"可儿大寺"，因为本尊为密佛，不可参拜，但新建成的收藏库中平安时代的佛像林立，可以想象当年的壮观。

---

1. 铜铎，日本弥生时代特有的祭祀礼器，由青铜铸成。
2. 可儿音 kani，与蟹的日文发音相同。

正殿虽然正在修缮，但这座建于平安时代的建筑立于空寂的寺院内，难掩威严之姿。它背倚着名为御嵩富士的神山，可见可儿药师愿兴寺原本也是神宫寺。这一带位于古老的中山道沿线，古道上还留有驿站宿场的痕迹，古道经过御嵩集落，直入山中。在山脚下有一处"鬼岩"，巨大的山岩耸入天边，风光绝美，难得一见。它是古代信仰的遗迹，会令人想起近江狛坂一代的景色，山顶有一处名为松野湖的湖沼，静谧安和，至今还流传着与酒吞童子相类似的传说。

因为非节假日，访客稀少，但据说一到星期天就游人如织，嘈杂脏乱。周边还建有奇奇怪怪的旅馆。鬼岩被认定为天然纪念物之后，附近迅速建起旅游宾馆。这种不顾后果的胡乱认定也应该慎重考虑了，太多植物和矿物得到认定后反遭到灭绝。鬼岩巨大无比，虽然没有被搬走的危险，但是周边遭到破坏也同样是一种灾难。从这里，我看到日本人心中的荒芜，心情沉重起来。日本有很多美丽的自然风光，人们却失去了保护自然之心。现在的情形不正是这样吗？大家蜂拥来看的是"天然纪念物"，并非先人挚爱和敬畏的大自然。自然迟早会还以报复。已经有很多迹象表明了这一点。

我们从御嵩翻过山岭，向久久利方向进发。中途荒川先生数次停车下去，回来时手上总是抓着些东西，是楤木芽和山椒，也有蕨菜。他说，这些都是今晚的菜肴。

山里还有几处桃山时代的烧窑遗址。本屋敷（久尻）、高根、大平、中窑、弥七田等，都是昭和初期由荒川先生和鲁山人先生发掘出来的。荒川先生现在居住的大萱也是其中之一，我们在写有"牟田洞古窑迹"

的石标前面下了车，沿着杂木林中的山路继续前行。野春菊已是花开遍野。野春菊也叫忘都花，"忘都"——我突然觉得，眼前这些可爱的花朵仿佛看穿了我的心事。

大萱古窑遗址

荒川的女儿带着两条狗，从上面迎了出来。以前荒川家和弟子住在一起，但是现在弟子们各自独立，在附近开设了自己的陶窑。在这样的深山之中，女孩子独自留守家中，会很寂寞吧？可她看起来完全不以为意，即使突然来了客人也从容如常。

在山腰的平地上，有一座美丽的茅草苫顶的田园式房屋，这就是荒川的家。因为过去曾是工坊，所以完全没有别墅的味道，也没有民艺的气质，这栋房子被荒川和家人住得越来越美。我曾渴望能在此借宿一晚，今天终于得以如愿，真开心。主人招呼我"入浴洗尘"，我这才知道原来浴室设在屋外。几乎是野外的露天温泉的感觉，主人说，

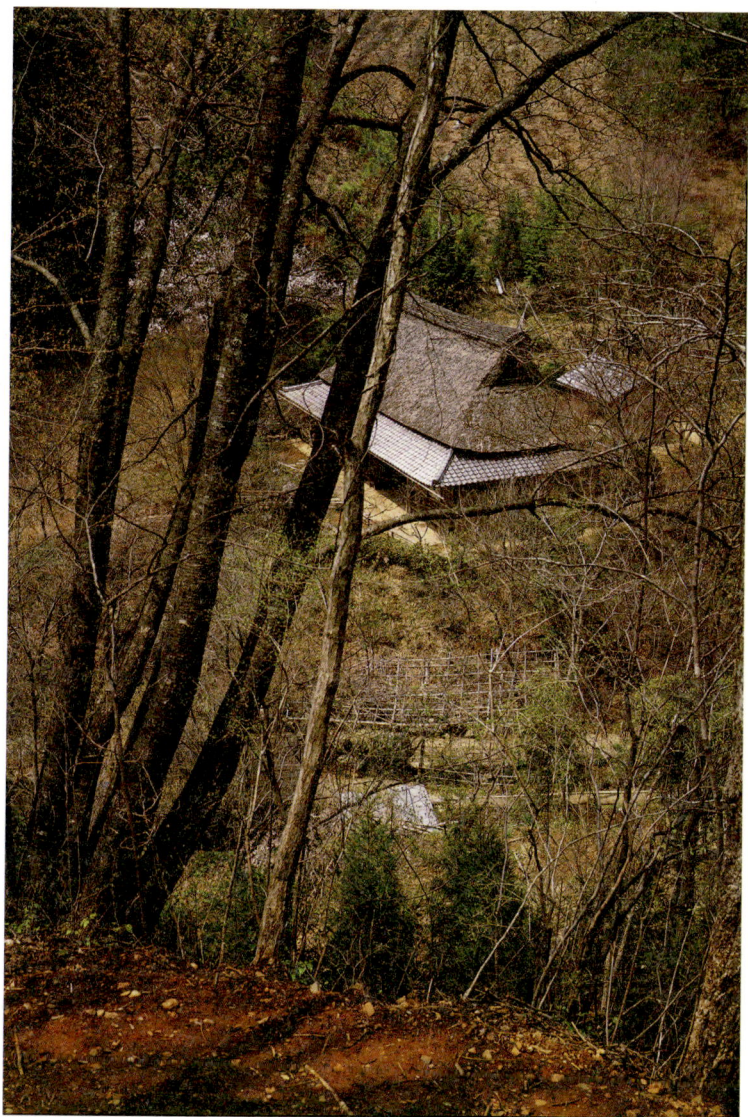

久久利的荒川家宅

除了猫头鹰经常探头探脑，几乎没有任何人会来这里，所以请放心地慢慢泡。

荒川先生家中，凹间处置有一尊漂亮的信乐壶，插着一支铁线莲，墙上的挂轴是光悦的书法作品，上书"二十六日"云云。如此说来，今天正是二十六日。无论是路上采摘的山菜，还是这种细致入微的体贴，对我来说，比什么珍馐美味都宝贵。前文所提到荒川先生过着的好生活，也绝非奢侈的意思，我认为，真正优渥富庶的生活，是与自己、与他人，都能博爱且心灵相通地交往。这种生活方式，荒川先生一定是从烧陶器物中悟得，从旋转辘轳的手中发现。进一步说，器物背后的茶道传统也不可忘。在这样的地方，茶道反而会默然出彩——不在充满虚饰的茶道世界，而是在连饮茶方法都不甚了解（荒川如是说）的自由的生活之中。此时此地，光悦（书法）和信乐（壶）都再不是美术品，而是日常生活中随意存在的物件，仿佛回归了原本应有的姿态样貌。

围炉用餐时，荒川先生的女儿在一旁烤着豆腐，荒川先生则为我烫好了清酒。路上掐来的山菜十分鲜嫩美味。虽说没有更多的菜肴，但我却觉得无比丰盛。晚上心满意足地稳稳睡下。只记得在接近黎明时，似乎听到了三两声杜鹃鸣啼。

第二天早上，贪睡了一阵之后，我起床去小河边洗脸。清晨的阳光穿过杂木林，明亮耀眼。吃早饭的时候，荒川先生建议说，难得到这里来一次，可以去飞驒看前些日子错过的樱花，我马上表示同意。从美浓太田乘坐高山线，距离发车还有一段时间，我们顺便去参观了景行天皇的"久久利宫殿旧址"。那是《日本书纪》中写作"泳"的地方，从荒川先生家步行过去，大约二三十分钟的距离。

荒川家的围炉一景

景行四年（74年），天皇曾在此滞留过一些时日。他听说八坂入彦之女弟媛是一位绝世佳人，便特意前去拜访，怎知弟媛藏身于竹林之中不肯相见。于是天皇决定观察一段时间，就地敕造了泳宫，在池塘中养了鲤鱼。终于，有一天弟媛悄悄过来看鲤鱼，天皇趁机将她带入宫中据为己有。可是弟媛心中不快——她说自己不具备做皇妃的资质，容颜不够美艳，身姿不够曼妙，难以长期于后宫侍奉左右。她推荐自己的姐姐，觉得姐姐更合适："名曰八坂入媛。容貌秀美，志气高远。请招入后宫。"在那个年代，对于男人来说，女子先表示拒绝似乎是一种风俗，可是如此坚决的拒绝，背后一定有其缘由。八坂入媛后来入宫成为皇后，诞下龙子成务天皇。

> 美浓高北乡，八十一邻宫；
> 天日向西行，闻有美姣童。
> 岐苏美浓山，当路不与通，
> 践山山不夷，冲山山不空，
> 岐苏美浓山，无情横与中。[1]

《万叶集》（卷十三）中所咏诵的这首和歌，也是以这个故事为背景的一种暗讽吧。和歌中提到的山分别是于吉苏山和美浓周群山，于吉苏山现在写作"奥矶"，矗立在久久利的背后，诗中故作九九，记为八十一邻，读作"くくり"（KUKURI），自有一番妙趣在其中。

八坂入彦是崇神天皇的皇子，统领美浓一带地区。景行天皇来到久久利，其实并非为了追求美人，与皇族或者势力雄厚的豪族联起手来，或者说征服对方，才是他的真正目的。天皇在所到之地，与豪族的女儿交往结亲，是使对方臣服的一个信号。从祭祀的立场来看，当时这些女性，通过结婚就可以得到支配这片土地，甚至土地之神灵的权力。所以它也是某种意义上的政治联姻，是神圣祭祀中的一种仪式。

弟媛之所以拒绝，一定是因为她想作为继任巫女留在故乡，选择了祭祀八坂神（可能是奥矶山）的使命。实际上弟媛家还是传说中的

---

1. 选自《万叶集精选》，钱稻孙译，上海书店出版社。

"姬之穴""蛇谷"所在地，相传弟媛闭关于此，最后被蛇吞下。这也是一种蛇婚传说，说明奥矶山自古以来就是圣地，至今仍残留着巫女闭关山中的记忆。八坂是个吉祥的名字，寓意多山坡。只要来到此地，行走在山路上，就会对八坂的语源产生深刻的了解。

在与荒川家隔街相望的对面，也有一座八坂入彦之墓。因为这里距泳宫不远，也许旧宅就在附近。身隐山虽然要气派得多，但这里的古坟，无论是形式还是出土文物，看起来都是景行时代以前的物品。美浓一带，从远古时代起，就有土著豪族在铜铎出土的丘陵附近聚居。八坂入彦是不是攻入并征服了那里呢？在同时代，御牧入彦、伊馨耆入彦、活目入彦……名为"入彦"的人竟出奇的多，这是否正表明了当时大和朝廷一统天下，向诸国派遣皇子并侵入了这些地区呢？

"くくり"是古语，意为扎染，也称为绞缬。但绞缬是外来语，"くくり"才是真正的古代大和语言吧？美浓地区有姓绞缬的武士，也有人说美浓是与鸣海齐名的扎染发源地，但我并不这么认为。因为这里到处都是陶器，却未曾发现扎染传统的蛛丝马迹。所以我认为，这里的"くくり"与扎染无关，更有可能出自白山信仰。而白山比卖又名菊理（KUKURI）媛神，是桑蚕的守护神，进一步说是纺织品的神灵，所以与扎染之间又仿佛有一些关联。单纯的扎染，纹样貌似菊花，是不是她名字的出处呢？如此说来，无论在身隐山，还是在大萱的八坂入彦之墓，其背后的山上都有供奉着菊理媛神的白山神社，恐怕这才是"久久利"名字的起源，如此断定也未尝不可。

泳宫有号称是景行天皇亲手种下的古榆树，树龄已超千年。我注意到古木的树叶依旧茂密，看起来很长一段时间都不会枯萎，不由放下心来。至少，在村中信仰犹存的时候，这棵树还会在的。危险的是由大自然孕育生长的山野古树，莫名其妙地被冠以天然纪念物之名，就会立刻招来虫蛀——把文化当作食物来蚕食的虫子。

久久利的宫殿遗址 古老的榆树

从美浓太田乘上了高山线。我还是第一次去高山，并不是特意地敬而远之，一是至今为止无缘造访，二是对太有名的地方不感兴趣。果不其然，这座城市让我大失所望。到处都是民艺，民艺被如此堆砌，着实令人厌烦。听人介绍过的著名的餐馆，也都是模仿京都，完全失去了山里人家的个性。最吸引观光客的是随处可以吃到的山野菜吧？民艺品店里，听说连东京的古董商都到这里来进货。民艺只有融入到生活当中才能体现出美，变成装饰或者礼品，就失去了意义。柳宗悦一再强调的，也不是这类东西。不经意地创造美，自由地用于日常，在美而不自知的从前，这里曾是多么令人向往的一座小镇啊。我不止一次这样想。

但古镇毕竟是古镇，它还保留着一些毋庸置疑的优点。第一就是人情温暖。至少在我所见到的范围之内，连出租车司机都是那么亲切体贴，服务细致周到。荞麦面非常好吃。平民茶点也很赞。近来，几乎所有的所谓"一流"品都在堕落，一些传统之物本应留有日本独有的优点，但素朴之物一旦丧失了谦逊感，硬去充作一流，结果必然是得不偿失。有关这一点，但愿地方的民众不会忘却。

在县厅的安土先生的指引下，我们去观赏传说中的樱花。在与高山相邻的一个叫作宫村的部落，有名为水无神社的飞驒一宫，我们首先去参拜神宫。这里不愧为树木之乡，社内的杉树和扁柏蔚然可观。经过南侧的鸟居，可以望见位山，那里应该算得是高山的后院，因生有成片的赤柏松（栎木）原生林而著名。过去宫廷中所使用的朝笏，按惯例皆为此山上的赤柏松所制，位山之名也出自于此[1]。然而安土先生说，最近他去一看，本应为神木的树居然被砍伐殆尽。每次听到这样的事情，我的心里都会感到一种撕裂般的剧痛。不由想大声诘问，这算什么文化国度，又算什么一流国家。

我们要找的樱花树在与一宫相隔一条铁路的另一侧，长在一座叫作大幢寺的寺院之中，人称"卧龙樱"。树龄达千年，树围有十二米之

---

1. 赤柏松也称日本红豆杉，日文汉字写作"一位"，故名位山。

粗，是仅次于根尾"淡墨樱"的巨大古木。之所以叫"卧龙"，是因为从母树上长出的旁枝（也有一抱之粗）横卧地面，钻到泥土中扎根之后，又长出了一棵年轻的樱花树，看上去确有神龙腾空升天之势。说是年轻，其实这棵子树也是有着两三百年树龄的古木，其生命力令人惊叹。有时，这样的大树总会给人年老力衰之感，而这一对樱花树母子，却是那么的健康苗壮，树叶鲜灵茂密，可以想象开花时的盛况。不过，叶樱也值得一看。它属于彼岸樱的一种，绿叶油光润泽，在初夏的天空中熠熠闪亮，此情此景，完全不输于花开之季。

根尾的樱花古木，据说也是连接了幼木之根才得以复活，所以，这里的母树一定也从幼木那里汲取养分。卧龙樱在日照良好的高处生长，下面是一片田圃，听说为了这棵古樱，这片田圃将会被铲平。古樱被照料得非常好，四周也没有那种常见的狭窄的石栅栏。这种规模的古木未被认定为天然纪念物，让人深感稀罕，也许永远不要被莫名其妙地认定才是古木的幸福。无论如何，只要安土先生还在，它就是安全的。我虽然与安土先生是初次见面，但是据荒川介绍，他是"卧龙樱"的恩人。

经安土先生提醒，我注意到从幼木上伸出的细细枝条，已经垂向地面。无风而摇曳的诱人姿态，看起来是那么渴求泥土之亲。不知何时，这根枝条终会落到地面，生根发芽，渐渐又会长出一棵新的樱花树吧。没有充足的条件则不会出现的奇迹，这棵樱花树花了数百年的时间做到了，而且一气呵成。我感慨着造化的神奇，不由用手去抚摸那细弱的枝条。仿佛见证了树孙的诞生。母树一定也带着同样的想法在凝视着。万中之一的机会，上天会不会再赐予一次呢？

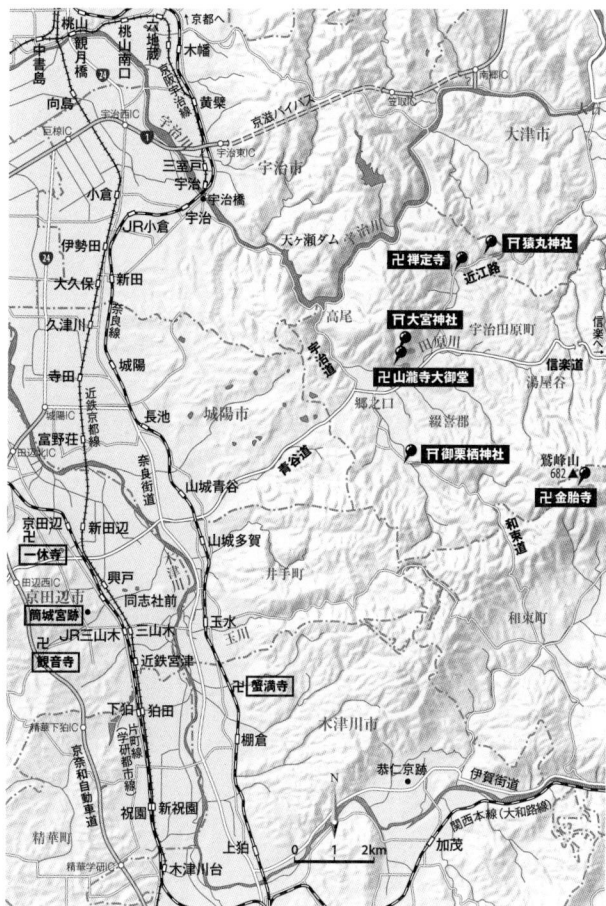

第二十章

田原的古道

　　刚开始进行连载不久，我曾收到一封寄自宇治田原的读者来信。来函者名叫西尾福三郎，他在信中介绍说，自己居住的地方，比较接近于"隐庄"的感觉，提出若有兴趣，他愿为我做向导，五月是最好的季节，如果有意，请提前告知。

　　经常收到类似的信件，让我觉得很感动，但因我这个人比较懒散，很怕与人做约定，结果却更加失礼。这次却不同以往。因为大约十年前，在往返信乐期间，我曾经路过宇治田原一两次，从那时起，我就对这个地方抱有兴趣。

　　不过，因为琐事缠身，还是一直未能成行。不久前终于如愿前往，却正赶上梅雨季节。在梅雨季节里，当地特产的茶叶、栗子、柿子、松茸一概全无，那是观光旅游最糟糕的时期。但托赖西尾先生的关照，这次旅行仍然让我感到心满意足并乐在其中。西尾先生做着与茶叶相关的生意，是一位充满热情的乡土史研究家，经常会在杂志上发表文章。他为人沉静，总是默默地指引，我只要静静跟从就万事足矣。在这片土地上，只需沉浸在景色与空气之中，所有的解说都显得多余。只静默不语，反而更能够直接接近历史之魂。他仿佛深知这一点。

从京都经奈良的街道南下，刚过宇治，只见左边是不算高的连绵山丘，叫作缀喜冈，沿山麓有井出玉水、蟹满寺、小野小町以及橘诸兄等众多古迹，在木津川的右岸，还有薪一休寺（酬恩庵）、观音寺、岩姬皇后和继体天皇的"筒木宫"等，文化的发祥与开化非常久远。

缀喜冈跟表面上看起来大为不同，实际上相当深邃。道路从宇治、井出，或者更南面的和束开始都有通行，踏进其中，你会发现重峦叠嶂，连绵不绝，宇治田原的城镇就位于这片山陵正中的盆地。从京都出发，除了现在走的这条路之外，从滋贺县的大石和信乐亦可进入。犹豫片刻，我决定选择最近的那条路，从京都到宇治，在宇治川右岸的天濑水库折转向南。

因为连日阴雨，宇治川激流滔滔，让人联想起《平家物语》中的景象。过了宇治桥向左转，沿着通常所说的"宇治川路"，瀑布一样的急流冲击着河岸。水势凶猛却清澈如碧，大概是因为从琵琶湖一路奔来，经过了岩石众多的深川浅濑的缘故吧。很快，宇治川就遇上田原川支流，汇合之后又转向右侧的山中。沿途的山地风景，让人很难想象这里距京都只有二三十分钟车程。此处已经是宇治田原的入口，而隔川相望的山顶之上的高尾，才是真正意义上的秘境隐乡。那里最近才开始通车，但也需先到一个名为乡口的地方，从南侧绕道而往。乡口，顾名思义，指的是田原乡的入口，今天经过的宇治道、从奈良的井出过来的青谷道、经恭仁京而来的和束道、穿过滋贺县的近江路以及信乐道皆交汇于此。

宇治田原就是这样一个地方，自古以来就是连接大和、近江和京都的交通要冲。壬申之乱时，天武天皇从大津一直撤退到吉野，经过的正是田原道（《宇治拾遗物语》）；惠美押胜之乱时，官府军队先发制人，在势多迎战，亦是近江路上的一条分支（《续日本纪》）；南北朝战争中，后醍醐天皇潜幸至笠置的途中，进入鹫峰山，同样经由宇治田原南下（《太平记》）。这里不愧为历史交错之处，是逃亡者隐居避世的绝佳场所。本能寺之变中，德川家康仓皇逃回故里，途经此地；平治之乱的信西入道，逃亡于此最终被斩下首级；遭到织田信长攻击的近江佐佐木氏，也逃到了田原之内。前文提到的高尾村，就是佐佐木氏家族的隐居之所，那里作为平家的流亡部落而为人所知，但实际上他们是源氏之后裔。

山顶人家极致高远，名曰高尾村，村人以捕鲇为业。茅屋凌驾云端，断桥俯瞰流水。绝境之地有人居，令初见之客胆战心寒。

鲇落时节
山越发高了

——与谢芜村

与谢芜村的田原之行是在天明三年（1783 年），可见高尾村从彼时起就已经是一处风格独特的名胜了。我到访的那天偏赶上视野欠佳，据说天气晴好的日子里，可以远眺大阪城。对面的山隘名为六国山，在当年可将六国之境尽收眼底。站在此处，虽因天不作美无缘观景，心中却丝毫没有遗憾，唯觉心旷神怡。因为此处地势高远，更给人一种神秘感。据说古代的道路都是通过山脊，那么从奈良翻越缀喜冈，从高尾通往大石之路，也许就是最古老的道路。在村子的入口处，有一座"一井"，也称"黄金井"，有清澈的山泉汨汨涌出，相传为弘法大师挖掘。这口井是高尾村唯一的饮用水源，我更觉得它应该是在比弘法大师更加久远的时代就有的灵泉。这个地点刚好位于宇治川与田原川的交汇之处，最初难道不是旅人们净身祓禊之所吗？我突然觉得，高尾应该称作神尾才更贴切。

高尾之乡

这里也是赏梅胜地，从山麓到山顶，生长着很多造型漂亮的老梅树，柿子树、栗子树也不乏可见。盘踞在山崖的农家房舍里，都建有用来风干柿子的仓库，在柿子的收获季节，运送出大量的田原名产"古老柿"。村中只有十四五户人家，据说皆为佐佐木氏的子孙后代。这座看似贫寒寂寥的小村庄，生活却相当富足。

跨过田间小路，登至山顶，有一座镇守村庄的神社，这一带被称为"御邸"，据说天平时代，志贵皇子曾居于此地。皇子是天智天皇之子，光仁天皇之父，后被追尊为天皇，因为曾在田原地区生活，谥号田原。

湍流岩上奔

蕨芽初萌垂水畔

忽而已逢春

如此优美的和歌，正应诞生在高尾这样的所在。虽然皇子不会住到高山之上，但也许建有行宫别墅或者狩猎场。而"岩上奔"的"垂水"，应该不是什么瀑布或者溪流，更有可能是被称为"弘法大师之泉"的那口"一井"。涌泉奔流，好似清洌的瀑布，最终注入田原川。那里是与宇治川合流的神灵栖宿之地，在"湍流岩上奔"的咏诵之中，庄严肃穆的气氛并非我一人之感受。初读似有牧歌之风，但那贯彻始终的张力，不正是向神灵的献礼，同时又表达了正在萌芽的"山蕨"之寓意吗？皇子一定有出世之预感。如其所愿，其子最后得登天皇之位，而皇子本人也被追谥为田原天皇。

沿着山边，田原川从东面的山林深处一直流到这里。近江路和信乐道在中间分开，前者向北，后者跨越南面山地，直通信乐。周边的沿山之处，有很多古老的神社和寺庙，可见田原之乡就是沿着这条河以及街道，渐渐发展起来。

被称为"北方大御堂"之处，现在只有一座小小的祠堂，但是过去曾叫山滝寺，从奈良时代起就是名刹。寺庙背倚的山上，有一座大宫神社，神社内的一部分被辟为志贵皇子的御庙。皇子之墓在大和添上郡的田原（今奈良市）也有一处，名为"田原西陵"，大概那里才是真正的陵墓吧。从地形来看，此地更像是宅邸的遗址而非御陵。这里背靠天王山，曾发现当时的瓦片以及古陶器等物，由此看来，皇子或许曾在此滞留过很长一段时间。

《万叶集》中，留有很多隽永的和歌，但其背后的故事却鲜为人知。在天武天皇的子孙们相继被杀害以及流放的时代，贤明的皇子隐居到田原，静静地观看着宫中的风云变幻。

> 苇边来往鸭，羽翼有霜垂；
> 霜落严寒兮，大和入梦思。[1]

这首和歌，《万叶集》中注释为皇子"临幸难波宫"所作，而实际上，读起来很像是居住在田原时的切身体验。并且，皇子在飞鸟时代迁都藤原京时，曾吟咏出以下和歌：

> 故宫宫女神，曾有风吹时，
> 明日香风远，望都空尔吹。[2]

这样的歌句，听起来并非是从眼前的藤原京，而是从更遥远的如田原之乡这样的地方遥想古都的呼声。

下面这首和歌，慨叹了大友皇子（壬申之乱时遭遇杀身之祸的弘

1.2. 选自《万叶集》，杨烈译，湖南人民出版社。

文天皇）的悲剧。皇兄的悲惨命运，对亲王来说无疑是个巨大的打击。即使并无其他寓意，却让人感受到体验着山中生活的皇子发自心底的深切同情以及悲哀。

> 鼯鼠缘求木末时
>
> 深山猎人至
>
> 狭路正逢之

在爽朗明快的词句之下，这些和歌中有股暗流贯彻始终，在那里，隐藏着一双深谙人生的沉痛之眼，使读者体察到作者仁慈温柔的心。自壬申之乱以来，亲王目睹了数不尽的悲剧，渐渐形成了一种隐者的风格。成为光仁天皇的白璧王，也像他的父亲一样，为人含蓄内敛。正因如此，他才得以在朝廷危急之时，临危受命，登临天皇之位，完成意外的飞跃。光仁天皇与归化人高野新笠所生之子，即后来的桓武天皇，这些长期被排挤的天智天皇的子孙，终于得以重见天日。

大御堂所在之地，叫作"庄司屋敷"，相传是藤原秀乡的旧居遗址。藤原秀乡又被称为俵藤太，有田原之藤原家长子太郎之意。秀乡也是一位传奇人物，在历史上留下了很多传说，他身为下野的押领使[1]，是因讨伐平将门[2]而闻名的英雄。并没有任何记录显示他曾经住在田原，

---

1. 押领使，平安时代日本律令制度下的官职之一，司警察、军事职责，维护国内治安。
2. 平将门，桓武天皇的五世孙，于朱雀天皇天庆二年举兵谋反，自称新皇。后在幸岛郡北山一战时身中藤原秀乡的镝矢而战死，其后遭到斩首。

即便如此，联想到著名的百足退治的故事，可知他与近江关系颇深，或许曾同三上山的豪族有过交战。据西尾先生介绍，田原乡旧宅第中的住户皆为秀乡的子孙，至今仍保留着家谱。秀乡是藤原北家的后裔，在这一带，藤原北家是占有广大领地的豪族。从这一点来看，他与平将门亦非截然不同，在朝廷日渐式微的年代，他是各地诸侯国中风起云涌的地方豪族的首领，可谓武士的源流。曾居于庄司屋敷之说虽不可信，但是藤原家族中的异端之子，燃起青云之志，在此周边山野中高视阔步的画面，作为一种想象也不失为一件趣事。

如前文所指，这里是近江路与信乐道的分叉点，以大御堂为中心，很多神社和寺庙聚集于此，在稍微偏离一点的地方，有座名刹古寺叫作禅定寺。

这是在一条天皇时代，由藤原兼家创建的寺院，与宇治的平等院、木幡的净妙寺一样，饱含着藤原家族的敬神之意。尽管地处偏僻山中，在战乱年代，禅定寺仍然难逃战火。如今，当年的殿宇已经荡然无存，但是茅草屋顶的本堂正殿，仍然流露出山中寺庙独有的沉稳气质，山门前镰仓时代的石塔，也散发出古意盎然的光辉。从高台俯瞰田原的山野风景，美不胜收。在重重叠叠的山丘的另一边，我们即将造访的鹫峰山巍然而立，被群山包围着的盆地一派祥和安逸，默默地展示着自身的"隐国"之相。

寺庙本尊为原木拼造的漆箔十一面观音，周身笼罩着隐隐的沉重之气，藤原时代的样貌犹存。此外还有平安时代初期的日光菩萨、月光菩萨、文殊菩萨、地藏菩萨等，在这深山之中，每一件作品都可谓珍贵的杰作。据住持介绍，有些藏品是从附近的废弃寺庙搬移过来的，

禅定寺的五轮塔

保存得如此完好，可见下了很大的功夫。听说最近要建收藏库，于我而言，还是喜欢在质朴的正殿之中近身观赏。当然从消防防火的角度来看，置于正殿确实存在危险，但是一件美术品被困于玻璃箱之中，对于神佛来说究竟是不是一种幸福呢？我表示怀疑。

在寺院中品尝到的清茶格外醇美。柔和香郁的味道萦绕在舌尖，久久不散。宇治田原茶田遍布，禅定寺的茶田也不见得有何特殊。这款香茶，据说是一位檀越闲来自制的，他分让给了寺院一些，是极为上等的好茶，因为制作起来费时费力，实在难以作价出售。在批量生产的时代，很多东西的品质都降低了。现在想吃到上好的稻米，恐怕都要自己生产才行。这个社会，对于讲究吃的人来说，生活艰难。

十一面观音像与文殊骑狮子像（禅定寺藏品）

从禅定寺前往近江方向，在与滋贺县交界处的关口，有一座猿丸神社。

　　有鹿踏红叶，深山独自游。
　　呦呦鸣不止，此刻最悲秋。[1]

相传猿丸太夫曾居于此山中，这首和歌也是在此咏出，但却无处可考。因为猿丸太夫是否确有其人也不得而知。但是自镰仓时代起，人们开始相信他的存在，鸭长明也曾写到在"田上之下，有名曾束"

---

1. 选自《小仓百人一首》，刘德润译，外语教学与研究出版社。

的地方，有猿丸太夫之墓，并亲自前往探访（《方丈记》），那里的垭口叫作"猿丸岭"，就是因这些传说而命名。

关于这个谜一般的人物，柳田国男与折口信夫都曾有过详细的考证。据考，猿丸并非指个人，而是指踏遍诸国的巡游诗人团体，专司神职。如果让我加以补充的话，他们和逢坂山的蝉丸一样，是侍奉关口边境神灵（或者坂坡之神）的神职人员，蝉专司音乐，猿则专事模仿。我总觉得，他们与猿田彦、猿女君，以至于猿乐的艺能之间存在着相当久远的关联。《续日本纪》中曾提到"元明天皇时之人，柿本朝臣佐留（猿）"，根据折口信夫的研究，这是类似于柿本人麻吕的人物，或者是步人麻吕之后的诗人也未可知。"奥山"之歌之所以在《古今和歌集》中不知作者，不过是因其为默默无闻的庶民罢了。从《古今和歌集》到《新古今和歌集》之间的三百年间，很多猿丸被集结成一位猿丸。我倾向于认为，这位猿丸曾居于此处山关垭口。"奥山"之歌能够被藤原定家选入《百人一首》，是因为字里行间，有幽山迫近的空寂，可闻孤独神官的叹息。神社也位于此，静卧在如今仍有野鹿出没的森林之中。

从这里向西，数座山岗绵延相连，一座座山谷之间有古道相通。而这些谷地出产的茶叶据说最好，相传镰仓时代，明惠上人在栂尾培育的茶树种子，由其弟子带到了这里。茶田漫山遍野，令人叹为观止，沿着蜿蜒连绵的丘陵，大自然所描绘的一色碧绿的横缟纹样，具有着无论如何前卫的绘画、雕刻都无法尽显的现代感。然而听说真正香醇味厚的茶叶，并非出自这茶田，而是来自大自然培育出来的野生古山树，听此介绍，我兴味更浓。

接下来（西面）的山谷名为汤屋谷，据说在天平时代有温泉涌出，汤原王曾在此居住。汤原王是志贵皇子之次子，也是《万叶集》中著名的歌人，如果说培育了他们的是田原之乡的风物水土，亦毫不为过。这对父子，观察自然的目光之精准，以及深藏胸中的沉郁的人生观如此相似，只是汤原王更女性化一些，线条也更纤细，这只能归因于时代。

从信乐道向西，大约五座山岗绵延相接，山谷间的道路都通往鹫峰山。鹫峰山是脚踏缀喜冈、君临南山城的主峰，它作为镇守奈良都城的神山，同时也是修验道的圣地。山上建有金胎寺，相传为役行者开山创建。登上这座山顶颇需费一番气力。车可以开到半途，但是从山顶还要步行越过山脊。我们在森林中跋涉了一阵，当巨大的杉树出现在眼前，本堂就不远了。在这里，周遭寂静无声，能够听到的只有莺鸟的鸣啼，深山气势压倒一切。

立于本堂之侧的多宝塔是镰仓时代的建筑，仅次于石山寺的宝塔，身姿优雅。沿着它旁边的山路向上攀登，不久就到达一块叫作"空钵峰"的平坦之地，据说在天气晴好的日子里，从这里眺望，可以一直看到琵琶湖到三上山，南隔木津川到生驹、葛城周边。然而，伫立于云海之中的氛围也令人难以舍弃。"万木青山在我心"，山上野百合盛开，清朗的香气在空气中缭绕，美妙不可尽之于言，其中情致，唯有身临其境才可以真正体会。

我本想顺便参观山伏的修行道场。看看住持给我们的地图，发现要越过好几座山谷，大概需要两三个小时的时间。一直走到中途一个叫作"伏拜"的地点，只见前方的岩石峭壁奇崛险峻，而我已经没有

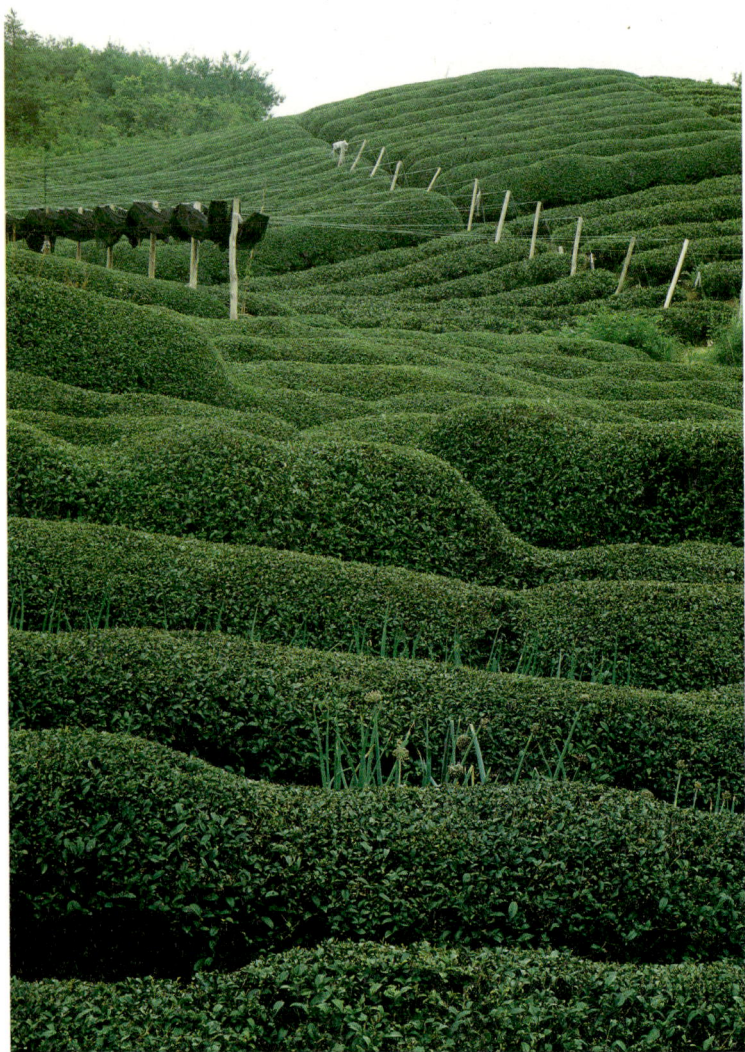

宇治田原 汤屋谷的茶田

体力去挑战了。下方传来雷鸣般的瀑布声，雾气缭绕，可以想见修验道的修行之苦。有别于吉野的大峰，鹫峰山被称为"北方大峰"，人来到这里不由得颔首称是。"伏拜"是指向葛城山祭拜吗？山岩之上，役行者的石像仿佛欲言又止，玲珑盘坐的身姿却是妙趣横生。

前面曾经提到，元弘元年（1331年），后醍醐天皇凭借鹫峰山众徒的相助，入得金胎寺，但因为深山之处诸事不便，所以翌日便朝笠置方向而往。那是八月二十六日至二十七日期间发生的事情。

因此，金胎寺被足利军队所烧，禅定寺、大宫神社以及其他诸寺均在同期遭到毁灭。这样的秘境隐乡，向来都是南朝的拥趸。可以说，正是天武天皇以来流亡者们的传说、避世隐者们的故事，成就了田原的历史。

下了鹫峰山，我们顺便参观了位于山脚下的御栗栖神社。这里是田原乡的一宫所在，也叫作"田原栗栖宫"。神社位于最西面的谷地之中，只有这里地势平坦开阔，现在为茶田，但过去一定种有很多栗子树。根据《宇治拾遗》的记载，天武天皇经过田原之时，村人献上了煮栗子。天皇道，"如梦想可成真，定会发芽"，顺手将栗子埋在了旁边的山里，结果长成了挺拔的大树。后来，这里出产的栗子就作为"田原御栗"进献宫中，一直延续到明治初期。

就这样，我们沿着田原古道巡行一周，地域范围比想象中要宽广许多，着实令人吃惊。有历史的土地是有内涵的。在西尾先生的带领下有幸到访的这些地方，内涵过于深邃，我无法完全领略，逸笔至此，虽觉草草，但也算第一次抓住了田原的全貌。这是一片独立的地域，拥有与都会截然不同的文化。从京都，从奈良，不到一个小时车程的地方，居然还有这样的世外桃源，日本真是个不可思议的神奇国度。

鹫峰山顶　金胎寺

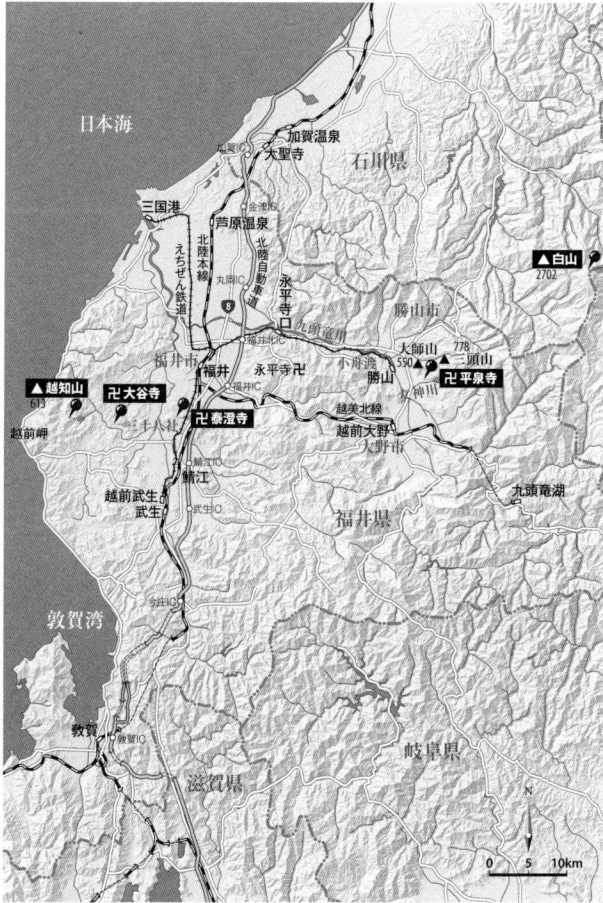

第二十一章

日本海

加賀温泉

大聖寺

石川県

三国港

芦原温泉

北陸自動車道

北陸本線

えちぜん鉄道

永平寺口

九頭竜川

勝山市

▲白山
2702

大師山
590

三頭山
778

福井市

福井

永平寺 卍

小舟渡

勝山

女神川

卍平泉寺

▲越知山
603

卍大谷寺

卍泰澄寺

越美北線

越前大野

越前岬

鯖江

大野市

越前武生
武生

福井県

九頭竜湖

敦賀湾

今庄IC

岐阜県

敦賀

滋賀県

N

0   5   10km

越前　平泉寺

　　去越前采访时，友人曾极力向我推荐平泉寺，说那里的参道值得一看，青苔也极美，连京都的苔寺都无法与之相提并论。

　　积习难改，我在采访的过程当中也喜拾路边草。当时工作进展得很顺利，编辑心中有数，很爽快地答应陪同。终于在一个秋高气爽的早晨，我们向平泉寺进发。

　　这座寺院位于胜山市郊外。从福井沿九头龙川一路向东，三十多分钟就可到达胜山。途中，我们在永平寺略做停留，但因游客众多，只得匆匆退出。也许这种寺院，如果不遇风雪天气，是很难从容参观的。

　　在胜山南面驶离九头龙川，沿其支流女神川行驶片刻，就看到了传说中的参道。入口之林虽然叫作"菩提林"，但实际上并非山林，而是像山林一样郁郁苍苍的林荫大道。左为大师山，右为三头山，更远的对面应该可以眺望到白山，但今天雾气蒙蒙，不得而见。参道的两侧是山谷，车子沿着山上的平道一路攀登，两旁遮天蔽日的巨大杉木，正如传说中那般气势非凡，在巨木的遮蔽下，这条路仿佛永无止境。终于，眼前渐渐明亮起来，坡度平缓的石阶出现在眼前，路尽头有一块写有"平泉白山神社"字样的石标。门前既无山门亦无鸟居，只有两间小小茶室，与方才的永平寺相比，恍若隔世般的寂静。

登上石阶，左侧就是平泉家的住宅。平泉家自桃山时代起代代兼任平泉寺统管，现为帝大教授的平泉澄先生已经是第二十四代传人了。因与平泉家人略有往来，所以我便借着取导览图及明信片的机会前去问候，一位气质高雅的年轻夫人迎了出来。一问才知，她是平泉家长子的夫人。拿到明信片之后，她带我们参观了宅邸内的庭园。这座庭园建于室町时代，正像少夫人介绍的那样，因为人手不够，所以略显荒芜，但是十几种苔藓的绿色，却是鲜艳夺目，令人眼前一亮。

因为尚在游览中途，我们匆匆辞别了少夫人，去寺院境内漫步参观。有关平泉寺我一无所知，但其占地广阔，很多地方还保留着石壁和基石，杉木林完全被苍苔覆盖。如今，京都的寺院已经为废气污染和纷至沓来的观光客而伤，这里却迥然不同，虽然现在不是最佳季节，但是眼前的土地铺满了青苔，宛如天鹅绒般柔软饱满，阳光透过树枝间隙洒落其上，光影斑驳，熠熠生辉，竟有不可方物之美。

从平泉家出来再向上走一小段，左侧有"平泉"之源头——灵泉，至今仍有丰沛的泉水涌出，注入旁边的"御手洗池"。池畔是拼成三角形的石板地面，正中以及三个角的位置各种着一棵神木杉树，似乎象征着白山的三座山（大御前、别山、越南知）。后来我才知道，万物以三而分，是白山信仰的形式，登山口也分为美浓马场的长滝寺、加贺马场的白山本宫以及越前的平泉寺三处。跨越三国，分据三峰，本是自然生成的结果。"马场"之名，历史上最早出现于《平家物语》中（木曾义仲的愿文）的记述，按照规定，参拜者行至马场，须下马徒步前行。

平泉寺内

平泉的灵泉周围似乎是禁足地，留有古老的石壁遗迹，从那里沿山林向上走不远，可以看到鸟居以及更深处的拜殿。它是否也叫作山王鸟居呢？与日吉神社一样，神社正中间呈山形，代表着山岳信仰。登上路尽头的石阶就是本社，左右各供奉着越南知和别山，沿着高大的石壁，转向右边，只见一些损毁了的石佛与石塔层层相叠，形式仿若石冢纪念碑，不知是因为一向一揆[1]的暴力所致，还是遭到了废佛毁释的破坏，在此处无声地诉说着这座寺院的艰辛历史。上方有座高大的楠公五轮塔，像是石头堆起来的，一定也在同时遭到了毁坏，看起来是后来复原之物。附近有攀登白山的登山路，到得此处，周遭充满深山气息，冷冽的空气渗入体内。苔痕草色，明艳动人，并无丝毫晦暗之感，穿过杉木的树梢，俯瞰下方风景，视野通透，令人心旷神怡。

平泉寺得以保存下来的只有巨大的杉木和遍地青苔，建筑、佛像、石制美术品一概全无。这显得寺内更加清寂。我被这里的青苔吸引而来，未做他想，也只看过青苔而归。根据简单的导览页的介绍，可知平泉寺由泰澄大师创于天平时代，从平安时代到镰仓时代因得源氏一族的推崇而兴盛一时，在建武中兴时，成为南朝的支持者（楠公的供养塔即缘于此），其后，虽遭受一向一揆的巨大损害，但很快复兴，从桃山时代到德川时期再度达到鼎盛。平泉家在天正十一年（1583 年）再次复兴时兼任本院（贤圣院）及这里的住持，是传承至今的名家。能够了解到的情况只有这么多。

---

1. 一向一揆，是日本战国时代净土真宗本源四排信徒所发起的起义。

那以后不久，我又去拜访了美浓的长滝寺。主要目的是去看能面，但在那里，也接触到了白山信仰以及泰澄大师的足迹，了解到周边现存的白山神社有一百多座。在造访近江湖北地区时，以渡岸寺为代表的很多寺院，相传都是泰澄大师开山创建，供奉着白山的本地佛十一面观音。越前地区更不必说，所到之处尽为白山神社，对大师的信仰至今依然根深蒂固地保留着，令人惊异，此前无缘得知的东西，渐渐地引起了我的兴趣。或者说正因为有了兴趣，白山以及泰澄的名字才慢慢地留在了我的脑海中。

然而泰澄大师其人，在历史上也被视为传说中的人物。这一点与役行者并无二致。但是，在越前，平安时代写成的佛教史《元亨释书》中有《泰澄大师传》这样的代表作流传了下来，遗迹也很清晰地保留着，让人觉得这样的人物是确实存在过的。

概括起来讲，泰澄于白凤十二年（682年）六月十一日出生于越前的国麻生津，其父为三神安角（也写为三上、御神，也许是近江三上一族的分支），母亲出身于伊野家族。伊野家族曾统领平泉寺附近、九头龙川河岸的猪野濑，即古时的伊野原一带。大师自幼便崭露头角，显现出与众不同的才华，十四岁时梦到十一面观音，每晚都会外出。父母察觉到以后，让兄长跟随其后探察究竟，发现他进到越智山中的山洞里，只静坐于内，默默祈祷直至天明。后终于剃度出家，以比丘之身独自闭关于越智山中修行，二十一岁时，被称为"越之大德"，声名远播至奈良都城。

登临白山是在他三十六岁时的春天，因领授到"天衣璎珞饰身之贵女""尽早前来"的神谕，他从现今的平泉寺附近，经大野、笪川、伊野原，排除万难，登临山顶。其后他闭关于山中，断荤食素达千日之久，在那里，他再次见到了绝世美人，"十一面观自在尊者之慈悲玉体忽现，妙相遮目，光耀周身"，少年时梦到的观音，终于浮现真身。

在四年左右的闭关生活中，很多人慕名前往。养老六年（722年）七月，因元明天皇染病，四十岁的泰澄被御召进都城奈良。他身边两位弟子卧行者、净定行者服侍左右，二人形貌"状如老猿，行住难安，见者皆窃笑不已"，就像跟随役行者的前鬼后鬼。此二人凡遇宫中人嘲笑，便怒摇梁柱，使殿宇摇摇晃晃，仿佛大地震来袭，可见其粗犷暴烈，好似山伏的前身，甚为有趣。

元明天皇很快痊愈，念泰澄功德而赐"神融禅师"的称号。泰澄再度返回白山，于四十四岁时得遇行基菩萨，二人一见如故，谈笑风生，泰澄讲到自己亲身体验的"本地垂迹说"时，行基"拱手良久以示感佩"。他与入唐求法而后归朝的玄昉亦有交游。当疫病横行或天灾降临时，他会奉旨祈祷，在当时是名冠天下的一方圣贤。天平九年（737年），圣武天皇赐其"泰澄大和尚"之尊号。晚年时的泰澄蛰居于家乡越智山山麓的大谷，兴修水利，传播佛教，为民众造福。称德天皇在位的神护景云二年（768年），泰澄在大谷以八十六岁高龄寿满天年，无疾而终。

行文至此，可以说泰澄大师是山岳信仰的创始者，神佛习合的元祖。私以为，这种思想是日本所有文化的母体，泰澄与役行者是几乎同时代的人，如果行基、玄昉都能与之产生共鸣，则说明在当时，神佛相融已经在所有的地方萌芽。东大寺建立之时，宇佐八幡的祈福请愿家喻户晓，它被视为垂迹思想的嚆矢滥觞。

众所周知，所谓本地垂迹，是指佛以神明的姿态出现，普度众生的一种思想。这是从佛教的角度来看，如果从日本人原本的心境出发，则应该反之阐释为神明化身为佛才更合理。这种思维比较自然，而本地垂迹也正是经历了这种过程才发展壮大起来。对于泰澄来说，因为白山信仰的传统历史悠久，所以很顺利地吸收了佛教，神佛以非常自然的形式达成了合体。

如前文所述，白山神祇是名为菊理姬的女神。不过最初这里的神祇其实无名，只有白雪覆顶的美丽山姿被直接信奉为神明。

> 永无消尽时，皑皑常寒冽，
> 越路白山名，由来缘白雪。

> 他乡依恋苦，辗转到何时，
> 不见白山雪，我身安往追。[1]

——凡河内躬恒

在《古今和歌集》的时代，依然留有上文和歌中视物的风俗习惯。肌肤似雪，让人联想到美人的玉体。不知从何时起，白山开始被称为

---

1. 选自《古今和歌集》，纪贯之等编，杨烈译，复旦大学出版社。

白山比卖，冠以菊理姬之名，而渐渐人格化起来。这是非常久远的古代故事，甚至可以看作是神代纪时的事情。多愁善感的少年泰澄，从故乡的越智山日夜眺望的，正是从太古时代起就雄踞一方的充满了历史色彩的神山。在泰澄的心中，它绝对不单是一座美丽的山峦。在母亲出生的伊野原的另一边，雪峰高耸入云，在那里，他也许看到了慈母的面容，梦到了理想中的女子。伊野原一带，如果联想到有清纯的妙龄女子因失恋而遁入空门，甚至可以写成一部小说，而事实却也相去不远，正如凡河内躬恒所歌之"遥遥思君切""难渡白山雪"的身姿，又在泰澄的心中映出一幅影像，最终与十一面观音合而为一。也许他曾经在某处拜祭过圣林寺观音那般美丽高贵的观音菩萨，记忆与白山重合在一起。白雪覆顶的神山，会让人想起天竺的大雪山（喜马拉雅山），幼年起的各种经历以及记忆，一定强烈地撼动了他出身于乡间的淳朴内心。虽是乡间，但越前开化发祥较早，特别是从朝鲜半岛传入的文化，比传往大和腹地的还要丰富。泰澄正是出生于这样的地方。其父三上氏（如果）出身于近江的三上山，来自有"三上之祝"之称的宗教色彩浓郁的家族，诞生于古老的豪族之家，与他的信仰也不无关系。

最近我所到之处，总是会听到泰澄之名。尤其在湖北地区，由泰澄开基创建，由最澄复兴的寺院非常之多。前面我也曾记录过供奉十一面观音的故事。虽然不是百分之百地相信，但是残留的遗迹却明白无误地标示出泰澄被圣召至奈良的路线。我想起前几年西国巡礼时，在近江的岩间寺，第一次接触到泰澄的名字。这座寺院位于醍醐寺与石山寺中间，巡礼路线是从醍醐寺的内山开始，右下俯瞰宇治川，通往石山寺方向。在那里有两株神木，虽已枯萎但仍然伫立在原地，之所以记得清楚，是因为当时我就莫名被这两棵古木吸引，如今查阅相关书籍，发现有如下的记录：

根据寺传记载，在元正天皇时，有一位名叫泰澄大师的和尚，在此山中过夜，天明时只听得旁边的连香树中传出诵经的声音。翌日他说服村民们锯木察之，只见树中现出千手观音像，遂依形雕刻出佛像而拜，这就是该寺院的起源，而这株锯木，也被作为神木，至今仍然保留于本堂之前。

元正天皇也许是元明天皇之笔误，泰澄与山伏一样，假寐于山野之中，听到大树中传出经文，正说明树木信仰与佛教一致，可谓是"立木观音"的原型。

在前阵子造访过的宇治田原的鹫峰山，也留有他曾经驻留过的传说，在"空钵峰"瞭望台，传说投下空的铁钵，钵器会满盛着稻米再返回来。由越前经近江、山城，从地理上来看，泰澄的足迹相当准确地流传下来，所以我觉得泰澄入奈良，也并非仅是传说。如果更加仔细考察，可能还会发现其他很多相关证据。如果是传说，能够留下如此多痕迹的人物却从未存在过，简直匪夷所思。我突然无法抑制地渴望再一次去到越前，去看看泰澄出生的地方，特别是越智山。再度成行，是在梅雨过后的闷热的一天，能够再次领略到平泉寺的青苔之美，也是我的期待之一。

泰澄大师出生的麻生津位于足羽郡西面的三十八社。从福井市向南，古亦称朝六、朝三或者朝儿，正是《奥之细道》中的"度过朝六桥"之所在，是和歌歌枕之名所。

沿着北陆道的旧道，在一座安静的小村庄中看到泰澄寺。这大约是大师圆寂之后，当地的信众建起来的一座寺庙，看起来像是巡礼的一处驿站，民众信仰浓重墨彩地保留，还立有写着"观世音菩萨灵场"的立牌。根据《地名大辞典》，三十八社是产所八社的谐音，意为泰澄的诞生之所，但也许指的是附属于寺院的特殊身份的人们所居住的"散所"部落，这种平淡无奇的小山村随处可见，很难让人想象到奈良时代的样貌。这一带是越前平原的中心地带，福井市内外散落着一些古坟群，三上家族或许曾是统领这一片土地的豪族之一。

越智山距离三十八社并不算远。这座山隶属丹生郡，位于越前岬的东方，越行越近，沉稳的山容也逐渐清晰起来。称其"越智"，想来古时大概是越国的神山。山势比外表看上去更加幽深，道路险峻，奥院曾是女人结界之魔所。东望白山，西眺日本海的风光，地景堪称壮观绝美。

少年泰澄的闭关之所，正是拥有如此绝景的神山。朝观白山日出，夕赏落日染红的日本海。十一面观音的出现，也许就是在这样的瞬间。他因仰慕观音之姿，而立志登临白山之巅。现代的登山家攀登是为了征服，与之相比，古人们则是带着更加虔敬之心，渴望与自然合为一体。两者共通之处在于对于高山永不停息的憧憬，从某种意义上来说，登山是一项极富感性的体育运动，也是一种信仰。

从越前平原随处都可眺望白山，但从越智山方向来看，白山则处于正东，或与太阳信仰有一定的关联。从越智山方位，三座山峰一览无余，也许越智山曾是白山的遥拜所之一也未可知。

泰澄度过晚年时光的大谷寺，位于麻生津和越智山中间，从城中街道登上石阶，有座小小的祠堂。堂前莲花池，至今流传着类似中将姬用莲丝织成曼陀罗的传说。祠堂侧面的入口处，有相传为大师之墓的九重石塔，建造于镰仓时期，保留完好，像是一个很好的证据，证明了信仰仍在此地生机勃勃地存活着。再往上走，出现一块平地，有一座"御本地堂"，不消说，白山本地十一面观音之本尊就收藏于此处，但因为时间仓促，无缘拜会，唯有抱憾离去。

大谷寺的莲，泰澄大师之墓

越智山、大谷寺、泰澄寺，接着往平泉寺方向，泰澄所走过的道路笔直地指向白山。看地图可以知道，这些地点就像用尺子比过一样，位于一条直线上，亦绝非偶然。在没有准确地图的时代，究竟是如何测定的呢？这一切不免让人觉得不可思议，但我从中看到了一个勇往直前、心无旁骛、真挚热忱的年轻人的身姿。泰澄不愧为继承了三上之祝血脉的古代萨满教的代表人物。有时被混同于役行者，或者被称为以役行者为模特的虚构人物，虽说也不是完全没有道理，但是一个从未存在过的人，又怎会留下如此多的传说以及信仰的传承呢？

由小舟渡的伏拜远眺白山

从麻生津通往平泉寺的途中，在九头龙川沿岸，有个名为小舟渡的村庄，那里有一处叫作"伏拜"的地方，是白山的遥拜所之一，隔着清冽的河水以及河滩，可以清晰地远眺白山全貌。因为刚好处在河流的迂回之处，澄澈的流水泛起小小的浪花，看起来就像是从白山方向流过来的。泰澄以及其后的行者们，一定也遥望着神灵栖宿之地，虔诚地向着神山祈祷吧。而后，他们向平泉寺进发，神灵也再一次向那座美丽的青苔之寺移动。

远远看见菩提林，不由心潮涌动。眼前这片风景，经过北陆道的源义经一行一定也同样曾经远眺。根据《义经记》记载，他们是在雨中精疲力竭地到达平泉寺的观音堂。镰仓幕府从很早以前起就禁止山伏，所以寺院众人多觉怪异，但对其中变装为稚儿的义经正室产生关注。以弁庆之机敏，义经一众平安逃过，但是惊慌失措的义经之妻，却被热衷于美丽稚儿的僧兵们强拉着，整夜饮酒开宴。所幸最后被放了回去，还被赠予了各种礼物特产。

曾经号称坐拥六千坊、拥有众多僧兵的修验道本山平泉寺，如今菩提林深，沉静得如同在安眠。这次再访，刚好赶在一次祭祀活动之后，参拜者络绎不绝，但是在近十五公顷之广的寺院境内，那种静谧的氛围却丝毫未受影响。虽然地处闷热的越前平原，但此地仿佛一个别样世界，水灵幼嫩的青苔比秋天时还要美，杉木也生机盎然。

平泉家的庭园中，沙罗双树开花了，像山茶花，又比山茶花还要大方高贵，清雅有致，淡淡的芬芳飘荡在四周。我有生以来第一次看到沙罗双树花，花朵圣洁，与释迦涅槃的场景相得益彰。

平泉寺的菩提林，平泉宅邸庭园中开花的沙罗双树

　　日已西斜，青苔在夕阳的照耀下越发显得生动闪亮，很快，长长的树影开始一点点退下。白山之雪也一定被夕阳染成绯红。刚才从伏拜远眺之时，看到有斑斑白雪在这夏日季节守住山巅，令人感慨不愧为"越之白山"。虽然一般称之为"加贺白山"，但那是从德川时代开始的称呼，在这里，如果不以"越前白山"名之，则难以服众。从越智山到平泉寺的泰澄大师之旅途，三峰同望之地点，再加上位于美浓与加贺中间，表征着主神"大御前"等等证据表明，将越前看作是本家才最合乎情理。带着如是印象，黄昏中，我离开了天光渐暗的平泉寺。

第二十二章

朽木へ↑

高島市

N

0 1 2km

十の町 多
中の町
久多
卍志古淵神社

梅ノ木町

安曇川

卍明王院

大悲山
741
卍峰定寺

葛川

花脊

比良山
1051

近江舞子

比良

京都府

滋賀県

志賀

花折峠

途中
卍勝華寺

蓬莱

琵琶湖

途中越

161

和邇

和邇川

湖西線

小野

鞍馬

大原

大津市

堅田

おごと温泉

守山市

高野川

848
八瀬 比叡山

叡山電鉄
鞍馬線

京都市

八瀬
比叡山口

京都へ

坂本
京阪電鉄
石山坂本線

比叡山坂本

161

葛川　明王院

去年夏天，我们去花背山参加了火祭活动。归途中听说近江的久多正在进行"花笠踊"活动，便顺路去了一趟。火祭结束已经过了午夜十二点，所以到达久多已经是半夜一两点钟左右了。在漆黑的夜色中难辨方向，也不知自己将被带往何处，沿着一条极窄且崎岖的山路向上攀登，三四十分钟的样子就登上了山口。这是位于丹波高原与近江交界处的一道山口，在白天一定会看到琵琶湖。视线越过重重山壁，可以看到山谷中有一座孤零零的部落，闪动着红彤彤的火光。

不用问，那里就是久多村了，名副其实的"暗夜之灯"的景象，深深地打动了我的心。从山口朝着村子的方向一路下山，很快，我们再次融进了庙会祭祀的喧嚣之中。"喧嚣"一词用在这里似乎不合适，应该说是一个和缓的涡流。在一座名为"思古渊明神"的奇妙神社中，色彩缤纷的花笠淹没了全社，哪些是游客、哪些是舞者也已经全然分不清。在明亮的灯火下，一切都凝聚在一起，静静地移动。

神主端坐在舞台上，俯瞰着舞蹈的涡流。他是一位面色黝黑的老人，形象酷似三番叟，肃穆庄严的表情，很好地再现出了神灵降临的画面。花笠由樱花、菊花、鸢尾、牡丹等四季之花装饰，花笠下面是装着灯火的灯笼，因为很大，所以只能用手捧着摇摇晃晃地前行。和着节奏缓慢的歌曲节拍、进五退三的单调舞步，让人想起"反闭[1]"的步法。

对此我不甚了解，只觉歌曲和舞蹈皆具古风，悠长的圆舞中，仿佛可以窥见平安朝的面容。盂兰盆舞自不必说，恐怕念佛踊以及能乐都曾出现在这种祭祀活动中吧。在这里，唯有时间恒久绵长，观众、神主，甚至连我自己都已经消失，在来自遥远过去的熊熊火光中，肆意地交出了身心。

离开这个似乎永远不会结束的祭祀场所，我与同行人告别，途经梅木部落，回到了京都。到达旅馆时已经接近黎明时分，火祭连着花笠踊的不寻常的气氛，让我久久不能入睡。

日子过得真快，时间转眼过去了一年。然而那梦境一般的魅惑感却一直没有消失。在那之后，我曾数次打开地图，仔细查看地点。但是在地图上却找不到标示山口的道路，我这才明白，自己去的是一个尚未通车的地方。

再详细一点说，从京都经过八濑、大原，有一条穿过若狭的街道，叫作途中越。我们攀登过的陡坡叫作"花折岭"，它是一座分水岭，在这里，高野川向南、安云川向北流去。安云川在这里汇集了很多支流，沿比良山里侧北上，在朽木谷附近拐了个大大的弯，最后注入琵琶湖。两岸如刀削般陡峭的断层，是过去水灾时留下的痕迹，相当有名。

这样的一片土地，直到最近都未与京都通车，是一片与世隔绝的秘境，住在这里的只有山人和运木材的船夫。古时，为雄略天皇所杀的市边押磐皇子之子（后来的显宗，仁贤天皇）逃往播磨之时，据说曾经过这条路，相传义经落难北陆，足利义晴为避三好之乱，走过的也是这条沿河之路。

其中最有名的莫过于被朽木村的木胎匠人奉若神明的惟乔亲王的传说，因为皇子的宅邸位于大原，所以悄悄来到此地绝非不可能。越过花折岭，有一座名为"葛川明王院"的古刹，经过寺院门前一直下行，可以到达刚才提到的梅木部落，再沿支流久多川，进入西部谷地，就可以看到花笠踊的村庄。位于上游的地方，地名有上、中之分，村民们从上神社开始，经过中神社，向着下方的思古渊，一边舞蹈，一边沿河而下。

这里所写的内容，恐怕第一次读到的读者会觉得摸不到头绪。只管想着是个很深的溪谷并顺流而下就好了。安云川有很多支流，在每一个谷地都有村庄，曾数度造访如我，到现在都分不清楚究竟。但是就在数次往返之中，我了解到这里的河川一带，供奉着一位名为思古渊的古怪神灵，汉字亦写作志古夫智或者丑渊。到了八濑附近则变成御子渊，有这么多的对应汉字，可以判断是在还没有日本文字的时代就出现的古老的地主神。思古渊的含义不甚明了，但是不妨做一个外行人的解析，因日文中"丑"字与"思古"同音，而丑者如御前侍卫苇原丑男那种，与其说是丑陋，其实更代表着一种粗犷、强劲之意。安云川在那时起就是一个经常泛滥的令人恐惧的河流。

有一次，思古渊携其子一起运送木材，突然竹筏一动不动，当他注意到时，发现儿子已不见踪影。思古渊急忙用长篙在水中搜索，只见河太郎正抱着其子潜在水底。思古渊严厉告诫河太郎，要他交回自己的儿子，并让他发誓，今后无论何时，对于"头戴草编蓑笠，足缠香蒲绑腿，手持辛夷长竿"的人，永远不会加害。

在民间故事中，草编蓑笠是运木材的船夫的通常装扮，可见思古渊正是船夫筏师的守护神。至于河童不得加害同业中人，听起来似乎可以加害其他人，仿佛在展示同业者的团结以及古代信仰的一种形式，倒也趣怪。换言之，木胎匠人等其他人都没有被纳入保护范围，所以后来拜了惟乔亲王这个新的神灵，就我所知，现在他们似乎也颇为不满。木胎匠人从故乡君田移居至此，大概是在平安朝初期，而遍布谷地的信仰早已在此地牢牢地扎下了根基，根系之深就像幽邃的山谷。

最近我才知道，思古渊的本社就设在葛川明王院。是京都博物馆的景山先生告诉我的，他还送给我一本书《葛川明王院》。

说起明王院，去年我在京都博物馆观赏过一场镰仓时代的绘图展，展品极美，所以我印象深刻。之后，又在坂本附近遇到了名为"回峰行者"的一个形象特异的团体，据说他们的大本营也在明王院。在京都城里，他们被称为"阿阇梨"，很受人爱戴，人们相信，如果能够被用念珠抚摸头部，便会免灾除祸，平安地生活。这些都是旅馆的老板娘告诉我的。

从前种种因缘际遇如丝线般从四面八方汇集到一起，我的兴趣立刻被挑起。虽然曾经数度经过明王院门前，却从未进去观看。我打算专程去一趟葛川。萌生这样的想法，是在今年的初春，因为积雪太深，所以一再拖延，没找到合适的出行时机。

葛川明王院古绘图（部分） 镰仓时代

进入七月，有一场叫"太鼓乘"的活动。

在等待该活动期间，我临时抱佛脚，恶补了一下相关知识。根据寺传记载，葛川明王院是贞观元年（859年），由比叡山无动寺的相应和尚创建。虽说创建，但是真正建起寺院是后来的事情，最初它是修验道的道场。

相应出生于近江浅井郡，家姓栎井，相传为孝德天皇的远孙。他十五岁时上比叡山，十七岁剃度出家。相应是一个天生信仰深厚的少年，在修行间隙，他每日采撷鲜花，不间断地供于根本中堂前。慈觉大师圆仁将一切看在眼里，当三条良相提出想为一个年轻僧人做供养，他就马上推荐了相应，曰"其与汝之良缘相应"，"相应"之名由此而来。

借此机会，相应进入了"笼山十二年"的修行，他的愿望是能够拜见不动明王的真身，并将其影像永远留在比叡山。一天晚上，药师如来托灵梦于他，使之与山南岳的一座小小庵堂结下了缘分。这即是至今依然保留着的东塔无动寺，相应别名为"建立大师"或者"无动大师"，也源于此。

为"镇护国家"而严格修行的活动虽然在此地重又展开，但相应跟随三井寺的智证大师，巡回三塔，入大峰山，进行的是偏重于山岳信仰的修行。山岳信仰也在奈良朝廷的关注之下，但同时，在日本，佛教开始了第一次本土化，相应担负着神佛混同的一方重任。因此，他虽然属于比叡山的一派，却创立出略经变异的信仰体系。前面所说的回峰行者，就是这种信仰的实践者，他们足迹遍及各地，通过肉体苦修，达到精神的统一，是极端禁欲的苦行者团体。

比叡山的回峰行者

天安二年（858年），文德天皇之女御[1]多贺几子染恙，朝廷特使来到相应处求助。虽然相应不愿下山，但是圆仁座主的请求碍难推辞，相应和尚衣衫褴褛，趿着鞋子直接踏入宫内，不顾众人白眼相向，开始行修验道之咒法。于是，幕帘内突然滚出一名女侍，在和尚眼前高

---

1. 女御，天皇嫔妃位阶的一种，地位仅次于皇后和中宫。

声叫嚷，而女御的病则完全康复。此后，相应经常被召请至宫中，声望很高。现在依然有"土足参内"一说，回峰行者穿着草鞋直接进入御所的风俗，据说就是从那时开始形成的。

回峰行

回到山里的相应，想寻求一处更加清净的修炼之所，开始在比良山中寻觅。贞观元年（859年），相应二十九岁时，断去所有谷类食物，只食草木之果维系生命。有一天思古渊明神化身为一位老翁，指点相应说，此谷地深处，有前人未曾踏足的灵地，而在灵地山中的"三泷"，一定可以见到不动明王。于是，使常鬼、常满两童子带路，和尚终于得以深入到安云川的源头。

常鬼、常满的子孙后代，现在仍然居于明王院旁边，主持祭祀及其他祭拜活动，可谓是思古渊明神土生土长的后裔。其家族姓氏为葛野，名字初始写作净鬼、净满，后"净"渐渐演变为"常"，且因厌恶"鬼"字而改为常喜，但是对于我们来说，"鬼"字颇具山人之风，倒更显谐趣。不动明王身边的矜羯罗、制多伽童子，曾有很多人扮演模仿，二位童子的原型是否正是出自于此呢？不动尊者自身就以山人的姿态出现，山伏正是仿其形象而为，也许模仿的正是佛像所示。比良山深处有十九条瀑布，相应大概是从琵琶湖经险窄的樵路进入到葛川，但"三泷"是指从明王院开始数起的第三条瀑布，所以相应一度到达途中镇、越过花折岭的推断或许更为妥当。

在瀑布前，和尚禁食十七天，不眠不休，心无旁骛地进行祷告。满愿之日，他凝神向瀑布前的跌水潭望去，只见常年萦绕在他梦中的不动明王正沐水而立。他不加思索地跳入潭中张臂拥抱，才发现怀中只是一棵连香古木。而刚才看到的那个栩栩如生的人像，正刻在树上，这就是一直保存至今的明王院供奉的本尊，用同样材料造出的另外两座佛像，一尊在比叡山，另一尊则收存于近江伊崎寺。

或许有人会说，这不过个传说，同样的故事比比皆是。但是这种传说使寺院得以创建，即便是编撰出来的，每次听到我都会感动不已。很快，由回峰行者这个特殊团体组织的相应和尚的体验之旅就要达成。如果将信仰看作与艺能一样，那么单纯的传递是不够的，需要在实践中传承，在传承中达到洗练和精致。由此也可以联想到作曲家和演奏家的关系。

在回峰行者的装扮中，最引人注目的就是覆在头顶的帽状物。此物名叫作桧笠——也叫不动笠，是将桧木即扁柏的断面木纹薄薄剥下，编织而成，用现代语来说就是遮阳帽，可铺开，打开之后面积足有半张榻榻米那么大。回峰行者将桧笠从两侧卷起覆于头顶，也有说这是取自莲卷叶的形式，想来最初是晴雨兼用的便捷随身装备。

回峰行者

　　插在腰间的法剑，一名"花切"，缘起于祖师相应每天摘切鲜花献佛的典故。有时可用来护身防卫，是登山时必不可少的装备，其他如法绳、锡杖、头陀袋（经袋）等装备，以及袋中所盛之物皆有规定，像茶道用具一样整齐规矩，没有任何无用之物。这所有的随身装备，都是仿照不动明王原型而打造，而不动的宝剑与套索则全部出自于山人的日常生活，虽然形状外观上会有些许不同，但也适用于现代的登山家。相应和尚当年在山中徘徊逡巡，身上的装束虽不尽相同，但也大致类似。或许他在寻求的并非不动明王，而是自身的灵魂。在抱住不动明王的瞬间，他牢牢抓住的古木似乎暗示了这一点。

　　现代人总体来说轻蔑形式，但是，精神性的东西往往是形而上的，人的愿望需要寄托于某种实体才能表达。如今，正因这种不言自明的道理都被忘却了，宗教和艺术才走向了堕落。回峰行者所持的每一件物品，都有详细的规定和方式，也绝非没有必要。尽管很多物品在后来会显得多余，但是严密、细致地仿效祖师之做法的过程，也会使人自然而然地从精神上学习祖师。

归根到底，修行是个人的行为，不必教授行为方法，而要在耳濡目染之中渐渐领会。他们即使失去了团队，也能够独力修行，这一点与传统艺能非常相似。回峰巡礼通常一年一度，以百日为期，每天从凌晨两点开始，日行三十公里，行千日则需十年，十五回成为大先达，三十回则大大先达。回峰二字说起来轻巧，却是需要穷尽一生去完成的大事业。

回峰巡礼路线有多条，除了从比叡山到坂本的"七谷越"，经黑谷下到八濑的"走出"之外，还有葛川参笼等，在每一个地点，都要进行被禊净身及祈祷。走过奥比叡行车道的人，会对过西塔之后一个"玉体杉"立牌有印象。那里是车行新道与旧行者道交汇的地点，从路边向上攀登不远的高处，可以看到一棵巨大的双株杉木，行者们会在此眺望京都，遥拜御所，祈祷国家安泰。这不过是漫长的回峰巡礼中之一例，在无人知晓的地方，至今仍有人默默地在做着这些，足以令人感到惊奇。

葛川参笼一线，据说是只有富有经验的行者才会被许可进行的搏命苦行。明王院可谓整个比叡山的后院。如今行者道从坂本沿琵琶湖湖畔到坚田，再由坚田向西，经比良山山麓到达途中。从途中翻越花折岭陡坡，沿安云川到达葛川，所以葛川不是指支流，而是指上游的溪谷。那里如今也生有很多连香树，行者沿着溪流从下方经过，会在很多地方进行被禊之礼，夏日里或许会很凉爽舒适。即便是苦行，整个路途都经过非常认真的安全考量，非有勇无谋的登山家和徒步者可比拟。路线设计倒像能剧中的"架桥"一般细致周到。

他们清晨五点从坂本出发，午后两点到达途中。在这里有一座名为胜华寺的寺院，功课之后稍事休息。这时，他们会将沿路摘得的鲜花插在石船上，置于正殿前方，让人想起爱花的相应和尚优雅温柔的心。

玉体杉（比叡山）

这座寺院住着据传曾照顾过相应的老户人家宫垣，就像千百年前曾经做过的那样，他们照顾着行者。行者在翻越花折岭这道险境前，按规定要在山隘之上摘下莽草花，"花折"之名也由此而来。

在山巅回望比叡山，景色宜人。行者一行在此祈祷，象征与比叡山以及凡界告别。因为从花折岭开始进入比良山，不能再拜比叡山，所以在胜华寺的供养，意味着最后的餐食和饮水。相应的赴死之决心，以这种形式传承下来。下午四点左右，到达明王院的行者们，在山门前的泷川进行水垢离，洗濯身体，之后便进入断食及断语之修行。常鬼、常满的家宅位于寺院门口的两侧，至今仍在守卫着明王院，两家的主人照顾着所有人的起居，为我指路的也是常满家族里的一员。

寺院内的景象，与镰仓时代的绘图几乎无甚差别，只有地主神社迁到了前方，过去神社所在的地方叫作"地主平"。看绘图可见周围立着一些类似石碑的东西，是代表了行者们祈愿的立牌，当年存留下来的只有一个，供于本堂之中。那是一座高逾四米的巨大的板塔婆，也是用连香木制成，上有墨笔勾勒出的护法童子。不动明王与供奉的本尊几乎同样姿态，一定是按照相应和尚感知并雕刻在连香木上的影像直接仿制出来的。祈愿牌随着时代的变迁也越来越小巧，足利义满和日野富子（义政夫人）的奉纳之物也还保留着，但与镰仓时代的板塔婆相比，难以同日而语。现代的物品越做越小，到最后只是一块木牌。今年的回峰行有二十九位行者参加，可以说相应的精神细密绵长地传承了下来。这种信仰如果流行起来，一定会变味，所以也许由极少数人严格地守护，反而是件好事。

铺垫了这么多，终于迎来回峰行的高潮，也就是七月十八日举行的"太鼓乘"。

暮色降临，高大杉木围绕着的本堂周围聚满了参会者，十点左右，由常鬼、常满领路，村中的年轻人簇拥着行者，如脱兔一般蜂拥而至。一时之间，人声乐音在山谷里回响，我仿佛亲眼目睹了天狗再来的盛况。

与此同时，外围开始进行"太鼓回"。直径超一米的大鼓沿着外围转圈行进，这面大鼓也是用连香木制成，敲击使之发出咚咚咚的声响，据说象征着瀑布的声音。就这样转行片刻之后，戛然而止。

供于明王院本堂之祈愿牌上所描绘的护法童子像

"大圣不动明王蹬此而飞！"

喊声未落，一身白色装束的行者突然跃出，飞蹬大鼓之上，合掌之后旋即呼喝着跃下。紧接着大鼓再次一转，间不容发，下一位行者再次跃至鼓上，以此往复，饶有气魄，震撼人心。接下来，祖师相应一跃而入瀑布龙潭的情景也得以再现，相应由新达（新入的行者）来扮演，这也相当于一种入会仪式般的历练。新达经过辛苦磨炼，被训斥教导，委以各种琐事，连睡眠的时间都很少有，经历这样的苦行之后，才能够作为一名独立的行者得到承认，加入群体当中。

祭祀活动结束时，时针已经转过午夜十二点，村人们还在地主神社前舞蹈狂欢，似将通宵达旦。村庄与寺院，神与佛和谐统一的景象，让人觉得平和安乐，不由想起思古渊明神向相应和尚引介不动明王的故事。

太鼓乘法事

但一切并未就此终止。离开盂兰盆舞人群般的喧嚣，行者们回到本堂之中，闭关悄声唱诵起经文。诵经的声音渗入夜半的森林，与远处传来的欢声笑语成为对照，让人感觉似乎抚触到了山岳信仰的深奥之处。所谓密教，也许就是远古时代自然与语言交织在一起的秘密真言。那里有不可对人言说的世界，说出来则变成虚妄，如幻术般消失的世界。我虽然不懂经文的意思，但是却仿佛听到他们正在如此反复唱诵。

翌日，也就是七月十九日，当所有规定的功课结束之后，行者们开始进行瀑布祈愿。瀑布祈愿也叫作"泷诣"。这一天是思古渊明神将相应和尚指引至灵瀑的纪念日，常鬼、常满的家人身着净衣，赤足为行者做向导。身披麻衣、头戴斗笠的奇特装扮，就像呵斥河童时的思古渊一样，生动有趣。

过去曾影响了比良山到花折岭广阔地域的思古渊明神，现如今只作为附社，在地主神社的旁边被供奉。这种衰落似乎也是日本自然神灵必然的命运。他们常以老者的姿态现身，正是象征着自己已日渐老去，为响应民众呼唤新神的需求，介绍佛菩萨似乎是他们应该尽到的义务。待功德圆满，他们就会隐形于佛身之后，看似消失，实际上却是化为佛。佛教中比神道还更加宣传这种思想。相应感知的不动明王，正是思古渊的直系之子。瀑布中现身以及雕刻于连香木上，都代表着自然信仰的形式转换，对于回峰行者来说，则是与自然的山水完全化为一体。这种信仰过于深奥，非你我可参透，但我却觉得自己通过次活动，也了解到一二。在自然逐渐遭到破坏的今日，还有这样的人存在，即使人数寥寥，也会让人觉得安慰。毋庸置疑，历史并非在书桌上，而是在这些民众的实践当中，在不停的前行中存活着。

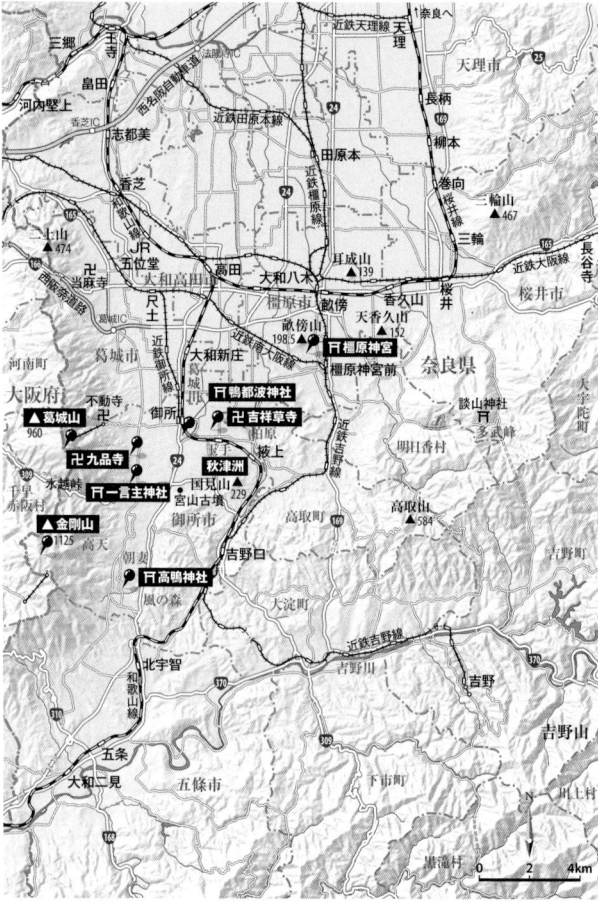

第二十三章

葛城之境

山复有山的山代川，

顺着上流我走到宫里去，

过了佳丽的奈良山，

过了青山如屏的大和，

我所想看见的地方，

是葛城的高宫，

故乡吾家的近旁。[1]

——《古事记》

此为磐之媛皇后与仁德天皇闹翻之后，躲到山城的筒木宫时，在"奈良山口"咏诵的一首望乡之歌。

皇后的御陵位于登临"歌姬越"旧道，隔水上池，俯瞰平城京的高台之上。南面大和平原遥遥可望，如遇空气清透明澈之日，可以从葛城一直望到吉野。距筒木宫也不算远，想来皇后或许经常伫立此处，

---

1. 选自《古事记》，安万侣编，周作人译，中国对外翻译出版社。

默默地望着故乡的天空。这位任性的皇后因善妒而著名，但其留于记纪[1]万叶的一首首和歌优美隽逸，让人不由忘记她的缺点。我喜欢葛城，也是因为这些美好的歌赋，而葛城这个美丽的名字，似有一些不可思议的魅力，莫名地吸引人。

> 葛城高野间，
> 有草我先知，
> 又结草标去，
> 而今悔后迟。[2]

——佚名

这首万叶和歌，发出了如果早知葛城是位美丽的处女，怎会眼睁睁看她嫁做人妇的感叹，这也是我们对葛城山的向往之情。奈良之飞鸟被称为日本的原乡，但自神武天皇以来，甚至更早之前就已经开化的葛城地区，才是大和文化的发祥地。也许只是因为年代过于久远，此地重峦叠嶂，只有围绕在山与山之间的传说流传了下来，所以不及发生在飞鸟及山边之道的故事那样广为人知。吸引我的正是这一点，没有什么比原始的风景与信仰更能唤起人们的想象力。在往返于纪州以及吉野的途中，我为葛城神奇的魅力所吸引，数度在这一带流连忘返，每一次都难以尽兴而归。而通过这次访游，我终于明白，若只从

---

1. 记纪，《古事记》与《日本书纪》的统称。
2. 选自《万叶集》，杨烈译，湖南人民出版社。

公路稍微进入一点点，葛城山并不会向你展示它神秘的原貌。

　　我一向不是个有计划的人，说是访问，却没有什么明确的目的。夏日将尽，这个略带倦意、有些慵懒的季节让人没来由地喜欢。于是在一个晴朗的日子里，我决定从奈良向着橿原行进。出发不久，西面的二上山便跃入视野。山顶有大津皇子之墓，因中将姬的传说而著名的当麻寺则镇守于山脚。葛城连峰从这里开始，向南一直延续到葛城、金刚，所以古代将这一片地区全部称作"葛城山"。

　　在快到橿原神宫的地方右转，过了高田街镇，进入御所市。这里是葛城的中心地带，山势迫近，与远眺的景象全然不同，在层层梯田之上，山貌幽眇如墨染，巍峨高耸，至今仍不失神山之风骨。镇中央有一条名为"横大道"的古老街道，我将要访问的九品寺正对着这条古路。说是街道，实际上逼仄狭窄，车辆勉强能够进入，从川流不息的国道进入到这种人烟稀少的田园之路，有种突然被带回了远古世界的感觉。

　　登上高高的石阶就是九品寺的正殿，左侧可见僧坊。今天我将要借宿于此，所以先过去放下行李，在走向房间时，眼前毫无防备地出现一片绝世佳境。

　　左方的大和三山仿佛触手可及，对面的三轮山秀丽多姿。眼前脚下，正是我刚刚经过的御所街市，隔着田圃，只见丘陵叠错，苍翠欲滴，这就是记纪中所记载的玉手丘、嗛间丘等地的旧址吧？背后国见山、高取、多武的山峰连绵，霞雾深处依稀可见紫色的吉野连山，眼前景象，将大和平原的大部分都纳入视野，堪称一幅巨大的全景画。葛城被作为神山，葛城家族君临大和，都仿佛与此情此景相应相合。正如刚才所说，我对于这里的神社就像对另一处的御陵那样，虽知之甚少，但也有些碎片般的了解，但对如此绝景我却全然不晓。介绍此地的是末永雅雄先生和前县会议员、乡土史学家西口纹太郎先生，能够借宿于九品寺也承蒙两位先生的推介。特别是末永先生指出，如果不住在这里，则不能了解葛城，如今看来所言甚是。

霞雾中的葛城、金刚连山

这里正是行基菩萨开基、弘法大师于平安初期创建的"戒那千坊"寺院所在地。现在寺庙遗迹尚存，看起来规模很大，九品寺是其中之一。寺内供奉着藤原时代的阿弥陀如来，在寺院内的山边，无数"千体地藏"石佛林立在杜鹃花丛之间。根据村中的传说，这些石佛皆为楠正成追随者为供养而造，号称千座，实际上竟达两千座以上，地下还埋了很多。具体数字我也说不清，而且其中似乎还交杂着一些南北朝时代的石佛，比野外墓地的石地藏还要年代久远，制作也更为精细。这样的奇景如果出现在奈良或者京都附近，很快就会名声大噪，然而在这里，它们却深埋地下，不为人知，这是葛城山的奥妙之处，显示出极其深厚的内涵。

吃过午饭，我出门散步，漫无目的。

前些天在杂志发表的文章中谈及有关磐之媛皇后的轶事，在皇后的长歌中出现的"葛城高宫"在哪里呢？我未能寻获。试着向寺院住持询问，得知它在当地颇有名气，而且就离寺院不远。

磐之媛御陵

那是从葛城主峰跌落下来的一座山岗，地势平坦，形成了一处天然平台，被称为"神宫草坪"。此处棵木不生，只有一片青草地，看起来就像是曾经建造过场馆的地形。下面直到山麓，美丽的梯田次第连绵，虽说是山地，也可以看出土壤肥沃。磐之媛生长在这般风景秀丽之处，所以咏诵出那般热情的歌赋，于我而言更觉含义深远，不由感慨莫名。

君行日已久，
不识几时归，
欲待无从待，
出迎又觉非。

热恋如斯苦，
何如不恋时，
高山山顶上，
卧死更为宜。

雾盖秋田穗，
朝霞散漫浮，
恋愁露雾里，
何处可消愁。[1]

---

1. 选自《万叶集》，杨烈译，湖南人民出版社。

这些和歌，虽说有可能作于难波宫中，但是磐之媛在写下"山"、咏出"磐根"之时，心中萦绕的无疑会是葛城山。当朝霞映照在梯田之上，又渐渐消失在不知名的地方，这种景象，应该与我眼前看到的别无二致。周边有园池、宫户等地名，再往南不远，建有一言主神社，穿过河州的道路（水月岭）也已开通，这里就是皇后所言之"高宫"无疑。沿山可见很多古坟，距离铜铎的出土地点也很近。这些遗迹，全部沿着"横大道"分布，将横大道围在中间。这里在当时，是可与东侧的"山边之道"相匹敌的古代道路，因为大和平原地势低洼，所以道路通在高处。此路又名高野街道，是在高野山开山之后开通，说起来，它是大和地域最古老的道路，目睹了葛城家族的繁荣以及神武天皇建国的历程。

"葛木坐一言主神社"与我缘分颇深。沿着旧国道自然而然地走到参道前，与乘车抵达有着截然不同的意趣。

传说，雄略天皇在葛城山中狩猎时，曾在路上与一言主神偶遇。当时天皇的随从们身着"青折衣"，威严整肃地行走于山脊，却见对面的山峰上，有一队人马竟然完全同样打扮。天皇疑惑道："此地倭国，朕身之外再无他王者，且问对面何人？"怎知对面的回答竟与帝言一模一样，天皇大怒，遂张弓搭箭，对方也同样箭在弦上。此时，只待互通名号准备交战，对方先报曰："吾乃恶事一言，善事亦一言，言毕即离的葛城一言主大神是也。"天皇闻言立刻丢弓弃箭，拜过一言主神，并献上各种礼物，双方交睦。

从高野街道望向葛城山的左手小丘之下，坐落着一言主神社

同样的装扮，同样的言语，可见一言主如海市蜃楼一般，是将山彦神灵人格化的产物，但人们也坚信，山中不可思议的神奇现象，皆是神灵所为。"恶事一言，善事亦一言"，似乎是指占卜或者预言之类的事情。一言主神之名也是由此而来，但至今村民们仍然亲切地称之为"一言桑"，奉为葛城周围的神社（主要神社就有五十座以上，其中延喜式内社有十七座）中最为灵验的神明。

沿着街道向神社进发，道路两旁的松木林荫绵长，优雅静美。社殿位于高高的石壁之上，在郁郁苍苍的林木中，末社和芭蕉石碑寂然而立。里面有相传神武天皇封住土蜘蛛[1]的石头，这是古代岩座的另一种形式吧？葛城之名的起源，有葛木建造的城池（城墙）之意，被称为土蜘蛛的原住民，居住在洞穴之中，用葛条竖起栅栏并巡逻防守。根据《神武纪》记载，天皇在进攻之时，用葛蔓网住敌军进行斩杀，因而将此城命名为"葛城"，但事实上正相反，应该是用葛网做防御才对。剑根在此战役中功绩显赫，被任命为葛城的国造统领，不知此人是否磐之媛的祖先。只知磐之媛是葛城袭津彦之女，武内宿祢之孙。武内宿祢的巨大陵墓，在与一言主神社相隔一条国道的宫山古坟，也显示了豪族葛城氏的势力范围。

关于一言主神，著名的还有北面的鸭津波，南面的高鸭神社，祭祀的都是出云系神明。京都的贺茂神社据说是过去从葛城迁过去的，

---

1. 土蜘蛛，古代的日本对不肯归顺朝廷的地方豪绅的蔑称。

祭祀的是为神武天皇做向导的八咫乌。古代人大概对乌和野鸭没有区分。野鸭通神，在过去作为一种图腾，被看作是神的使者或化身。这些神社都位于葛城川沿岸，或者是支流的上游一带，以示其从前掌管水利的农耕神之身份。

鸭津波神社位于二十四号国道沿线，所以有些煞风景，但是高鸭神社中却有着古老的神灵氛围。特别是神社下面的池塘中，金刚山的倒影美妙绝伦，让人联想起《万叶集》中歌咏的葛城处女。歌中所言之"高间茅野"，今写作高天，位于神社后方遥远的高峰之上。"标指益乎"，则特别用在与神灵相关的事物上，因为那里是凡人禁入之圣地，所以也许包含着"高岭之花"的意思。还有一说是指生有紫草的皇族禁地。

高天村落

高鸭神社在葛城南面偏远的地方，已经接近纪州。以前我总是在"风之森"巴士车站附近开始进山，今天决定试着从横大道登上高天，再由高天下山。

高天之名出自"高天之原"，听说在大和地区，类似的山大概有三十多座。这不一定是出于事大主义，而定然是因为每一块土地上都有一座住着神灵的灵山。虽然可以归纳成一个神话，但也许在大和地区，高天之原物语的原型是拥有古老历史的葛城高天。

从一言主神社沿旧道南下，有一个名为朝妻的部落，从那里右转，登上陡峭的山坡，在海拔五六百米的地点，可以寻得高天村。这里是完全与世隔绝的秘境，通车也是不久前的事情。地势虽高，但视野并不开阔，在闭塞的高原之中，稻穗早早泛黄着彩，静谧的小村庄，如今仍然弥漫着聚神集灵的奇妙氛围。

这里的神社，看上去比一言主或高鸭还要古老和神秘，穿过高大的杉木林，林深处有一座小小的殿堂，是拜祭神体山的样式。村里的老人告诉我，拜祭的叫"灯明山"或者"上之山"，"上之山"大概就是神山吧。森林幽深神秘，有真正的原始森林之感，也是与高天之原十分匹配的神山之境。

再向前行，道路突然变得艰险，这是通向金刚山的最近的道路。听说山顶的神社只有葛城氏的子孙、葛木神社的唯一后人葛城先生作为宫司单独居住，在这里，月夜或者雪后翌日的风景一定格外壮观。可是最近葛城山和金刚山都开始安装上缆车，听说山顶反而热闹起来。

高天、高鸭、风之森，在地图上看几乎间隔等距，位于一条直线上。古代神社的布局能够达到如此准确，一定有其根据。风之森祭祀着名为志那都彦的风之神，葛城是有名的风力强劲之地，也有别名叫作风城（风猛）。可以抵御著名的强风并赐予农耕必需的水源的神灵，作为大和的守护神，被安置于南面入口，那里或许同时也是葛城山的遥拜所。一言主神社与高鸭神社之间的关系我不甚了解，但前者主要祭祀葛城氏，后者主要祭祀鸭氏，大概这样区分和解释就可以吧。

我再次折返御所，过葛城川，向东侧的秋津洲进发。

《日本书纪》中有记载："三十有一年夏四月乙酉朔，皇舆巡幸。因登腋上嗛间之丘而回望国状曰，妍哉乎，国之获矣。然境内围合之窄邑，犹如蜻蛉之臀钝焉。由是，始有秋津洲之号也。"可以说，这里是大和中的大和。

正如飞鸟乡之狭，秋津洲也并不宽广。但是在绿油油的稻田中，玉手丘、嗛间丘连绵起伏的悠然景色，依然留有昔日"丰苇原瑞穗之国"的面影。周边御陵与宫殿遗址密集，自神武天皇起，至少六代皇帝，皆于葛城之麓建造宫殿，与葛城家系的女子婚配。可以这样认为，正是在葛城家族的协助之下，大和朝廷才得以建立，由此意义上讲，这片区域在历史上曾经做出过不可磨灭的贡献。

但很多历史学家对于从神武到开化九代天皇的存在不予承认。理由难以在此尽述，但神武与十代崇神天皇，都被称为始驭天下之天皇，以及其间的记录在记纪之中极为稀少，也是缘由之一。

最近出版的鸟越宪三郎所著《神灵与天皇之间》一书，不知专家们如何评断，但我们这些外行读来，饶有趣味。从神武天皇开始的九代天皇时代，也就是历史上的黑暗模糊时期，在书中得以清楚地呈现。

虽然不敢与之相提并论，但我也想在"神灵与天皇之间"的道路上走走看。一直以来，我总是在行走的过程中并未察觉，过后才有所感悟。在以笔记录时，意外地渐渐形成了如今这种模式。

更详细一点来说，这些御陵与宫殿遗址，多集中于从葛城山麓到亩傍山一带，周边散落着武内宿祢之墓和白鸟陵，这一带尚未被开发，绝好的牧歌式田园风景非常适合漫步其中。

嗛间丘的东北，亩傍的背后，有一个名为柏原的部落，我以前就知道那里有一座神武天皇社，但是问谁都说不知。这次旅行，终于有机会可以亲自前往相寻。

为什么我会对这样的地方抱有兴趣呢？因为神武天皇的即位之所并非现在的橿原神宫，而恐怕是在这片柏原之地。一路上边走边问，终于找到这座小小的神社，它位于柏原镇中，藤井勘左卫门家宅前的小径深处。它以镇护村庄的姿态而立，拥有一座略显寒酸的社殿，但隐藏于亩傍深处，被村人们称为"神武桑"而备受爱护的样貌，活脱脱就是被豪绅拥立即位的神武天皇磐余彦本身。大家都知道，现在的橿原神宫是明治中期建成的，地名并非橿原，而是叫白橿村。究竟为何那里会成为正统的宫殿遗址，我也不太清楚，德川时代，似乎一切都变得不甚明朗。

若见亩傍山

大美柏原乃圣之御世大宫所在

如问今柏原之名尚存与否，有一村侍立于距此西南一里有余，此外未有所闻。

这是本居宣长在《菅笠日记》中的一段记载，从亩傍山看过去，西南一里的地方，除了柏原再无其他。无论大和志或是大和名所图绘，都明确地记载着"橿原宫 在柏原村"。

神社入口立有写着"神倭伊波礼毘古命"的石标，背后可见神体山一样的山峦。询问附近正在带小孩的大婶，答曰此山叫作"本间山"（HONMA），我想大概是嗛间（HOHOMA）的误读吧。经查，"腋上嗛间之丘"果然指的就是这座山，至今仍然叫这个名字的山岗也许是玉手丘的一部分。旁边有名为"王城院"的祠堂，或许是过去神宫寺的遗风，王城之名无疑显示着这里是宫殿遗址。现在镇中建筑密集，如果去掉周边诸物想象一下，从对面的玉手丘到吉野葛城的壮美风光，绝不负"秋津洲大和"之名。

归途中，我顺便去了趟亩傍山山脚下的橿原神社。因为"西南一里"，车行用不到十分钟。这里的栎木林，永远都美得那么有气势，我认为它是纪元2600年（1940年）的祭祀活动所带来的唯一杰作，这里原本就适合淳朴之风，经过三十年岁月，从全国调集来的栎木苗苗壮成长起来，社殿也带着一种厚重的风格。特别是初夏时节，漫步于周边，新芽萌发的芳香令人身心沉醉。

彼柏原与此橿原，究竟有什么样的不同呢？这里是公众设施，是营造出来的橿原，但也似乎并无不可，历史不就是这样吗？有个声音在我心中悄声说道。如果说全无根据，那么为何"距此一里之外的西南方"却真的有一个柏原村存在呢？所以，橿原也并非谎言。不仅如此，橿原还作为正宗的建国之地而被普罗大众相信。现在再回到过去重新认证,怕是二者皆会陷入困境。可以这样认为,柏原是橿原的内殿,不仅是神社,佛教寺院都是以这种形式在信众的心中存在。更进一步说,《古事记》《日本书纪》都只是概括了神话,整理了传说,没有一个字是凭空编撰的。传说与虚构的区别,我们在心里更应该有清楚的认识。

那天晚上,在九品寺宽敞的开间内,望着大和平原明明灭灭的灯火,任由思绪在两千年间的历史中飞驰。葛城山就在背后,虽然从这里看不到,却能够感受到来自它的无形的重压与威力。天色将明时终于入睡,却又被嘈杂的声音吵醒。御所市内,大喇叭正在播放着什么。内容听不清楚,但声音却在重重叠叠的山峰之间回响,久久不散。刚觉得已经消失,马上又从别的山峰像云一般翻涌过来。一言主神依然活在世间。活着,守护着葛城山。昏昏沉沉的我,心中突然闪过这样的念头。

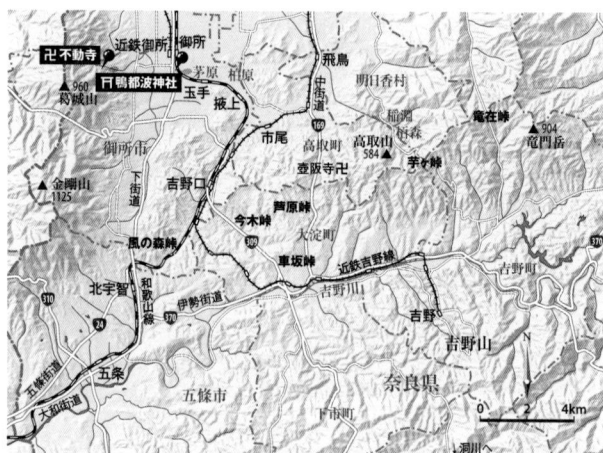

第二十四章

卍不動寺
近鉄御所　御所
⛩鴨都波神社
▲960 葛城山
茅原　柏原
玉手
掖上
飛鳥
明日香村
稲淵　栢森
竜在峠
御所市
市尾
高取町　高取山
584▲
▲904
竜門岳
下街道
吉野口
壺阪寺卍
芋ヶ峠
370
吉野町
▲金剛山
1125
芦原峠
今木峠
大淀町
370
370
370
370
風の森峠
車坂峠
近鉄吉野線
吉野
370
北宇智
和歌山線
伊勢街道
吉野川
吉野
吉野山
24
370
五條街道
五条
下市町
奈良県
大和街道
五條市
0　　2　　4km
洞川へ

吉野
近鉄吉野線
吉野
千本口
吉野山
下千本
中千本
吉野町
卍金峰山寺　蔵王堂
⛩吉水神社
卍如意輪寺
桜本坊
竹林院卍
花矢倉
上千本
⛩吉野水分神社
▲高城山
701
下市町
N
奥千本　金峰神社
⛩
西行庵●
▲青根ヶ峰
858
0　500　1000m
黒滝村

从葛城到吉野

　　前些天去葛城时，我探访了役行者的诞生地，位于御所市内茅原的吉祥草寺。正月新年时，这座寺院会举行盛大的尊烧仪式，远近闻名，但现今只保留有小小的殿堂与钟楼。这座寺庙距离橿原神宫或其前身柏原的神武天皇社都很近，作为葛城地方的大寺，过去曾经占有广阔的土地，却在南北朝战争中化为焦土，一直未能重建。但作为役行者诞生的土地，现在它仍然是修验道的本山之一，如果去葛城，这里是值得一访之地。

　　所谓茅原，顾名思义，是生长着萱草和芦苇的原野，古时大概曾是一片沼泽地。在那里，吉祥草遍地丛生。吉祥草是百合科的植物，形似兰花，据说只有在喜事临门的吉祥日子才会开放，相传在役小角出生之年，这一带花事极盛。寺院的庭院中也留有几株，听说葛城山中也有大片生长，但住持表示，从未见过花开。

　　役小角从出生开始就伴随着诸如此类的传说。但他具体的出生年份以及父母家人则无人知晓。广为流传的是，役小角活跃于舒明朝至文武朝之间，其父是葛城地方实力雄厚的贺茂氏族系，其母是葛城君之女，名叫白专女。但我更感兴趣的，是他出生于古代信仰的圣地葛城山麓，并且他的出生地位于诞生了大和王朝的嗛间丘、秋津野正中。贺茂氏是专司神事的世家门第，其母的名字让人联想起巫女（据说白专女也指狐，是一种狐仙或者是用狐做法的咒术者）。无论如何，小角出生时，贺茂氏、葛城氏已经没有了过去的势力荣光，只是一介落魄的祭司罢了。

据说人的性格在七八岁时形成。在神秘氛围中成长起来的小角，自十三岁时起，每夜前往葛城山。当时所谓的学问专指佛教，从七岁开始，他跟随叔父愿行领授孔雀明王的咒法，之后仍觉意犹未尽，开始独自一人闭关于故乡的山岳之中。在那里住着先祖一言主神以及阿迟志贵高日子根神，也许向神灵祈祷以解惑是他的心愿。孔雀明王咒经，最早传授的是在山中遭到蛇咬后的治疗方法，后又有祈雨、祷告避除天灾的法事，说是佛教，其实与日本古时候的民族信仰有很多共通点。葛城山地区留有很多小角修行场所的遗址，可以想象他为了求得真神而在山野中四处奔走的狂人一般的形象。

空中有乘龙者，貌似唐人，着青油笠，由葛城岭上飞驰而出，隐于胆驹山中。午时至，掠住吉之松梢西向而往。

这是《齐明天皇纪》中的一段记载，役行者神出鬼没的身姿跃然眼前。

从茅原登上葛城山，中途有不动寺以及不动之泷道场，可见最初小角是在这一带修行。从地图上来看，柏原、茅原、鸭津波神社以及不动寺都位于一条直线上，葛城山横卧其后，在我看来这绝非偶然。这些自然景色本身，就可以看作是古代信仰与佛教合体的一种形式。换句话说，神使天才小角通过佛教，首次看到属于自己的神灵。

那是一条艰险严峻之路。一般来说，修验道的本质是通过苦行，完成自我毁灭或者舍身之修行，达到以一己之身赎万人之罪的境界，佛教所说的人祭以及原始信仰中进行的献祭，在这一点上也是一致的。而最终身化为神灵，也与佛教中的即身成佛有着异曲同工之妙。

说到这里，似乎可以看出所有宗教的共通点，在日本，因为自然信仰有着相当悠久的历史传统，所以对于高端的佛教可以比较顺利地接受。话虽如此，但实际上将二者结合在一起却并非易事。对于役行者来说，起初大概也没有这样的意图。他一定只是被不知名的神秘力量所驱使，在一座座山峰之间逶巡彷徨。根据传记记载，全国的高山几乎都为其踏遍，其足迹范围之广，足以与弘法大师相匹敌。对后世的宗教、艺术，甚至对政治都带来极大影响的修验道，就是这样起步的。在前人未曾踏足的深山之中，采野果为食，沐瀑布而浴，与自然同化的生活是绝非常人可以想象的一种灵力附体。而他偶尔走出乡里，治病救人的事迹，似乎可以让人从中看到藤原镰足[1]的身影。

在艰辛狂烈的修行路上，有一天，行者在箕面山中遇见了龙树菩萨，得传佛教秘法。箕面山如今作为赏红叶的胜地，已经是游人如织的观光名所，但如果错季前往，这里仍然是一处静谧森然、只闻泷声的幽悠秘境。行者经受这泷之洗礼之后，深入山中，在胜尾寺附近第

---

1. 藤原镰足（614—669），日本飞鸟时代豪族藤原氏的先祖。

一次感知到神明显灵，却不是他寻求的神明，而是印度的佛教僧侣。

接着，天智天皇四年（665 年），他在葛城山脉的金刚山上感悟到事代主神。这位在小角的故乡鸭津波神社供奉着的神灵事代主，据说是一言主的别名。最后，在吉野的大峰山，藏王权限现身，但首先出现在已于大峰山修炼千日的小角面前的，是释迦，怎奈释迦如来"相好圆满之佛身"与峻烈的山岳信仰难以调和。接下来出现的是观音，菩萨充满慈悲的"柔和佛身"也同样并非他所寻求之神。于是，顷刻之间天摇地动，令人恐惧的荒神破土而出。这位"大忿怒大勇猛"之藏王权限，才是他历经多年苦苦寻找的全新的神灵。它既象征着自然威猛的山岳，又代表了古代山神重生的样貌。

现今供奉于吉野山藏王堂的本尊是由樱木打造，相传正是当时役行者感应到的形象。这也许仅仅是传说。然而侍神的青年得龙树菩萨的指引，遇见事代主，并发现神佛浑然一体的藏王之传说，也在演示着役行者的精神成长，或者也可以说是日本宗教走过的历史。正是在此时，原始的山岳信仰从漫长的沉睡中苏醒，在清醒的自知自觉之下，作为一种新的宗教而诞生。

一般说来，修验道拜祭不动明王，役行者最初也以不动为本尊，藏王可谓是其变形，是更加日本本土化的佛。为此我曾咨询专家，得知在中国，唐代已造出了不动之像，但并未普及，更未曾出现藏王之说。因此藏王可以说是日本人创造的，藏王佛是由神人发现的，其中意义深远。

后来，役行者被指用妖术混乱世间，终因弟子韩国广足的逸言而被流放至伊豆七岛。其间，他不曾放弃开拓与救助，不懈努力，为修行曾于夜间飞赴富士山，在第三年，终获大赦返回大和。役行者相传于文武天皇大宝元年（701年）悄然入寂，但或许是在远岛之地圆寂也未可知。关于此事，后来传言有说他前往朝鲜，也有说到了大唐，但悄悄在深山中不为人知地死去，更像役行者的风格。也许最终下落不明，是从这些臆说之中诞生出来的结论。

总之，役行者是一位拥有很多传说的人。虽然是否为真实人物至今存疑，但传说如此之多，是他受人尊敬和爱戴的极好证据。最广为人知的传说是他使役神灵架设从葛城山通往吉野金峰山的岩桥。那时葛木的一言主神因为自己相貌丑陋，白天不愿出工，只有夜间才肯劳作，为此遭到行者的斥责，被以咒语缚于幽深的谷底。在《日本灵异记》和《今昔物语》中，一言主因此怀恨在心，向朝廷进谗言，恶语中伤行者，但是话说回来，神灵绝不会对供奉自己的人做出如此卑劣之事。这段传说，不过是暗指葛城氏的没落。从前曾使雄略天皇畏惧的葛城神灵，地位最终下滑。到了平安朝，已是：

岩桥之暗夜
葛城神明契约绝
但望天光怯

——左近

如歌中所述，一言主最终竟变成了丑陋的代表，且不知从何时起化身为女神，以至于在能剧中的"葛城"，已经变成了请求山伏解开咒缚的柔弱女子。

山花绽放如破晓

犹见神之颜

——松尾芭蕉

　　这是芭蕉在前往吉野的途中，于葛城附近作的俳句。他想见到的不正是剥去传说的外衣、古而有之的美丽神灵吗？登上葛城山，吉野连山仿佛近在咫尺。从吉野望去，葛城、金刚也仿佛伸手可触。岩桥的传说无疑是生于葛城的役行者于吉野开悟之后，在神与佛之间架起了桥梁的象征。二者之间的距离如此之近，近到让人真的想搭起一座桥。这应该算不得无法实现的幻想，现在的技术或许可以架起陆桥，但是我从内心里不希望有这一天。人类对自然的破坏，我们已经看得够多了。

倒映在高鸭神社湖水中的葛城、金刚连山

从大和翻越吉野的道路有好几条。走葛城方向，首先是风森岭、今木岭、芦原岭，这里现在建成了隧道，可以很轻易地抵达吉野，但七八年前还必须要通过九十九折陡坡，我曾经在花开时节前往，路程极其辛苦。接下来，还有从壶坂寺翻越的壶坂岭和经过飞鸟的芋岭、龙在岭、细岭等，加上其他的小型山口，恐怕双手十指也数不过来，但我认为役行者往返的，是从茅原直接南下的今木岭。

翻过山口之处，叫作车坂，还有另外一道小小的垭口，上方有赛之河原石塔，由去往大峰的行者们从遥远的地方带来的石头堆积而成。他们在这里遥拜吉野，表明与现世告别，即将进入未知世界。下山之后是下市，吉野川的渊流叫作"柳渡"，还留有被褉之所。如今从下市经洞川攀登是标准路线，但这也是明治时代以后的事情，过去从吉野山到金峰山，沿大峰纵行才是正确路线。从吉野向熊野方向称"逆峰"，从熊野到吉野方向称为"顺峰"，在呈现阴阳以及密教之金胎两部的同时，也可以说是因神武东征之路而来的名称。途中有七十五靡（灵场），到达熊野需要一个星期的时间。

这次旅行，我尝试取芋岭之路。沿飞鸟川逆流而上，经稻渊、栢森的古老道路，让人不由想象天武、持统两帝也是经过此路前往吉野离宫。接近山顶的地方有行者道，在与车道分离的路上，建有熟悉的役行者石像。车子从这里向右绕行到达山顶，但行者道是沿着陡坡直线攀登，再直线下山到吉野川。

山顶望出去的景色令人赏心悦目。雨初停，朝阳照射之处，吉野连山在雾霭中遥现姿容。看到这样的风景，可以明白古人们架设岩桥的传说中所隐藏着的殷切期望。中途我也曾想横越到对面。花开季节的吉野山我曾见过，秋天的风景更是别有一番韵味。汽车只能行至此处，所以按照原路返回飞鸟。拨通友人介绍的樱本坊的电话，得知住持在家，可以见面。我立刻又出发了。

秋天的吉野山恬静安逸。如果没有车经过，一个人影都看不见。不知不觉间过了下千本，右方可见藏王堂，樱本坊到了。这一带叫作中千本，没有鲜花盛开的吉野山似乎缺了些什么，但是南朝的哀伤历史与义经的悲剧，却在浓厚的山气之中悄无声息地贴近身前。

吉野山的道路是像马背一样的山陵，房屋全部是"吉野建""崖造"之类，层层叠叠，一直通到下面的山崖。樱本坊也不例外，入口是一座不大的平房，再往下占地宽广，会使人迷路。这里有很多行者宿处，据说多的时候达四五百人。

我所穿过的榻榻米大开间，也是行者宿处之一，越过樱树红叶，对岸的龙门岳遥遥可见。住持很快出来相迎，一见之下甚为惊讶。这是一位身高逾六尺的大块头男子，壮硕程度堪比大相扑，这仪表堂堂的"山伏"之身，怕是连武藏坊弁庆见了也会啧啧称奇。

住持名叫巽良乘，说起话来干脆爽快，为人风趣。我此次来访并没有特别明确的目的，不经意问起有关大峰修行之事，住持略带歉意地说道："对于女性实在是抱歉，但是此山实际上是女性禁入之地……"对此我是了解并且非常赞同的。偶尔需要有这样的地方。在到处都强调男女同权的当今社会，女性渐渐强势，男性越发软弱。今天载我前来这里的司机是丹波人，他告诉我说如果不到大峰参拜修行一次，是讨不到老婆的，所以他十七岁时，就由前辈指引登上了大峰山。这相当于一种成人仪式，年轻人经过苦修建立自信，方可作为一名独立的男子被纳入成年人的群体当中。

古老的风俗在地方仍然留存。现在，行者人数已达七八十万，甚或已达百万之众，其中大部分并非像巽住持这样专门的山伏，他们平时做着自己的本职工作，只在每年开山的时候从日本的全国各地聚集而来。山伏本在明治的废佛毁释中被废止，但传统的力量法不能责。战后，宗教自由获得承认，并渐渐兴盛，所以，听说最近行者人数又有上升。在我们不知道的地方，役行者的子孙们一边唱诵着唵阿毘罗吽欠，一边在大峰山上阔步前行的情景，有着说不出的神奇味道。

准确地说，大峰是从吉野川的"柳渡"到熊野本宫之间漫长道路的统称。通常到达"前鬼"为一个循环，需要三天时间，接下来还有大峰"奥驱"道，到达熊野大概需要七天的时间。

熊野自古时起被称为根国、妣国，被看作是归魂之故里。耸立于那智之泷上方的阿弥陀峰，是亡魂聚集的灵地，山脚下的补陀落山寺中，还有入水往生的信仰。换言之，熊野是故者之国，神话中流传的黄泉国度，以此为目的地的大峰行，意味着经历一次死亡，所以被冠以"逆峰"之名。归途被称作"顺峰"，则是象征着置之死地而后生之意。途中有几处搏命般的难关，如飞跃山岩、倒吊而下等，堪称生死之境的体验，但至今为止从未出过事故，一是因为行者精神高度集中，再者是因为管理十分严谨到位。这与比叡山的回峰行相似，实际上是非常规整的有组织的行为。

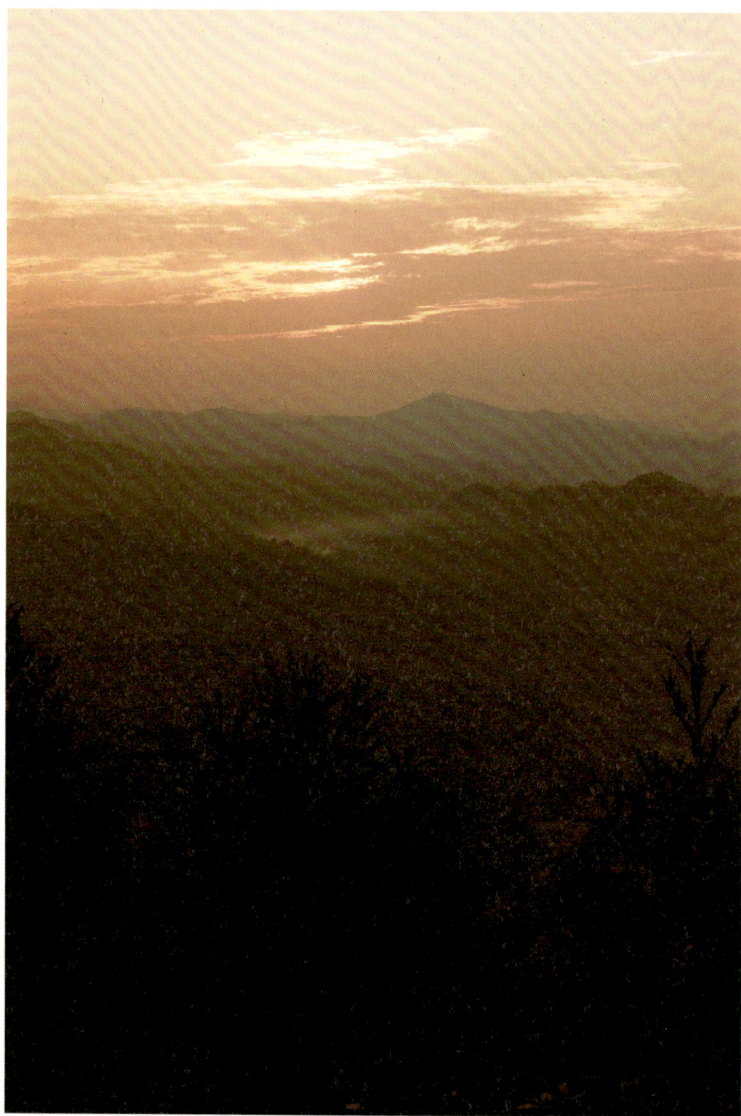

吉野山日落

巽住持也曾在比叡山修行过。上大学的时候，他曾是个让人头疼的顽皮学生，胆大妄为，所以被要求登山修行，闭关于行者们的无动寺，最终在回峰行的过程中，开始对自然产生了感悟。

　　"以前对当和尚非常抵触，一直想逃脱，可是回峰行真是一种神奇的修行，太不可思议了。行走在山林之间，与自然成为一体，令人奇妙地觉得踏实，自然而然生出一种虔敬之心。"

　　这番话如此的真实诚恳。比叡山从外表看来像是观光寺院所在地，但千年历史使之深邃悠远，在不为旁人所知的地方，法灯不曾熄灭。如今对学生（解门）与行门有清楚的区分，而行者则是被作为外人来看待的。他们毫不突兀的自然生成的力量，被称为"峰之白鹭，谷之蟋蟀"，无动寺还有"狂人（异类）部落"之绰号。实际上这些人集合在一起，通过严格艰苦的修行以成为现代苦行僧，比面对激进学生而束手无策的大学，更加彻底地起到了教育的作用。

　　回溯历史，回峰行最早是从大峰转移过来，比叡山与其说是总括，不如说是一种模型而已。相对于葛城山，比叡山未免过浅。役行者之所以将吉野作为据点，是因其规模要大得多，并且背后有熊野。行者本身虽然是不容于世的叛逆族群，却作为一种传统留存于吉野山，使之成为流亡者以及避世者的隐乡。天武天皇以来，站在不幸者一方的风气，现在依然在吉野的民众之间保留着。

　　翌日清晨，六点之前我就被螺号声叫醒。正殿的早课开始了。我赶过去时，巽住持已经在太鼓前坐定，吹响巨大的法螺。正确的说法不是吹法螺，而应该是"立"法螺，正襟危坐之姿，完全就是山伏的模样。

我一直以为法螺贝是单调之物，可眼前的这只却非同寻常。它的音色忽高忽低，其中甚至交织着颤音，优美的旋律在清晨的山中回响。螺音渐止，在太鼓的伴奏下，僧众开始诵经。开篇缓慢，节奏渐渐加快：喏—嘛—库萨—蛮咀—嗦—萨喇咀、森咀—嘛—喀—罗—瑕呐……虽然是能剧中熟悉的经文，但与洗练的配乐曲调相比，鼓音更显排山倒海之势，雄浑强劲的太鼓声响彻正殿之中，摇撼着堂宇。充满野性，抑或是挑衅，这正是山伏。这才是修验道。此时此刻我感觉自己仿佛领悟了些什么。

早课结束之后，天光未亮，距开饭还有一些时间，我决定去门前町走走。从各个寺院都传出了太鼓与螺号声，樱花季节难以见到的吉野山的日常就在眼前。通过狭窄的住宅群，从花矢仓到水分神社，上方的金峰山巍峨耸立。那是一条笔直而艰险的信仰之路，正是役行者所追求的永远的净土。他就像藏王权限一样，变成火球燃烧自己，燃尽而埋骨于吉野山中。于我而言，整个大峰都是他的陵墓。

简单用过早饭，我登上金峰山，行走在西行的庵室周围，直走到水分神社才下山。正值祭祀之时，御神舆（神轿）正在出行。戴着天狗面具的人在最前方做先导，村中的年轻人扛着御神舆。这是属于村民自己的古老的神事活动，透过树林间隙，我目送着充满原始气息的祭祀队伍渐渐远去，心中有种说不出的念旧之情。

这座神社中供奉着著名的玉依姬神像，但其名水分，由此大概可以推断这里在吉野山中也是最古老的灵地之一。女人禁入的山中，美丽的女神似乎与藏王权限平起平坐，这情景令人不禁莞尔。如果让行者来解释，也许会说正是阴阳结合之所，才使得万物生长。密宗中以手结成的印契，供奉的本尊，都带有些奇特的情色氛围，这些不正是与古代的神灵诞生的信仰完美结合在一起的表象吗？"山是产地"，因拥有孕育一切的神力而被万众崇拜。水分由"御水配神"转至"御子守神"，变成有养儿育女之意的子守神之后，成为多产的神灵，但本质上却没有变化。从可使万物生长的神灵来看，山被看作是女人的身体，而役行者所向往的，不正是与这样的女神结合吗？他是天生的依附于山、爱恋山岳的自然之子，当然会拒绝俗世的凡人女子。

吉野 水分神社，从水分神社下行至藏王堂的御神舆（神轿）

役行者像（樱本坊藏品）

　　樱本坊供奉的是欢喜自在天。因为属于密佛，所以不可参拜，想来姿态一定奇妙。望着从寺院后面的高野山上奔流而下的立川流就会明白，修验道从开始就包含着踏错一步便堕入深渊的危险。所有宗教或者思想学说都不外如此。人凡事都站在自己的立场上，量身定做般地解释自己的行为，甚至不惜误解亦要保全某些事物，想来既有趣，又有些可怖。

　　樱本坊还有一座有名的役行者雕像。是镰仓时代的作品，一般的行者像都是以老人之姿呈现于世，但这座却与众不同，他是役行者十九岁时的雕像，充满了旺盛的精力和青春感。与佛像不同的地方（老人像也同样）在于，它带着些让人略觉不妥的人间烟火味儿，所以距离悟道或者参透还很远。然而，正是这种接地气的真实感，才能唤起庶民的共情，崇拜山神的古代信仰，不也是通过踏遍山岳的行走，来感悟山人合一的亲切吗？

文化过于发达，则会流于柔弱。人类距离自然越遥远，则越会呈现病态。虽然不乏野蛮，但是不断将我们从这种危机当中拯救出来的，正是山岳信仰的野性与原始能量。我觉得日本近代登山家的身体里，流淌着役行者的血液。日本国土的百分之七十六都是山地，这种信仰的诞生并非偶然。并且，要镇住役行者的粗犷灵魂，需等到百年之后弘法大师的出现。高野山和吉野山虽然给人的印象是不同的山岳，但实际上是同一座山脉的连峰，绵延不过九里，对于行者们来说，只需要短短一天的行程。这段路程似乎近在眼前，却又显得那么遥远。我从花矢仓的上方，久久地眺望着高野山方向西沉的落日，心中一片茫然，转而思绪万千。

后记

　　这些是在《艺术新潮》连载了两年的随笔文章。起初计划连载一年，但因为最后实在容纳不下，只好将时间延长。然而，即便用了两年，这些文章依旧仅止于近畿地区这一片狭窄的范围，也没有充分呈现其全貌，想来我穷尽一生也难以尽述。

　　前些天在广播里，听到今西锦司先生说"日本如果有风景学这一门类就好了"。当然，从生物学的立场来看，研究每一种动物及昆虫的人不知凡几，但他的意思是指包括植物和人类的更加宏大的景象，是会当凌绝顶、一览大千世界一般的综合性学问。

　　我突然觉察到一件事。自己一直不经意地在思考着的，不就是这种东西吗？虽然谈不上学问，并且与生物学的角度截然不同，但都要聆听自然的倾诉——两年间，我在无意识中一直在做着这样的事情，虽然只及皮毛。因为本身修学尚浅，自然只肯透露于我只言片语，但事实上，在如今这样令人窒息的时代，它们给了我极大的慰藉。这期间，任性如我，却从始至终得到了山崎省三先生以及各位编辑愉快的配合，野中昭夫先生拍下美丽的照片，还有出版部各位对我给予照拂，在此表示诚挚的谢意。

最后，也向曾为人生地疏的我做向导的各位深表感谢，感谢你们的亲切和热诚。在漫长的旅途中偶然相伴之人，我心中感恩，也会作为快乐的记忆长久存留。

白洲正子
1971 年秋

图书在版编目（CIP）数据

寻隐日本 / （日）白洲正子（Masako Shirasu）著；
尹宁　小米呆 译.-- 长沙：湖南文艺出版社，2019.6
书名原文：かくれ里
ISBN 978-7-5404-9237-3

Ⅰ.①寻… Ⅱ.①白… ②尹… ③小… Ⅲ.①游记-
作品集-日本-现代 Ⅳ.①I313.65

中国版本图书馆CIP数据核字（2019）第085477号

Kakurezato by Masako Shirasu
Copyright ©Katsurako Makiyama 2010
All rights reserved.
Originally published in Japan by SHINCHOSHA Publishing Co., Ltd., Tokyo.
Chinese (in simplified character only) translation rights arranged with
SHINCHOSHA Publishing Co., Ltd., Tokyo, Japan.
Through CREEK & RIVER Co., Ltd. And CREEK & RIVER SHANGHAI Co., Ltd.

著作权合同登记号：18-2016-050

寻隐日本
XUN YIN RIBEN

作　　者　　〔日〕白洲正子
译　　者　　尹宁　小米呆
出 版 人　　曾赛丰
出 品 人　　陈垦
出 品 方　　中南出版传媒集团股份有限公司
　　　　　　上海浦睿文化传播有限公司
　　　　　　上海市巨鹿路417号705室（200020）
责任编辑　　刘诗哲
封面设计　　祝小慧
责任印制　　王磊
出版发行　　湖南文艺出版社
　　　　　　（长沙市雨花区东二环一段508号　邮编：410014）
印　　刷　　深圳市福圣印刷有限公司

开本：880mm×1230mm　1/32　　印张：11　　字数：212千字
版次：2019年6月第1版　　　　　印次：2021年6月第4次
书号：ISBN 978-7-5404-9237-3　　印刷定价：88.00元

封面图片：

《日月山水图屏风》（天野山·金刚寺藏品，摄影：野中昭夫）

摄影：

野中昭夫（下述页码以外）

前野隆资（94、97、101、106、109、114、155、300、301、303）

浅野喜市（237、240、244）

坂本万七（9）

地图制作：J-map

*本书是以1971年12月发行的初版为基础，以当时取材拍摄的其他写真和新地图重新编辑而成的写真纪念版。

*本书收录的地图中，所有地名以2010年7月为准。

*正文提及的地名和寺院神社的样貌，与当前时代相比或有变化。访问时请提前确认。

浦睿文化
INSIGHT MEDIA

出 品 人：陈　垦
策 划 人：张逸雯
出版统筹：戴　涛
监　　制：余　西　于　欣
编　　辑：姚钰媛
封面设计：祝小慧
版式设计：裴雷思

投稿邮箱：insightbook@126.com
新浪微博@浦睿文化